Jochen Schicht
Fasnetsfieber

Jochen Schicht

Fasnetsfieber

Fastnachtsboom im schwäbisch-alemannischen Raum

Silberburg-Verlag

Folgende Institutionen und Gruppierungen förderten die Veröffentlichung mit einem Druckkostenzuschuss:

Arbeitskreis Heimatpflege im Regierungsbezirk Tübingen e. V. (Landeskundepreis 2001),
Vereinigung Schwäbisch-Alemannischer Narrenzünfte (Forschungspreis 2000),
Narrenvereinigung Hegau-Bodensee,
Langensteiner Arbeitskreis für Fastnachtsforschung,
Vereinigung Freier Oberschwäbischer Narrenzünfte,
Zollernalbkreis,
Stadt Balingen,
Sparkasse Zollernalb.

Die Deutsche Bibliothek – Einheitsaufnahme

Ein Titeldatensatz für diese Publikation ist bei Der Deutschen Bibliothek erhältlich.

1 2 3 4 5 6 7 06 05 04 03 02

Umschlag: Frank Butzer, Tübingen, unter Verwendung von Fotografien von Karlheinz Mann, Balingen.
Druck: Karl Grammlich, Pliezhausen.
Printed in Germany.
ISBN 3-87407-517-6

Inhalt

Vorwort

Die Erstellung einer empirischen Studie ist nicht denkbar ohne die Unterstützung anderer. Daher gelten meine Dankesworte all jenen, die diese Arbeit begleitet und gefördert haben:

Zunächst möchte ich mich bei den Mitgliedern des Narrenvereins Balinger »Loable« bedanken, ohne deren Mitwirkung die Studie nicht möglich gewesen wäre. Besonderer Dank gebührt auch den weiteren Interviewpartnern aus Balingen, als da wären: Reinhold Schäfer, Dr. Edmund Merkel, Michael Kaiser, Daniel Seeburger, Franz Nagler und Dr. Jochen Vollmer.

Ich danke außerdem dem Arbeitskreis Heimatpflege im Regierungsbezirk Tübingen, namentlich den Herren Karlheinz Geppert, Martin Blümcke, Hubert Wicker und Hartmut Witte. Der Arbeitskreis zeichnete die Arbeit 2001 mit seinem Landeskundepreis aus und ermöglichte somit die Drucklegung. Förderung erhielt die Studie auch von Seiten der Vereinigung Schwäbisch-Alemannischer Narrenzünfte, die ihr 2000 einen Forschungspreis zuerkannte. Auch dafür sei nochmals herzlich gedankt.

Bedanken möchte ich mich außerdem bei Herrn Prof. Dr. Gottfried Korff, Herrn Prof. Dr. Hermann Bausinger und Herrn Dr. Abraham Peter M. Kustermann, die mir in noch unveröffentlichtes Manuskriptmaterial Einsicht gewährten. Für die bereitwillige Überlassung von Bild- und Fotomaterial bin ich Michael Kaiser, Roland Beck, Gerold Münch, Dr. Hans Schimpf-Reinhardt, Petra Mann und Waldemar Rehfuß zu großem Dank verpflichtet.

Ein weiteres »Dankeschön« geht an Uli Topka, der mir freundlicherweise Zahlenmaterial aus seiner umfangreichen und beeindruckenden Fastnachtsdatenbank zukommen ließ.

Besonders erwähnt seien auch Dr. Wilhelm Foth, Dr. Sabine Allweiler, Hans Schäfer, Anton Siegfried Schneider, Rita Radowski, Kurt Zinser und Dr. Franz Götz.

Ferner danke ich natürlich meinem akademischen Lehrer, Herr Prof. Dr. Werner Mezger, für seine Betreuung sowie Herrn Prof. Dr. Harm-Peer Zimmermann für die Übernahme der Zweitkorrektur.

Schließlich möchte ich besonders Frank Schillinger danken, der während der Entstehungszeit dieser Studie für alle Probleme ein offenes Ohr hatte, geduldig diskutierte, korrigierte und dabei nie seinen unvergleichlichen Humor verlor.

Ein großer Dank gilt, last but not least, meinen Eltern, die mir diesen Weg ermöglichten.

Jochen Schicht

Einleitung

Der Fastnachtsboom der 1990er-Jahre im schwäbisch-alemannischen Raum

Schwäbisch-alemannische Fasnet boomt[1]. Es findet sich mittlerweile kaum mehr ein Ort im Südwesten Deutschlands, der nicht über eine oder mehrere Fastnachtsfiguren verfügt[2]. Diese nehmen, ausgestattet mit typischen Requisiten wie Holz- oder Tuchmasken, bemalten oder aus Stoff-Fetzen zusammengenähten Häs[3], Schellen und allerlei Lärminstrumenten, während der »fünften Jahreszeit« die Straßen und Plätze in Beschlag.

Seit Ende des Zweiten Weltkriegs nimmt die Anzahl der Narrenzünfte und Fastnachtsvereine kontinuierlich zu. Doch erst mit Beginn der 1990er-Jahre setzte eine explosionsartige Vermehrung dieser Gruppen ein, die bis heute andauert.

1924 registrierte man im deutschen Südwesten 40 Narrenzünfte. 1950 wuchs die Zahl auf 80, 1976 auf 350 und 1989 auf 600 an. Nach Ansicht von Experten existierten Ende 2001 über 1700 Narrenzünfte und Fastnachtsvereine im schwäbisch-alemannischen Raum[4]. Rund ein Drittel davon wurden in den Jahren zwischen 1991 und 1996 gegründet. Regelrechte Ballungsgebiete entstanden beispielsweise im Allgäu sowie in den Landstrichen um die Städte Ulm, Aalen und Schwäbisch Gmünd.

Beschränkten sich bis vor wenigen Jahren die Fastnachtsfeierlichkeiten im schwäbisch-alemannischen Raum auf die katholischen Gebiete, hat es der Volkskundler heute mit einem flächendeckenden Phänomen zu tun. Dies belegt eine Erhebung im zum überwiegenden Teil evangelisch geprägten Landkreis Tübingen aus dem Jahr 1996:

Laut der von Hans Schäfer und Anton Siegfried Schneider durchgeführten Untersuchung gab es innerhalb des heutigen Tübinger Kreisgebiets, das 61 Gemeinden umfasst, vor 1945 lediglich eine einzige Narrenzunft. 1975 existierten insgesamt acht Narrenzünfte. Dann setzte ein atemberaubender Aufschwung ein: Bis 1985 verdoppelte sich die Zahl und bis 1995 kletterte der Gesamtbestand auf sage und schreibe 43 Zünfte, wobei von den 27 Neugründungen dieses letzten Jahrzehnts lediglich neun in die Zeit von 1985 bis 1990 und die restlichen 18 in die Jahre 1990 bis 1995 fielen[5]. Weitere Zahlen machen deutlich, in welchen Dimensionen sich der Festkomplex Fastnacht gegenwärtig bewegt: So gab es beispielsweise 1998 innerhalb der Arbeitsgemeinschaft der elf Narrenvereinigungen und -verbände insgesamt 27 Narrentreffen an nur fünf Wochenenden[6].

Nach Ansicht Werner Mezgers bemühen sich viele der neuen Zünfte vor allem deshalb um die Mitgliedschaft in einem der überregionalen

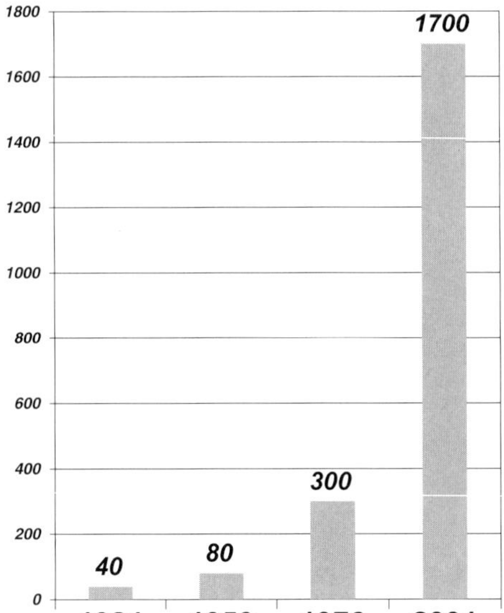

Entwicklung der Narrenzünfte im schwäbisch-alemannischen Raum seit 1924.

Dachverbände, da sie sich an deren großen Narrentreffen einer breiten Öffentlichkeit präsentieren wollen. Diese Art der Selbstdarstellung liege den Neulingen meist mehr am Herzen als die Fastnacht im Herkunftsort: »Nicht selten führt dies gar zu der grotesken Situation, dass neue Zünfte in ihrer Heimatgemeinde so gut wie überhaupt nicht in Erscheinung treten [...], dafür aber einen um so intensiveren Brauchtourismus betreiben [...].«[7] Mittlerweile bestehen vermehrt ortsunabhängige Gruppierungen, deren Mitglieder aus verschiedenen Städten und Gemeinden stammen. Viele der neuen Narrenvereine haben Schwierigkeiten, den Gründerkreis zu erweitern. In der Vorfastnachtszeit häufen sich in Lokalzeitungen und Gemeindeblättern Kleinanzeigen, in denen diese Fastnachtsgruppen um weitere Mitstreiter buhlen:

»Achtung! Zunftmitglieder gesucht! Ihr lieben Leut, schnell mal aufgepaßt: Der Mensch soll froh und glücklich sein, drum komm zu den Freiburger Glückskleeblätter rein. Wir sind eine kleine Zunft, die noch Mitglieder sucht. Familien mit Kindern sind herzlich willkommen. [...].«
(Badische Zeitung, Ausgabe Freiburg vom 13. Januar 2000)

Achtung!
Zunftmitglieder ges.!
Ihr lieben Leut, schnell mal aufgepaßt: Der Mensch soll froh u. glücklich sein, drum komm zu den Freiburger Glückskleeblätter rein. Wir sind eine kleine Zunft, die noch Mitglieder sucht. Familien mit Kindern sind herzlich willkommen. Infos: Tel.: [redacted]

● Fasnachtszeit/Schöne Zeit! Wer hat Lust und viel Humor, um mit uns Teufeln das Feuer zu entfachen? Bei uns im Verein sind Jung und Alt herzlich willkommen Tel.[redacted]

»Fastnachtszeit/Schöne Zeit! Wer hat Lust und viel Humor, um mit uns Teufeln das Feuer zu entfachen? Bei uns im Verein sind Jung und Alt herzlich willkommen. [...].«
(Anzeigenblatt Zypresse Freiburg vom 16. Mai 1998)

»Wer hat Lust, eine neue Narrenzunft (Hexen) zu gründen? Ab 18 [...].«
(Anzeigenblatt Zypresse Freiburg vom 25. März 2000)

»Wir geben nicht auf! Am Donnerstag, den 9. Dezember, um 20 Uhr im ›Gleis 1‹ hat wieder jeder die Möglichkeit, uns ganz ungezwungen kennenzulernen. Wer sich immer mal wieder überlegt hat, bei uns mitzumachen, sich aber in keine Aktivenversammlung getraut hat, ist herzlich willkommen. Wir sind auch gerade dabei, uns über die Bekleidung der Häsanwärter neue Gedanken zu machen. Wir freuen uns auf Euer Kommen! [...].«
(Aufruf der Narrenzunft Marchwaldgeister e. V. im Mitteilungsblatt der Gemeinde March, Nummer 48, S. 16, 3. Dezember 1999)

»Wer will Hästräger werden? Riegel! Die Narrenzunft ›Riegeler Schilfhexen mit Hexentreiber e. V.‹ sucht Neumitglieder und aktive Hästräger für das Schilfhexenhäs. Komplette gebrauchte Häs mit Masken können käuflich erworben werden, so daß Ihr schon jetzt bei der Kampagne

NARRENZUNFT MARCHWALD-GEISTER E.V.

Wir geben nicht auf!
Am Donnerstag, den 9. Dezember, um 20.00 Uhr im Gleis 1 hat wieder jeder die Möglichkeit uns ganz ungezwungen kennen zu lernen. Wer sich immer wieder mal überlegt hat, bei uns mitzumachen, sich aber in keine Aktivenversammlung getraut hat, ist herzlich willkommen. Wir sind auch gerade dabei, uns über die Bekleidung der Häsanwärter neue Gedanken zu machen. Wir freuen uns auf Euer Kommen!
Nähere Informationen bei jedem Mitglied, ganz besonders aber bei [redacted], Telefon [redacted].

Wer will Hästräger werden?
Riegel! Die Narrenzunft "Riegeler Schilfhexen mit Hexentreiber e.V." suchen Neumitglieder und aktive Hästräger für das Schilfhexenhäs. Komplette gebrauchte Häs mit Masken können käuflich erworben werden, so daß Ihr schon jetzt bei der Kampagne 97/98 mitlaufen könntet. Informationen vom 1. Vorstand der Narrenzunft, [redacted] unter der Tel. und Fax-Nr. [redacted].
Also überlegt es euch schnell und meldet Euch.

97/98 mitlaufen könntet. Informationen vom 1. Vorstand und der Narrenzunft [...]. Also überlegt es euch schnell und meldet Euch.«
(Badische Zeitung, Ausgabe Freiburg vom 29. Januar 1998)

Es fällt auf, dass die Initiatoren auf die Herkunft potentieller Neumitglieder offenbar keinen Wert legen. Dies war, wie zu zeigen sein wird, nicht immer so: Während der Gründungswelle der 1950er- und 1960er-Jahre rekrutierte sich die jeweilige Narrenschar ausschließlich aus einem Ort oder einer Gemeinde. Lokalisierende Tendenzen scheinen heute keine große Rolle mehr zu spielen.

Längst haben auch geschäftstüchtige Kunsthandwerker auf die zahlreichen Neugründungen reagiert. Ein Beispiel mag genügen, um diese Begleiterscheinung des Fastnachtsbooms zu dokumentieren. So erschien im Anzeigenblatt des »Schwarzwälder Boten« eine gewerbliche Anzeige, die drei fotografierte Holzmasken zieren und mit folgendem Text versehen war:

»Fasnetsmasken. Handgefertigte Fasnetsmasken. Beratung und Entwurf. Kleine Sammlermasken aus Gießharz. Handbemalt. [...].«
(WOM-Journal des Schwarzwälder Boten, Nummer 1, Ausgabe Balingen, 5. Januar 2000)

FRAGESTELLUNGEN UND VORGEHENSWEISE

Über die Ursachen des Fastnachtsbooms der 1990er-Jahre wurde viel spekuliert. Eine empirische Studie, welche die Hästräger selbst zu Wort kommen lässt, existiert jedoch noch nicht. Generell muss festgestellt werden, dass sich, obwohl Fastnacht und Karneval im Lauf des 20. Jahrhunderts eine Popularität wie kein anderer Brauch erreichten, die Wissenschaft bislang kaum mit der Aktualität dieser Festformen beschäftigt hat. Hermann Bausinger sieht deshalb die in Zukunft wichtigste Aufgabe der Fastnachtsforschung in der Analyse gegenwärtiger Phänomene: »Ein [...] Forschungsdesiderat ist die genaue Untersuchung der sich immer noch fortsetzenden Fastnachtsepidemie.«[8]

Bedarf besteht laut dem Tübinger Volkskundler an so genannten »ethnographischen« Untersuchungen. Gemeint ist damit die genaue Analyse der Fastnacht in einem Ort oder in einem begrenzten Gebiet aufgrund intensiver Recherchen. Eine striktere Ethnographie kann auf die »dichte Beschreibung« eines einzelnen Bereichs, eines einzelnen Orts oder sogar einer einzelnen Gruppe zielen.

Die »dichte Beschreibung« als Methode einer ethnographischen Forschung wurde maßgeblich von dem amerikanischen Ethnologen Clifford Geertz geprägt. Er versteht darunter »eine möglichst detaillierte und zugleich komplexe Darstellung einer Situation, deren Abläufe und Beteiligte aus möglichst unterschiedlichen Blickwinkeln und Quellen dargestellt werden.«[9]

Geertz Erkenntnisinteresse zielt auf die Deutung gesellschaftlicher Ausdrucksformen, die zunächst rätselhaft erscheinen. Die vorliegende Arbeit versteht sich im Rahmen ihrer Möglichkeiten als Versuch solch einer ethnographischen Fastnachtsforschung. Sie untersucht exemplarisch mittels Feldforschung Entstehung, Wirken und Motivik eines während den 1990er-Jahren gegründeten Narrenvereins. Die Antworten auf folgende Fragen sollen teilweise zum Verständnis des Phänomens »Fastnachtsboom« beitragen:

- Wie unterscheidet sich ein neu gegründeter Narrenverein von den in früheren Jahrzehnten entstandenen Zünften[10], denn: »Veränderungen der Erscheinungsformen der Fastnacht können als Indizien für einen sozialen Wandel gewertet werden [...]«?[11]
- Wie ist der Verein strukturiert?
- Wie sieht das Vereinsleben aus?
- Wie wird Fastnacht gefeiert?
- Wie reagiert das soziale Umfeld (Bevölkerung, benachbarte Narrenzünfte, Lokalpresse, Geschäftswelt, Kirchen und Stadtverwaltung) auf die Innovation?
- Welche Motive bewegt die Mitglieder eines neu gegründeten Narrenvereins?
- Aus welchem Personenkreis rekrutieren sich die Mitglieder?
- Was fasziniert diese an der Fastnacht?

Es geht dabei um die Erforschung des »Anderen« in der Kultur. Dieses »Andere« wird erst dann zum »Anderen«, wenn es ergründet und verstanden werden will: »›Verstehen‹ bedeutet ja lediglich, dass wir es in unser Deutungssystem, in unsere kulturelle Sprache übersetzen wollen, um zu begreifen, was und wie es für uns ist – und gleichzeitig, um zu begreifen, wer und wie wir sind, indem wir eben wiederum ›anders‹ sind.«[12]

An dieser Stelle soll kurz auf die grundsätzlichen Probleme einer Feldforschung hingewiesen werden. So besteht kein Zweifel daran, dass dieses »Andere« nicht selbst zu Wort kommt, sondern immer nur in der Sprache des Forschers. Ein Verfremdungseffekt ist unvermeidbar, schon durch die Auswahl des Forschungsgegenstandes und die damit verbundene Lösung aus bestehenden Kontexten. Durch die Person des Forschers verändert sich das Forschungsfeld zwangsläufig. Klar ist auch, dass die Vertreter des »Anderen« sich selbst nicht als »anders« empfinden. Eine ethnographische Beschreibung »konstruiert in ihren Begriffen und Kategorien ein Anders-Sein, das sie dann wiederum zu rekonstruieren vorgibt.«[13] Der Weg zum Erkenntnisgewinn wird durch diese Überlegungen nicht verbaut, im Gegenteil: Sie bilden sozusagen die Fahrbahnmarkierungen, die vonnöten sind, um auf der rechten Spur zu bleiben. Es darf bei den Ergebnissen einer Feldstudie nie vergessen werden, dass es sich lediglich »um Interpretationen handelt, denen eine affirmative und hermetische Präsentation schlecht ansteht.«[14] Laut Geertz besteht die Untersuchung von Kultur darin, »Vermutungen über Bedeutungen anzustellen, diese Vermutungen zu bewerten und aus den besseren Vermutungen erklärende Schlüsse zu ziehen; nicht aber darin, den Kontinent Bedeutung zu entdecken und seine unkörperliche Landschaft zu kartographieren.«[15]

Kompensation und Erlebnisorientierung

Die volkskundliche Fastnachtsforschung der frühen 1980er-Jahre führte die schon damals starke Zunahme an Narrenzünften auf das gestiegene Bedürfnis nach Kompensation, also einem Bedürfnis nach Ausgleich zum (Arbeits-)Alltag, zurück[16]. Man war in Anlehnung der volkskundlichen Folklorismus-Diskussion[17] der Ansicht, die wachsende Attraktivität des Festes entspringt hauptsächlich einer regressiven Reaktion auf bestehende Zustände. So spricht Gottfried Korff von einer »Regression in die Wildheit, in das Un-Zivilisierte. [...] Die Maskenbewegung als Massenbewegung wäre, so gesehen, eine Reaktion auf die Desorientierung als Folge fortschreitender Zivilisationszustände.«[18] Hermann Bausinger nennt das kompensative Bedürfnis des »Sich-Treiben-Lassens«, das so nur noch während der Fastnachtszeit befriedigt werden kann[19]. Werner Mezger betont den Drang, »die kommunikative Situation des Alltags zu kompensieren« und sieht im Fastnachtsfest das »Angebot der befristeten Flucht aus der Alltagsrolle«[20].

Auch die heutige Gesellschaft scheint auf den ersten Blick kompensative Bedürfnisse geradezu herauszufordern: Globalisierung, Individualisierung und Wertezerfall sind Kennzeichen der Moderne. Ein immenser Leistungsdruck bestimmt den Alltag der Menschen in einer immer schnelllebigeren, technologisierten und von Massenarbeitslosigkeit geprägten Zeit. Die Industriegesellschaft wandelt sich in eine Informationsgesellschaft. Regionale und nationale Märkte vermengen sich zu einem globalen Markt, auf dem sich jeder Anbieter von Produkten oder Leistungen der weltweiten Konkurrenz stellen muss. Die neuen Medien, allen voran das Internet, erobern die privaten Haushalte. Doch auch diese vernetzte Welt scheint nicht in der Lage, Einsamkeit und Hoffnungslosigkeit vieler Menschen zu lindern, wie ein kleines Beispiel belegt: Allein 11 889 Anrufe liefen 1998 bei der Telefonseelsorge der knapp 200 000 Einwohner fassenden Stadt Freiburg im Breisgau ein, Tendenz steigend[21]. Es stellt sich somit die Frage, ob die These von einer kompensatorischen Funktion schwäbisch-alemannischer Fastnacht durch die Antworten der Hästräger Bestätigung findet.

Während mit dem Schlagwort Kompensation eine bestimmte *Reaktion* auf gesellschaftliche Zustände bezeichnet wird, geht der Soziologe Gerhard Schulze auch im Zusammenhang mit der steigenden Beliebtheit von Festen und Bräuchen von einer anderen, einer *aktiven* Lebensstrategie aus. Beide Ansätze, das sei betont, müssen sich nicht ausschließen. Die Grundlage zu Schulzes Analyse, die 1992 veröffentlicht wurde, lieferte die Befragung einer tausendköpfigen repräsentativ ausgewählten Personengruppe. Schulze vertritt die These, dass die Menschen unserer Kultur sich heutzutage ausschließlich dem »Projekt des schönen Lebens«[22] widmen. Der Kampf ums Überleben ist einem Erleben des Lebens gewichen. Bis Ende des 19. Jahrhunderts orientierte sich die allgemein vorherrschende Lebensauffassung nach außen: Ökonomische Bedingungen diktierten das Dasein. In der heutigen Überflussgesellschaft ist dies nicht mehr der Fall. Hoher Lebensstandard, viel Freizeit, zahlreiche Bildungsmöglichkeiten, technischer Fortschritt, die Auflösung starrer biographischer Muster werfen das vormals situationszentrierte Subjekt auf sich selbst zurück. Bedroht ist nicht mehr das Leben, sondern sein Sinn.

Die Lebensauffassung orientiert sich nach innen[23]. Es kommt zu einer Ästhetisierung des Alltagslebens. Menschen handeln erlebnisrational, das heißt Situationen werden aus Erlebniszwecken instrumentalisiert.

Jeder Einzelne gerät unter Erfolgsdruck: »Das Projekt des schönen Lebens entpuppt sich als etwas Kompliziertes – als Absicht, die Umstände so zu manipulieren, daß man darauf in einer Weise reagiert, die man selbst als schön reflektiert.«[24] Erlebnisse werden erst vom Subjekt zu solchen gemacht und das immer wieder aufs Neue – allerdings ohne Erfolgsgarantie. Der Spaß am Leben wird zum individuellen Grundproblem, denn Erlebnisprojekte können scheitern. Der Soziologe Ulrich Beck begreift den sozialen Wandel, dem die westdeutsche Gesellschaft in den vergangenen Jahrzehnten unterworfen war, als Individualisierung[25]. Die klassischen Bezugsmodelle haben demzufolge ausgedient und verschwinden aus dem Bewusstsein der Menschen: »Nation, Schicht, Region, Generation scheinen als soziale Bezugssysteme in globalen Horizonten zu verschwinden.«[26] Der Einzelne bezieht eine neue Stellung gegenüber der Gesellschaft. Er ist in der Lage, Beziehungs- sowie Interaktionspartner beliebig zu wählen und muss seine Lebensgeschichte selbst gestalten, denn vorgegebene Raster existieren nicht mehr. Dennoch oder gerade deswegen bilden sich neue Gemeinsamkeiten. Das Subjekt in der Erlebnisgesellschaft verlangt nach ordnenden Schemata: »Ohne kollektive Muster wären viele durch das Programm, so zu leben, wie sie wollen, philosophisch überfordert.«[27]

In Deutschland entstanden laut Schulze, der auf der Theorie Becks aufbaut, seit den 1950er-Jahren kollektive Erlebnismuster, die sich auf eine übersichtliche Zahl von Routinen reduzieren lassen und seit den 1980er-Jahren letztendlich drei unterschiedlichen »alltagsästhetischen Schemata« zuzuordnen sind:

- Hochkulturschema,
- Trivialschema,
- Spannungsschema.

Annähernd alle Menschen finden sich im dimensionalen Raum dieser drei Schemata wieder. Kombinationen und Mischungen sind nicht nur möglich, sondern die Regel. Schulze macht nun bestimmte Häufungen aus: »Im dimensionalen Raum alltagsästhetischer Schemata verdichten sich Gruppen, die nach Lebensalter und Bildungsgrad voneinander abgegrenzt sind, in bestimmten Teilbereichen.«[28] Der Soziologe bezeichnet solche Stil-Gemeinschaften als soziale Milieus und unterscheidet zwischen drei älteren (Harmoniemilieu, Integrationsmilieu, Niveaumilieu) und zwei jüngeren Milieus (Unterhaltungsmilieu, Selbstverwirklichungsmilieu). Innerhalb der Altersschichten divergieren die Milieus nach dem Bildungsgrad. Andere Kriterien wie die Stellung im Produktionsprozess, Lebensstandard, Umgebung oder Religion haben bei der Milieubildung an Bedeutung verloren. Menschen interessieren sich somit unter neuen Gesichtspunkten füreinander: Sie bauen ihre sozialen Netze aufgrund ähnlicher Erlebnisdispositionen auf. Soziale Milieus bilden sich heute als Erlebnisgemeinschaften. Gleichartige Erlebnisorientierungen, Kennzeichen sind Alter, Bildung und persönlicher Stil, bringen die Menschen dazu, sich zu gruppieren: »Beziehungswahl tritt an die Stelle von Beziehungsvorgabe.«[29]

Wohl wissend um die Gefahren solcher oft allzu pauschalierenden Einteilungsraster – Schulze selbst bezeichnet seine milieuspezifische Anschauungsweise als bloße Orientierung, Tendenz und Richtgröße – sollen die Lebensstile der befragten Vereinsmitglieder dennoch mit diesen verglichen und – wenn möglich – zugeordnet werden. Laut Schulzes Theorie müsste innerhalb der befragten Personengruppe ein bestimmter Lebensstil dominieren. Da allerdings das für eine solche Zuordnung erforderliche Datenmaterial aufgrund der stark themenorientierten Befragung in nicht ausreichendem Maße vorhanden ist, kann es nur darum gehen, Tendenzen aufzuzeigen.

Weshalb für diese Studie das Lebensstil-Modell Schulzes herangezogen wurde, soll kurz begründet werden. Die deutsche Lebensstilforschung präsentiert sich alles andere als wohl geordnet[30]: »Wer sich [...] mit der Lebensstilforschung beschäftigt, gerät in ein unübersichtliches Dickicht unterschiedlicher Definitionen und Operationalisierungen.«[31] Zwar werden die Vorteile gegenüber demographischen und sozioökomischen Variablen nicht angezweifelt, doch selbst was die Verwendung des Begriffes »Lebensstil« betrifft, besteht kein Konsens. Von den zahlreichen Lebensstilmodellen eignet sich Schulzes in besonderem Maße für diese Arbeit. Der Soziologe lieferte in Deutschland die umfangreichste Studie zur kulturellen Differenzierung. Er strukturierte die Gesellschaft neu und reagierte dabei auf die zunehmend erlebnisorientierte Grundhaltung der Bevölkerung. Im Gegensatz zu anderen theoretischen Ansätzen lässt sich diese Struktur schon über wenige Merkmale zumindest grob herstellen: »Die Rekonstruktion der alltagsästhetischen Schemata kann mit Hilfe einer relativ geringen Zahl von Variablen geschehen [...].«[32] Es bedarf also keiner Datenschwemme, um eine direkte Vergleichbarkeit zu ermöglichen. Ein Nachteil könnte die zeitliche Distanz zwischen Schulzes Untersuchung und der vorliegenden bedeuten. Allerdings bewies eine von Peter H. Hartmann 1995 durchgeführte empirische Studie die Aktualität des Modells: »Die Struktur der alltagsästhetischen Schemata, so wie sie von Schulze für die achtziger Jahre postuliert wurde, ist auch Mitte der neunziger Jahre noch reproduzierbar.«[33]

Neue Deutungsversuche

Auch kurz vor der zweiten Jahrtausendwende beschäftigten sich volkskundliche Fastnachtsforscher mit den möglichen Ursachen der Gründungsschwemme. Bausinger führte die abnehmende Bedeutung der Konfessionszugehörigkeit ebenso wie den Einfluss des Mediums Fernsehen an, das den Sektor Brauchtum im Allgemeinen und schwäbisch-alemannische Fastnacht im Besonderen für sich entdeckte und gewissermaßen bundesweit popularisierte: »Die anhaltende Konjunktur von Karneval und Fastnacht ist nicht ausschließlich, aber auch eine Folge davon, dass das Fernsehen hier einen relativ billigen Zugang zu Ereignissen hat, die dem Schaucharakter dieses Mediums entgegenkommen, und dass deshalb in regionalen und überregionalen Sendungen wochenlang bunte Masken vorgeführt werden.«[34] 1992 übertrug der heutige Südwestrundfunk aufgrund der wegen des Golfkriegs ausgefallenen Fastnacht im Jahr zuvor zum ersten Mal ein schwäbisch-alemannisches Narrentreffen in voller Länge. Die erzielte Einschaltquote übertraf alle Erwartungen des Senders. Innerhalb weniger Jahre avancierten ab diesem Zeitpunkt sowohl Liveübertragungen als auch Reportagen über fastnächtliche Veranstaltungen zum festen und vor allem überaus erfolgreichen Bestandteil des Fernsehprogramms: »Nicht wenige der Fasnetsendungen werden bundesweit von deutlich mehr als einer Million Menschen gesehen.«[35]

Von 1989 bis 1994, also gerade in den Jahren, als die Zahl der neu gegründeten Narrenvereine steil nach oben schnellte, ließ sich in Südwestdeutschland generell ein steigendes Medieninteresse an lokalem Brauchtum beobachten: »Hatten 1989 die Filme [Anm. d. Verf.: der Sendung ›Treffpunkt‹ des heutigen Südwestrundfunks] über Feste und Bräuche noch ganze vier Prozent des Gesamtjahresangebots an ›Treffpunkt‹-Themen ausgemacht, lag ihr Anteil 1990 schon bei acht, 1991 bei zehn, 1992 bei zwölf, 1993 bei 29 und 1994 gar bei 44 Prozent.«[36] Hierfür war keine neu entdeckte Vorliebe der Redakteure verantwortlich, sondern allein die gestiegene Nachfrage seitens der Fernsehzuschauer. Inwieweit der Mauerfall und die anschließende Wiedervereinigung Deutschlands für diesen Trend verantwortlich zeichnete, wurde bisher noch nicht empirisch untersucht. Die von den Verantwortlichen in jüngster Vergangenheit längst erwartete Stagnation der hohen Einschaltquoten blieb, was die Übertragungen von Narrentreffen betraf, nicht nur aus – das Gegenteil trat ein: Immer neue Rekordzahlen wurden gemeldet[37]. Und das obwohl sich weder der inhaltliche Aufbau dieser Sendungen noch die Zusammenstellung an gezeigten Narrenzünften seit 1992 großartig verändert hatte.

Auch lokalem Prestige kommt laut Bausinger eine wichtige Rolle zu. Hauptsächlich aber sei »die Erfahrung mit dem Narrentourismus anzuführen, der gut in eine Fun- und Erlebniskultur zu niedrigen Preisen passt – eine Erfahrung, die zunächst passiv ist, aber zur aktiven Beteiligung reizt.«[38] Hier redet Bausinger Schulzes Thesen das Wort.

Nach Ansicht Korffs kann die fastnächtliche Expansion nicht allein auf das gestiegene Medieninteresse zurückgeführt werden[39]. Allerdings übernehme speziell das Fernsehen eine anregende und impulsgebende Funktion, die für viele Nachahmungstendenzen verantwortlich zeichne. Korff sieht verschiedene Motivstränge, die die gegenwärtige Konjunktur erklären. Zunächst einmal betont er die Bedeutung der wirtschaftlichen Situation. Das Konsumverhalten der Wohlstandsgesellschaft fungiere heute als Motor des Brauches. In einer Zeit, in der alles in Bewegung sei, vermittelten zudem Lokalismus und Traditionalismus feste Orientierungen. Schließlich ermögliche die Vollvermummung Verhaltensmuster, die weit von denen sonst üblicher Alltagsrollen abwichen. Die Welt könne als Du-Zustand erfahren werden, die Maske biete – nicht unähnlich der Punk-Kultur – ein Gefühl der Ganzheit und intensiven Körperlichkeit. Korff bezeichnet die Fastnacht deshalb als »postmodernen Brauch«.

Mikrostudie kontra Repräsentativität

Da eine wissenschaftliche Befragung mehrerer Gruppierungen den vorgegebenen Rahmen sprengen würde, galt es, sich auf eine zu beschränken und damit gleichzeitig der von Ueli Gyr aufgestellten Forderung nachzukommen: »Persönlich meine ich, daß sich volkskundliche Feldforschungen vorzugsweise auf Kleinräumigkeit richten sollten, auf ›überschaubare Lebenswelten‹.«[40] Eines stand von Anfang an fest: Repräsentativität war nicht zu verwirklichen, weder durch die Zahl der Probanden noch durch das ausgewählte Forschungsobjekt. Es wäre vermessen, zu behaupten, dass ein Narrenverein stellvertretend für all die vielen anderen neu gegründeten Fastnachtsgruppen stehen kann. Es zeigte sich schon früh, dass sich beispielsweise die Entstehungsumstände dieser jungen Zünfte nicht immer auf einen Nenner bringen lassen. In jedem Fall sind lokale Gegeben- und Besonderheiten zu berücksichtigen. Es kann deshalb in dieser Studie lediglich darum gehen, anhand einer exemplarischen Gruppierung, Tendenzen aufzuzeigen und somit unter Umständen thesengenerierend zu wirken.

Eine volkskundliche Mikrostudie, die sich intensiv mit einer kleinen, scheinbar unbedeutenden Facette der Alltagsrealität befasst, sagt oft mehr über Befindlichkeiten von Menschen aus, als groß angelegte und damit repräsentative Forschungsvorhaben. Bausinger demonstrierte dies anhand einer quantitativen Befragung ausländischer Jugendlicher durch das baden-württembergische Gesundheitsministerium. Die 123 Fragen orientierten sich ausschließlich an deutschen Wertesystemen und berücksichtigten in keiner Weise Kultur, Lebensumstände und elementare Formen des alltäglichen Daseins der jungen Leute. Die Antworten ähnelten somit denen deutscher Jugendlicher und ließen auf weitgehend unspezifische Schwierigkeiten schließen. Bloße Datenfülle beinhaltet also immer die Gefahr, Zwischenbereiche und Zwischentöne zu ignorieren.

Auch Geertz vertritt die Ansicht, »daß sich der Ethnologe [...] umfassenden Interpretationen und abstrakteren Analysen von der sehr intensiven Bekanntschaft mit äußerst kleinen Sachen her nähert.«[41] Er werde dabei mit den gleichen menschlichen Konstanten konfrontiert, die auch Politikwissenschaftler, Soziologen oder Historiker beschäftigen: so beispielsweise Macht, Wandel, Glaube, Unterdrückung, Arbeit, Liebe, Gewalt, Prestige oder Autorität. Allerdings gebrauche er solche großen Worte nicht, da sie in bescheidenen Kontexten bescheidene Formen annähmen: »Aber genau da liegt der Vorteil. Es gibt bereits genügend tiefgründige Probleme in der Welt.«[42] Ein Ziel dieser Arbeit besteht demnach darin, »die Feldstudie, die Mikroanalyse [...] als Türen und Fenster [zu sehen], die Einblicke geben können in ansonsten verschlossene Innenwelten, in ›gelebte Kultur‹«[43]. Volkskunde untersucht kulturelle Vermittlungsprozesse. Gerade scheinbar nichtssagende Phänomene wie die Gründung eines Narrenvereins vermitteln in besonderem Maße das Weltbild ihrer Träger[44], »die innere Befindlichkeit, die Wertvorstellungen, Hoffnungen, Gewissensbisse, Enttäuschungen und [...] die Ängste von Menschen in der gegenwärtigen Zeit.«[45]

Das Forschungsobjekt

Bei der Auswahl einer neu gegründeten Zunft bot sich der Narrenverein Balinger »Loable« an. Rein geographisch liegt Balingen im schwäbisch-alemannischen Raum. Die Stadt war allerdings, was die Fastnacht betrifft, bis 1997 ein weißer Fleck auf der Landkarte, obwohl sich alte

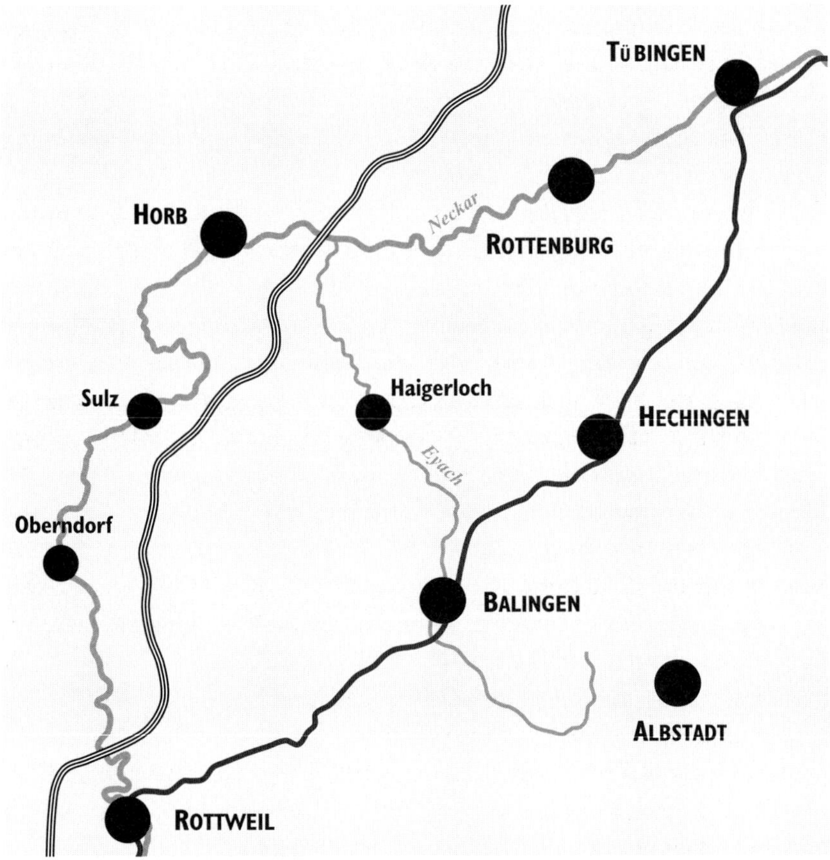

Die Lage Balingens im schwäbisch-alemannischen Raum

Narrenorte wie Rottweil, Schömberg, Oberndorf oder auch Hechingen in der unmittelbaren Umgebung befinden. Seit drei Jahren wird die Balinger Kernstadt nun mit Narrenbaumsetzen, Rathaussturm, Fackelumzug und der Narrenfigur des »Loable« konfrontiert[46].

Die Reaktionen von Bevölkerung, Geschäftswelt und Lokalpresse, auf die jeweils gesondert eingegangen werden soll, reichen von begeisterter Zustimmung bis zu aggressiver Ablehnung. Zum ersten Fastnachtsumzug des Vereins fanden sich 1998 nicht weniger als 5000 Besucher am Straßenrand ein. Umso erstaunlicher erscheint dies, da Balingen eine evangelische Stadt ist, und die reformierte Kirche das Feiern der Fastnacht in jeder Form ablehnte. Diese ersten Informationen ließen im Vorfeld der Untersuchung auf ein spannendes und vor allem ergiebiges Feld schließen.

Wenn, wie Albrecht Lehmann fordert, »die Menschen als Individuen und als gesellschaftliche Wesen im Mittelpunkt der Volkskunde stehen sollen [...] [und] ›gelungene‹ volkskundliche Studien [...] möglichst bei aller thematischen Vielfalt übereinstimmend dadurch charakterisiert sein [sollten], daß die einzelnen Menschen in ihrem sozialen und kulturellen Lebensumfeld als Individuen erkennbar bleiben und nicht hinter Organisationsstrukturen verschwinden oder sich als demographische Daten in der Anonymität verflüchtigen«[47], dann macht es gerade bei dem vorgegebenen Rahmen wenig Sinn, die Zahl der Interviews zu weit hoch zu schrauben. Gemäß dem Motto »weniger ist mehr« kommen in dieser Arbeit 13 Interviews zur Auswertung – in der Hoffnung, sich Lehmanns überzeugendem Postulat zumindest anzunähern, das da heißt: »Wer einen volkskundlichen Text zur Vergangenheit oder zur Gegenwart liest, sollte nicht zuletzt durch die Art der Darstellung die Chance haben, aus den empirischen Befunden und hinter den theoretischen Konstruktionen erlebende und handelnde Leute kennen zu lernen.«[48] Aus diesem Grund wird der Vorstellung der Probanden relativ viel Platz eingeräumt.

Die Gliederung

Im ersten Kapitel der Arbeit wird zunächst die Geschichte der Fastnacht in Balingen *vor* Gründung des neuen Narrenvereins nachgezeichnet. Das zweite Kapitel behandelt methodische Fragen der durchgeführten Feldforschung. Entstehungsumstände von Verein und Häs sollen im dritten Kapitel vorgestellt und mit den Ergebnissen der Studie des Tübinger Arbeitskreises für Fastnachtsforschung, der Mitte der 1960er-Jahre die Maskenbewegung nach dem Zweiten Krieg untersucht hatte, verglichen werden. Hierfür wurden aus den Interviews Aussagen herausgelöst, unter thematischen Aspekten gesammelt und im jeweiligen Gesamtzusammenhang analysiert. Um die Bandbreite des Impulsspektrums anzudeuten, sollen kurz die Entstehungsumstände zweier weiterer junger Narrengruppen aus dem schwäbisch-alemannischen Raum dargestellt werden.

Das vierte Kapitel beschäftigt sich mit den Reaktionen im Umfeld. Folgende Fragen interessieren besonders: Wie steht die Bevölkerung zur neu eingeführten Fastnacht? Wie verhalten sich benachbarte Narrenzünfte und Lokalpresse? Welche Ansichten vertreten die beiden Pfarrer? Profitiert die Geschäftswelt von der neu eingeführten Fastnacht? Was halten die Vertreter der Stadtverwaltung von der Innovation? Um die 13 befragten Hästräger als Individuen geht es im fünften Kapitel. Nach der Erstellung von ausführlichen Persönlichkeitsprofilen sowie deren Interpretation sollen eventuelle Gemeinsamkeiten dargestellt werden. Der Schlussteil der Arbeit beginnt mit einer Zusammenfassung der Ergebnisse vor dem Hintergrund des Forschungsstandes. Abschließend steht die Frage im Mittelpunkt, ob die Aktivitäten der Balinger »Loable« als »Brauch« bezeichnet werden können.

Fastnacht in Balingen – ein historischer Abriss

Vorbemerkung

Um den Stellenwert der 1997 neu eingeführten Fastnacht schwäbisch-alemannischer Prägung zu bestimmen, ist es unabdingbar, sich mit der Geschichte von Fastnacht oder Karneval in Balingen zu beschäftigen. Es macht jedoch wenig Sinn, dies losgelöst von den jeweiligen politischen, wirtschaftlichen und sozialen Entwicklungen zu tun. Deshalb soll zunächst die Stadtgeschichte skizziert werden[49]. Was den historischen Abriss der Balinger Fastnacht betrifft, wäre es zweifellos von Interesse, sich ausführlich dem Quellenstudium zu widmen, allerdings macht ein solches Vorgehen für eine gegenwartsbezogene Arbeit wenig Sinn und ist schon aus Platzgründen nicht zu leisten. Es geht vielmehr darum, einen groben Überblick zu gewinnen, um die Aktivitäten der »Loable« einordnen zu können. Hierbei liegt der Schwerpunkt auf den vergangenen 100 Jahren.

Die Stadtgeschichte im Überblick

Balingen liegt etwa auf halber Strecke zwischen Stuttgart und dem Bodensee, am Rande der Schwäbischen Alb. Die Stadt befindet sich an der Einmündung der Steinach in die Eyach. Erstmals wird »Balginga« in einer Urkunde aus dem Jahr 863 erwähnt. In dem Schriftstück vermachte Graf Eberhard von Friaul das Dorf seiner Tochter Judith. Ab dem 13. Jahrhundert gehörte der Ort zur zollerischen Herrschaft Schalksburg. 1255 gründete Graf Friedrich von Zollern die Stadt Balingen. Knapp 150 Jahre später verkaufte Graf Mülli von Zollern im Jahr 1403 die Herrschaft Schalksburg, zu der die Stadt immer noch gehörte, an Württemberg. In der Folgezeit blieb Balingen, von zwei kurzen Unterbrechungen abgesehen, bei Württemberg und war mit diesem von 1519 bis 1534 österreichisch. 1635, während des Dreißigjährigen Krieges, schenkte Kaiser Ferdinand III. die Stadt seinem Kriegsratspräsidenten Graf Heinrich von Schlick. Nach Abschluss des Westfälischen Friedens 1648 kam sie wieder zu Württemberg. Schon seit der Zollernherrschaft im 13. und 14. Jahrhundert war Balingen Sitz gerichtlicher und administrativer Macht. Vom städtischen Schloss aus regierte bis Mitte des 18. Jahrhunderts ein Vogt über Balingen, Ebingen, Tuttlingen und Rosenfeld. 1759 wurden alle Obervogteien in Oberämter umbenannt. Die Bezirksverwaltung blieb in der Stadt. Bis 1938 hatte das Oberamt Balingen nahezu unverändert Bestand, erst dann kam es zu einer Neueinteilung des württembergischen Staatsgebietes in so genannte Kreise, was die Eyachstadt zum Mittelpunkt eines noch größeren zu verwaltenden Gebietes machte. 1973 wurde Balingen zum Verwaltungssitz des neu gebildeten Landkreises Zollernalb bestimmt.

Seit der Stadtgründung 1255 war die Stadt im Besitz des Marktrechts. Mitten durch Balingen führte mit der »Schweizer Straße« der bedeutendste Handelsweg der Region und verband Zürich mit Stuttgart. Doch erst zu Beginn des 20. Jahrhunderts schnellte die Bevölkerungszahl in die Höhe. Registrierte man im Jahr 1622 die Zahl von 1932 Einwohnern, stieg diese bis 1834 lediglich auf rund 3300 an. 1900 lebten 3500, 1910 bereits 4031 und 1939 dann 6285 Menschen in dem Ort am Fuße der Schwäbischen Alb. Was die konfessionelle Struktur betrifft, so bekannten sich die Balinger seit der Reformation zum Protestantismus. Noch um 1900 war dies bei 92 Prozent der Bevölkerung der Fall, erst durch die in Württemberg verspätet einsetzende Industrialisierung sorgten zuwandernde Arbeiter für eine gewisse konfessionelle Mischung. Aufgrund mangelnder Bodenschätze siedelte sich in der Region vorrangig Verarbeitungs- und Veredelungsindustrie an. So auch in der Eyachstadt: Textil-, Leder- und Metallindustrie entstand und mit ihr nahm gleichzeitig die Zahl der in der Landwirtschaft beschäftigten Arbeitskräfte ab.

Balinger Friedrichstraße um 1910

Viele Bauern aus den umliegenden Gemeinden, die nun das tägliche Brot in den Fabriken verdienten, behielten jedoch einen Teil ihrer Äcker und ihres Viehs und unterschieden sich schon allein deshalb von der Arbeiterschaft in den Großstädten.

Ungewöhnlich langsam entstand in diesen Kreisen ein proletarisches Bewusstsein und nur zögerlich gewann die sozialdemokratische Bewegung an Einfluss. Der Einzug in den Balinger Gemeinderat blieb ihr vor dem Ersten Weltkrieg gänzlich verwehrt. Erst in den 1920er-Jahren entwickelte sich – in Abgrenzung zum Bürgertum – eine eigenständige Arbeiterkultur und mit ihr auch ein proletarisches Festwesen, das in den Arbeitervereinen seinen Ausgangspunkt fand. Kultur war zwar nun nicht mehr wie noch in der wilhelminischen Zeit das Privileg der bürgerlichen Oberschicht, dennoch blieb der Behördensitz und Marktort Balingen fest in der Hand eines breiten Mittelstandes, da 63 Prozent der Arbeiter täglich aus den umliegenden Dörfern zu den Fabriken pendelten, also nicht in der Stadt lebten. Wirtschaftskrise, Inflation und politische Instabilität sorgten in den Jahren nach dem Ersten Weltkrieg auch in Württemberg für eine Verarmung weiter Teile der Bevölkerung und bereiteten den Boden für die Nationalsozialisten. Balingen, so zeigten die Wahlergebnisse in den 1930er-Jahren, war schon früh eine absolute Hochburg des Hitler-Regimes. Im Gegensatz zu den Arbeiterstädten Ebingen und Tailfingen sorgte das stark vertretene Bürgertum für einen raschen Aufstieg der NSDAP. Die überwiegend evangelische Glaubenszugehörigkeit der Einwohner kam dem entgegen: So taten sich die württembergischen Nationalsozialisten in katholischen Gebieten weitaus schwerer, die Macht zu ergreifen. Die Balinger Vereine und Institutionen wurden innerhalb nur weniger Jahre gleichgeschaltet. Juden lebten nur wenige in der Eyachstadt und mussten diese 1937 verlassen. Kurz vor Ende des Zweiten Weltkriegs war Balingen Zentrum des so genannten »Unternehmen Wüste«. Um aus Schiefer Öl zu gewinnen, wurden in sieben Konzentrationslagern rund um die Kreisstadt Tausende von Häftlingen zu Tode geschunden. Diese Ölschieferwerke lenkten die Aufmerksamkeit der Alliierten auf die Stadt. Im März 1944 fielen die ersten Bomben. Insgesamt aber waren nur wenige Tote zu beklagen, lediglich einzelne Gebäude fielen den Angriffen zum Opfer. Nach Kriegsende lag Balingen in der französischen Besatzungszone. Auffallend viele Flüchtlinge und Heimatvertriebene ließen sich in der Kreisstadt nieder. 1950 zählte man 8242 Bewohner, nur fünf Jahre später bereits 10 820. Durch die Neuankömmlinge veränderte sich wie bereits erwähnt auch die konfessionelle Struktur. War die Balinger Einwohnerschaft 1900 zu 92 Prozent evangelisch, so sank dieser Bevölkerungsanteil auf nurmehr 73 Prozent im Jahr 1950. Durch den Krieg kam es auch zu einem Wandel im Wirtschaftsleben der Stadt. Die bis Ende der 1930er-Jahre dominierenden Textil- und Schuhfabriken verloren zunehmend an Bedeutung, während die Metall verarbeitende Industrie, allen voran die Waagenfabrik Bizerba, zum mit Abstand wichtigsten Wirtschaftsfaktor avancierte. 1700 Betriebe – produzierendes Gewerbe, Handel und Verkehr sowie Dienstleistungen – bieten heute etwa 14 000 Arbeitsplätze. Balingen verfügt mittlerweile zusammen mit den Stadtteilen Endingen, Engstlatt, Erzingen, Frommern, Ostdorf, Streichen, Weilstetten und Zillhausen über rund 33 000 Einwohner.

FASTNACHT IN BALINGEN

Zeugnisse über die Fastnacht in Balingen aus der Zeit vor dem 19. Jahrhundert sind weder zahlreich noch besonders aussagekräftig. So heißt es beispielsweise in einer vom Statistischen Landesamt Baden-Württemberg herausgegebenen Stadtbeschreibung im Zusammenhang mit den mittelalterlichen Leibeigenschaftsverhältnissen: »Gegen den Abt desselben Klosters verschrieb sich 1528 Oswald Stählin für die erhaltene Begünstigung des freien Zugs um 5 ß hlr. jährlich zu Mannsteuer für sich und eine Fastnachtshenne für seine Frau.«[50] Da im Mittelalter der Verzehr von Eiern ein ebenso gravierender Verstoß gegen die Fastenregeln darstellte wie der Fleischkonsum, gehörten Hühner vor der beginnenden Fastenzeit zu den typischen Zinsleistungen: »Daß ein Teil des Federviehs vor Aschermittwoch sein Leben lassen mußte, war im gesamten christlichen Abendland Usus.«[51] Deshalb auf besondere fastnächtliche Aktivitäten der Bevölkerung zu schließen, wäre falsch. Ähnlich verhält es sich mit dem Hinweis, dass im 17. Jahrhundert während den Fastnachtstagen ein Jahrmarkt abgehalten wurde: »Um 1600 sollen nach Crusius, dem württembergischen Schreibkalender von 1612 und Rauschers Collektaneen in Balingen drei Jahrmärkte stattgefunden haben, nämlich am Fastnachtsdienstag, am Pfingstdienstag und am Christabend.«[52] Zum einen gesellten sich zu den traditionellen Gelagen am Vorabend der Fastenzeit praktisch überall sehr rasch weitere Formen des Feierns[53], zum anderen wurde 1534 in Balingen die Reformation eingeführt und »[wo] die Reformation Fuß fasste, war es mit der Fasnacht aus [...]«[54], allerdings in den meisten Fällen erst einige Generationen nach Luther.

Ein interessantes Detail soll nicht verschwiegen werden, bevor die relativ gut dokumentierten Fastnachtsfeierlichkeiten des späten 19. und frühen 20. Jahrhunderts ausführlicher Beachtung finden. So ist im Chor der Balinger Stadtkirche, die in den Jahren von 1443 bis 1516 erbaut und erweitert wurde, eine etwa handtellergroße Gewölbekonsole angebracht, die einen Narrenkopf mit Gugel und Eselsohren darstellt[55]. Diese wurde mit hoher Wahrscheinlichkeit 1510 zusammen mit weiteren Konsolköpfen und -gesichtern im Zuge der Kirchenerweiterung erstellt. In der Pfarrkirche Heiligkreuz im nicht weit entfernten Rottweil meißelte ein unbekannter Bildhauer rund 15 Jahre früher eine Narrengestalt ins Kirchengewölbe, die, was den Kopf betrifft, dem Balinger Torenschädel sehr nahe kommt. Nach Auffassung Mezgers liefern diese spätmittelalterlichen Bildquellen den Nachweis, dass die Menschen damals mit dem theologischen Bedeutungsgehalt der Narrenfigur vertraut waren[56]. Doch auch hier kann nicht auf das Festgebaren der Balinger während den Fastnachtstagen geschlossen werden.

Es würde den vorgegebenen Rahmen dieser gegenwartsbezogenen Arbeit um ein Vielfaches sprengen, wollte man anhand der seit 1835 erscheinenden Tageszeitung »Balinger Volksfreund« Jahr für Jahr den Ablauf der Fastnachtsfeierlichkeiten rekonstruieren. Es kann allenfalls versucht werden, sich mittels Stichproben ein ungefähres Bild zu machen. Dass hierbei viel Erwähnenswertes Vernachlässigung erfährt, ist bedauerlich, aber nicht zu vermeiden. Es gab im reformierten Balingen, so viel lässt sich nach dem Quellenstudium mit ziemlicher Sicherheit sagen, nie eine Fastnacht schwäbisch-alemannischer Prägung. Die Eyachstädter ließen dennoch den Festtermin nicht teilnahmslos verstreichen. Bei den fastnächtlichen Feierlichkeiten handelte es sich überwiegend um Saalveranstaltungen der örtlichen Vereine, die der karnevalesken Mode des

Narrenkopf in der Balinger Stadtkirche.

ausgehenden 19. Jahrhunderts entsprechend als Maskenbälle konzipiert waren[57]. Als Hauptveranstalter traten die Gesangsvereine Liederkranz und Sängerbund sowie die Turn- und Sportgemeinschaft (TSG) auf. Während der Festlichkeiten wurden Narrenzeitungen verkauft, die meist die Bezeichnung »Loable« im Titel führten[58]. Auch nach dem Zweiten Weltkrieg hielt sich der Ausdruck gerade in der Fastnachtszeit hartnäckig. In den Textheften des Liederkranzes war vom »närrischen Faschingsort Loablingen« die Rede. Die Karnevalsabteilung des gleichen Vereins nannte sich »Balinger Loable«. Der ehemalige Neckname, welcher Ende der 1990er-Jahre von dem neu gegründeten Narrenverein aufgenommen werden sollte, spielte demnach schon früher eine wichtige Rolle. Man benutzte ihn offensichtlich nicht nur in selbstironisierender Absicht, sondern auch mit einem gewissen Stolz.

Es fällt auf, dass die Balinger häufig Unterstützung aus dem katholischen Nachbarstädtchen Schömberg, bis heute eine bekannte schwäbisch-alemannische Fastnachtshochburg, erfuhren oder sich während der »tollen Tagen« dort aufhielten. So berichtete beispielsweise der »Balinger Volksfreund« am 18. Februar 1896:

»Balingen, 17 Februar. Der hies. Turnverein hat von jeher darauf gehalten, in seinen Fastnachtsunterhaltungen etwas besonderes zu bieten, und auch heuer wieder hat er dies bestens zu Wege gebracht. Der Umzug durch die Stadt am Samstag abend 5 Uhr brachte alt und jung auf die Beine; ein Herold eröffnete denselben, hierauf folgte die Schömberger Musikkapelle, 6 weitere Reiter und nun in buntem Gewirr die zahlreichen Masken, eine Negergruppe, ein Zirkus, eine Zigeunerbande u.s.w. Vor dem Rathaus wurde Halt gemacht, die Neger führten einen Kriegstanz auf und während die Zigeuner abkochten, der Zirkus sich in der höheren Gymnastik produzierte, erregte nebenan besonderes Interesse eine Morithat, welche die ›schauerlichen Begebenheiten des 19. Jahrhunderts‹ – natürlich nur soweit sie die hies. Stadt betreffen, in ebenso gelungener Zeichnung als humorvollen Wesen zum großen Gaudium des zahlreichen Publikums veranschaulichte. Der hieran sich anschließende Ball im

Nr. 000 — XI. Jahrgang.

Loablingen, Fastnacht 6091

Freundschaftliche Jahres-Rundschau

Humoristisch-satyrisch-radikal-illustriertes

Amtsorgan des Prinzen Karneval.

Erscheint allen Trauerwedeln als Blödsinn und Beleidigung, allen Lesern von Humor und Witz als harmloser Faschingsscherz.

Motto:

Mags auf der Welt auch wenig Neues geben,
So ist zum Troste mir der Spruch bekannt:
„Greif nur hienein ins volle Menschenleben
Und wo du's packst, da ist es interessant."
So will ich kühn nach hier und dorthin greifen
Und manchen packen, jedoch nicht beleid'gen;
Wenn ich mich hiebei je vergreifen sollt,
Verzeiht Ihr Leser! — Ich hab's nicht gewollt!

Der unverantwortliche Chefredakteur
F. K.

Preis 22 Pfennig, bei Barzahlung 10 % Rabatt.

Titelblatt einer Balinger Narrenzeitung aus dem Jahr 1906

9114. Nummer. **Loablinger** Zuletzt beglaubigte Auflage 1 000 000.

Närrische Nachrichten

Dem Narrenspass, Ulk und Scherz dient dieser Zettel: **Ein Ueberblättel.**

Verantwortlich für deutsche und auswärtige Angelgenheiten ist bekanntlich Herr Reichskanzler, wenn er auch nicht für alles kann, was verkommt. Für städtische Angelegenheiten ist der verantwortliche **Redakteur N. N. Ungenannt.**

Telefon und Bäder im Hause.

Für fehlerfreien Druck wird nicht garantiert.

Druck wird z. Zt. vom Bund der Landwirte auf die Reichsregierung ausgeübt. **Abonnements** auf dieses Blatt für den Schand-, Spott- und Schleuderpreis von etlichen Pfennigen werden nur von heute bis morgen entgegengenommen.

Für **Anzeigen** wird nichts extra berechnet.

Kopf einer Balinger Fastnachtszeitung aus dem Jahr 1914

Gasthof z. Schwefelbad war äußerst zahlreich besucht und bot den bunt kostümierten Faschingsfreunden und Freundinnen bis zur Morgenstunde reiche Gelegenheit zur genugsamer Belustigung. Mit einem Ausflug nach Schömberg gestern nachmittag erhielt die Fastnachtsfeier des Turnvereins einen gelungenen, allseitig befriedigenden Abschluß.«

Am 20. Februar 1900 erschien an gleicher Stelle ein Artikel ähnlichen Inhalts:

»Balingen, 19. Febr.. Am Samstagabend wurde in hies. Stadt dem Prinzen Karneval heuer zum zweiten Mal Tribut gezollt und zwar seitens der Vereine ›Liederkranz‹ und ›Turngemeinde‹. Zahlreich hatten sich die Mitglieder des ersteren Vereins abends 8 Uhr im Hotel Roller eingefunden, denn jedermann wußte aus Erfahrung, daß es im Liederkranz einen vergnügten Abend geben werde. [...] Auch der Turnverein kann auf einen gelungenen Fastnachtsball zurückblicken. Abends 8 Uhr bewegte sich vom Gasthof ›Zum Adler‹ aus unter den trefflichen Klängen der Schömberger Musikkapelle ein von zahlreichen schönen Masken belebter Zug zum Vereinslokal zum ›Schwefelbad‹, wo bald eine recht ver-

Der Loibles-Bote

Zentral-Organ für komplett blödsinnig gewordene Kreise

Verantwortlicher Redakteur: Ein blödsinniger Loible.

Erscheint nicht alle Tage!

Druck von Jeremias & Kohl, Loiblingen.

Preis 200 Papierpfennig.

Nr. 000001. | Loablingen, 30. Hornung 2219. | 9999. Jahrgang.

Kopf einer Balinger Narrenzeitung aus dem Jahr 1922

gnügte Stimmung herrschte [...]. Dem Tanzvergnügen wurde bis zu vorgerückter Stunde eifrig gehuldigt, so daß alle Beteiligten mit Vergnügen auf diese Veranstaltung, an welche sich am gestrigen Nachmittag eine gelungene Fahrt nach Schömberg anschloß, zurückblicken werden.«

Zwischen dem Ende des Ersten Weltkriegs 1919 und dem Krisenjahr 1923 verfügte die Württembergische Regierung ein Verbot jeglicher Fastnachtsbelustigung auf der Straße und erlaubte Maskenbälle nur unter bestimmten Auflagen. Allgemein war festzustellen: »[...] Württemberg [...] zeigte für dieses Brauchtum keinerlei Verständnis.«[59] Der »Balinger Volksfreund« informierte seine Leser am 22. Februar 1922 über die Restriktionen:

»[...] Heute ist das öffentliche Karnevalstreiben, das besonders in den rheinischen, jetzt von Franzosen, Amerikanern und Engländern besetzten rheinischen Städten beliebt war, verboten und auch die mit dem Karneval in Verbindung stehenden Maskenbälle müssen sich infolge der behördlichen Anordnung in bescheidenerem Rahmen halten als ehedem.«

Es zeigte sich, wie beliebt das Fest im evangelischen Balingen war. Offenbar trotz guter Vorsätze, sich den obrigkeitlichen Verordnungen zu

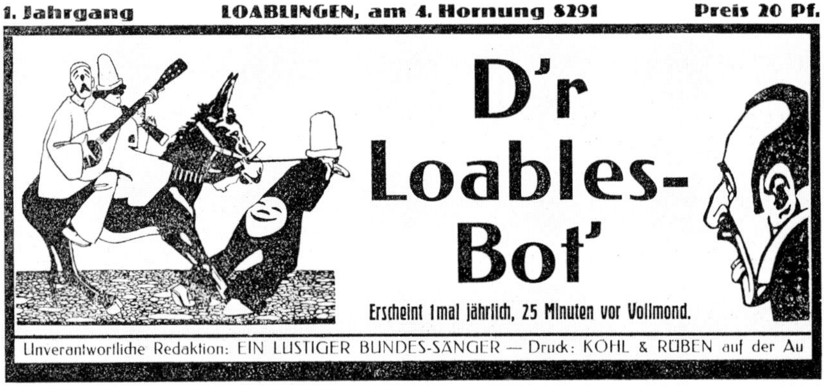
1. Jahrgang LOABLINGEN, am 4. Hornung 8291 Preis 20 Pf.

D'r Loables-Bot'

Erscheint 1mal jährlich, 25 Minuten vor Vollmond.

Unverantwortliche Redaktion: EIN LUSTIGER BUNDES-SÄNGER — Druck: KOHL & RÜBEN auf der Au

Kopf einer Balinger Narrenzeitung aus dem Jahr 1928

fügen, hatten die Eyachstädter schon ausgiebig dem Karnevalsvergnügen gefrönt, wie ein am gleichen Tag veröffentlichter Bericht belegt:

»Vereinsveranstaltungen. Die Veranstaltungen der letzten Woche standen im Zeichen des Faschings. Als erster im Reigen brachte der »Sängerbund« einen ursprünglich in kleinerem Rahmen gedachten »Bunten Abend« am 18. d. M. in der städt. Turnhalle. [...] Eine ernstere Note hatte der Unterhaltungs-Abend des »Liederkranz«, welcher am 25. d. M. im Hotel Eugen Roller stattfand. Der Verein hatte beschlossen, kein Faschingsvergnügen abzuhalten. Es muß aber wohl die Februarluft von selbst die Faschingslaunen zum Durchbrechen zu bringen wissen, denn ganz automatisch fand sich eine Stimmung ein, die recht wohl zeitgemäß, d. h. faschingsgemäß genannt werden konnte [...].«

Dass für die Balinger die Tage zwischen »schmotzigem« Donnerstag und Aschermittwoch nicht ohne Bedeutung waren, beweist ein weiteres dringliches Plädoyer, sich angesichts wirtschaftlicher Not jeder Form fastnächtlicher Fröhlichkeit zu enthalten:

»Fastnacht. Der letzte Tag der Fastnacht, die unter den schweren Verhältnissen der Gegenwart in diesem Jahre eine so bescheidene Vergnü-

Preis 20 Pfg.

Faschings-Zeitung

Offizielles Organ des Präsidenten und Elferrats des Gesang-Vereins „Liederkranz"

Leib- und Magenblatt aller Narreien, Verrückten und Spinneten der Kreisstadt Loablenga mit Vorort Wölflinga und Umgebung.

Allen Lesern von Humor als harmloser Faschingsscherz, aber nicht für Meckerer und Kritikaster.

Herausgeber seines Geldes ist jeder, der das Blatt gekauft und bezahlt hat. Abonnentenzahl haarig. Hauptschriftleiter zur Zeit auf Wanderschaft. Anzeigen sollen während der Fasnet nicht gemacht werden. Die Ausgabe ist auf extra geduldigem Papier gedruckt und kann auch für besondere Zwecke benützt werden. Die Abonnenten sind gegen Uebelwerden versichert. Familienzuwachs- und Skandalanzeigen nach aufliegendem Reichsbahntarif. Eventuelle Druckfehler hat der Leser selbst zu verbösern. Bei Verdauungsstörungen, Grippe, Wasserscheu, Tollwut usw. ist der Bezug des Blattes oberamtstierärztlich gesperrt. Devise: „Wo man singt, da laß dich ruhig nieder, böse Menschen haben keine Lieder." — Fernruf: Bockstrohl. — Bankkonto: Donderschlächtig überzoga. — Geschäftsschluß: Morgens wenn der Tag anbricht.

Nummer III H. | Loablenga im Hornung 3619 | Jahrgang: Hoffentlich guat

Kopf einer Balinger Fasnetszeitung aus dem Jahr 1936

gungs- und Ballsaison darstellte, bringt da und dort noch einmal ein Aufflammen übertriebener Fröhlichkeit, oder auch ein Aufleben alter Volksbräuche. Aber es fehlt die rechte Stimmung, es fehlt vor allem das Geld. Und wenn der Aschermittwoch, der Beginn der Bußzeit anfängt, so braucht es kaum einer besonderen Predigt zur Buße. Denn die Erholung von Vergnügungen brauchen wir in diesem Jahre wahrlich nicht. Um so mehr dagegen die Selbstbesinnung. In einer Zeit in der wir alle unter der Wirtschaftskrise schwer zu leiden haben, da die Not kaum an einer Familie vorübergeht, neigen wir leicht dazu, statt intensiver Arbeit und in Sichselbstbescheiden den Kampf aufzunehmen, uns gegen Verhältnisse aufzulehnen, in die wir ohne unsere Schuld mit hineingerissen worden sind, für die man aber im letzten Grunde auch niemand verantwortlich machen kann. Eine große vaterländische Unruhe geht durch das Volk, wilde Gerüchte werden verbreitet, niemand traut mehr dem anderen. Dieser Zustand allgemeiner Nervosität macht unsere Lage noch trostloser als sie schon von selbst ist. Besinnen wir uns auf uns selbst!« (Balinger Volksfreund vom 17. Februar 1931)

Ebenso wurde 1935 der Balinger Bevölkerung nahe gelegt, auf jegliche Art karnevalesker Lustbarkeiten zu verzichten und stattdessen die

Rückgabe des Saargebiets an Deutschland zu feiern. So war am 28. Februar 1935 im »Balinger Volksfreund«, inzwischen von den regierenden Nationalsozialisten umbenannt in »Der Wille«, zu lesen:

»Kein Platz für Karneval! Wenn am Freitag, den 1. März 1935, das deutsche Volk mit einem Meer aus Fahnen die Rückkehr der Brüder aus der Saar ins Reich feiert, wenn die Glocken es über Städte und Dörfer verkünden und wenn sich am Abend alle Stämme und Stände zu Kundgebungen der Freude und des Dankes zusammenfinden, hat dann, neben so einem überwältigenden Erlebnis noch der Faschingsbetrieb Platz? Mummenschanz und Narretei in Ehren, aber eine im Grunde so tief ernste Feierstunde erlebt man nicht zwischen zwei Fastnachtsbällen. Das widerstrebt nicht nur dem Gefühl eines jeden Deutschen, sondern würde von weiten Kreisen mit Recht als Taktlosigkeit empfunden. Am 1. März besteht im Volk keine Stimmung für Knappenabende und Kostümfeste, deshalb werden an diesem Abend auch keine Faschingsveranstaltungen durchgeführt oder wurden, soweit sie vorgesehen waren, abgesagt.«

Im folgenden Jahr veranstaltete der Balinger Musikverein im Hotel »Eugen Roller« und in der Turnhalle zwei gut besuchte Maskenbälle, der Liederkranz traf sich im »Lindenkeller« zu einer Herrensitzung, Höhepunkt aber war der Besuch Schömberger Hästräger, die die Eyachstädter mit schwäbisch-alemannischer Fastnacht konfrontierten. Dem Verfasser des am 17. Februar 1936 im »Der Wille« erschienenen Artikels ist seine Begeisterung deutlich anzumerken:

»[...] Mit mehrmaligem Umzug des im ›Narrenhäs‹ marschierenden Musikvereins und der als Gäste anwesenden G'schellnarren von Schömberg begann am frühen Abend des Samstags das närrische Treiben. Da flogen die Fenster auf und auf der Straße bildete sich zu beiden Seiten bald ein Saum interessierter Zuschauer. In Scharen zogen Kinder und Erwachsene hinter dem bunten Getriebe her oder liefen seitlich mit. Zu den Marschtakten der Musikkapelle hüpften die zünftigen Schömberger Narren, daß die Schellengehänge eine eigene Begleitmusik bildeten. Auch wenn die Kapelle schwieg, vollführten sie im Zweivierteltakt ihren

typischen Narrenlauf. Immer größer wurde das Gefolge und stärker die Zahl der Zuschauer, bei denen langsam das Narrenblut in den Adern prickelte. Es ist ja nicht so, als könnte in Balingen nicht auch so eine Art Volkskarneval aufkommen, wenn der Boden dafür bereitet wird. Vieles hängt von der Einwohnerschaft ab, die mehr aus ihrer Reserve treten muß und die nicht immer mit dem Einwand kommen darf, daß man sich nicht so weit ›herablassen‹ könne, um närrisch zu sein. Nun, am Samstag und Sonntag hat sie schon bemerkenswerte Zugeständnisse gegenüber den Forderungen des Prinzen Karneval gemacht. Was wir an beiden Tagen sowohl in der Turnhalle wie im Hotel Eugen Roller sahen, kann als ein wohlgelungener Auftakt zu einem glänzenden Balinger Fasching gewertet werden.«

Mitglieder der Balinger Stadtkapelle formierten sich kurz vor Ende des Zweiten Weltkrieges zu einem kleinen Umzug durch die Bahnhofstraße.

Da die Nationalsozialisten alles befürworteten und förderten, was irgendwie mit völkischem Brauchtum zu tun hatte und gerade die schwäbisch-alemannische Fastnacht im Gegensatz zum Karneval von linientreuen Volkskundlern zum germanischen Erbe stilisiert worden war, stellt sich die Frage, ob der Besuch der Schömberger Narren bewusst durch die örtlichen Machthaber inszeniert wurde, um den Balingern »uralte Volksfastnacht« zu präsentieren. Gegen diese Annahme spricht jedoch, dass sich die Schömberger Kapelle schon seit vielen Jahren an der Balinger Fastnacht beteiligt hatte und daher ein Besuch der Hästräger nahe lag. Eine genaue Untersuchung der damaligen Vorgänge würde zu weit von der Fragestellung dieser Arbeit abweichen.

Der Zweite Weltkrieg beendete alle fastnächtlichen Aktivitäten unabhängig ihrer Art. Nach der furchtbaren Katastrophe erwachte unter den Balingern erst langsam wieder der Wunsch, Fastnacht zu feiern[60]. Der erste Verein, der eine Saalveranstaltung organisierte, war der Sängerbund. Sie fand 1947 in der Gaststätte »Schwefelbad« statt. Als geschlossene Gesellschaft durften die Mitglieder damals bis Mitternacht zusammensitzen. In den folgenden Jahren übernahm dann der Verein die Ausrichtung der Balinger Fastnacht. In der Turn- und Festhalle oder im Hotel »Eugen Roller« wurden am Fastnachtswochenende bunte Abende veranstaltet, bei denen die schönsten Kostüme einen Preis erhielten. Der Fastnachtsmontag gehörte den Kindern, am Fastnachtsdienstag blieb es ruhig in der Stadt. Die Turn- und Sportgemeinschaft Balingen veranstaltete Anfang der 1950er-Jahre in der Vorfastnachtszeit Kinderumzüge mit anschließendem Kinderfasching, außerdem Maskenbälle, die nach dem Vorbild einer rheinischen Prunksitzung gestaltet wurden. Dass dabei ausgerechnet der Narrenmarsch einer benachbarten Hochburg schwäbisch-alemannischer Fastnacht den Einzug des Prinzen Karnevals begleitete, störte niemand:

»Als am frühen Abend der Elferrat mit seiner Majestät dem Prinzen Karneval unter den Klängen des Rottweiler Narrenmarsches seinen Einzug hielt, war der Höhepunkt der Narretei erreicht. ›Auf wacht auf Ihr

Schülerinnen der Balinger Frauenarbeitsschule ließen es sich 1952 nicht nehmen, die Fastnachtstage in entsprechender Verkleidung zu begehen.

alten Narren‹ sang jung und alt mit. [...] Dann stellte der Hofnarr seine Tollität den Prinzen Karneval von Loiblingen, erlauchter Sohn Johann des III. von Bronnhaupten, seinem Volk vor.« (Balinger Volksfreund vom 5. Februar 1951)

Seit 1949 bot auch der Liederkranz seinen Mitgliedern und allen närrischen Mitbürgern wieder die Gelegenheit, Fastnacht zu feiern, allerdings immer eine Woche vor den »tollen Tagen«. Als dann in den 1950er-Jahren der nach dem Krieg zugezogene Rheinländer Wilhelm Hennes dem Liederkranz beitrat, bekehrte dieser bald seine Mitsänger zum Karneval und aus dem bunten Abend wurde 1952 erstmals eine Prunksitzung mit Büttenreden, Ballett, Prinzengarde sowie einem Sit-

Balinger Ballfastnacht in den 1950er-Jahren

zungspräsidenten. Viele, aber längst nicht alle Balinger, zeigten sich in den ersten Nachkriegsjahren von den immer zahlreicheren närrischen Veranstaltungen angetan. Es erhoben sich kritische Stimmen, die das hemmungslose Feiern kurz nach Kriegsende scharf verurteilten. So machte ein Kolumnist, der in Anspielung auf den markanten Turm der Stadtkirche unter dem Pseudonym »Turm-Geist« schrieb, am 11. Februar 1950 im »Balinger Volksfreund« aus seiner ablehnenden Haltung keinen Hehl:

»In diesen Wochen, in denen Prinz Karneval sein buntes Zepter schwingt und ein närrisches Volk ihm landauf landab huldigt, bis die Tage seiner Herrschaft um sind, bin ich wachen Geistes auf dem Plan. Viele unter euren Narren mühen sich, ›ganz groß‹ zu sein. Mir, dem erfahrenen Tarnkünstler, sind eure Kappen und Masken ein ergötzliches

Spiel, das ich mir lächelnd beschaue. Ihr fühlet euch als Hüter alter Traditionen. Ja, so etwas gibt es an einzelnen Orten. Aber für die meisten unter euch ist die Narrenzeit ein öder Rausch ohne viel Geist und Idee. Auf der Narrenbühne dieser Welt, deren echte Dramatik eure geringe Fantasie kaum ahnt, spielt ihr euer selbst erfundenes Spielchen, und hinter eurem Flitter und euren bunten Kostümen wird überall das gleiche Thema sichtbar: aufschäumendes Begehren. Was ihr ›ganz groß‹ heißet, ist ach so seltsam einförmig und bescheiden. Ich wünschte euch einmal zu einem echten Narrenspiel zu laden, bei dem die Pulse jagen und der Atem stockt, bei dem eure kleinen Herzen wild geschüttelt werden.

Wolltet ihr mich zu eurem Narrenmeister machen (einem Prinzen gebt ihr als einem Monarchisten in euren Tagen lieber den Abschied), ich wollte euch einmal ganz groß zum Tanze aufspielen! Da müßte mir die ganze Narrenzunft in einem einzigen Riesensaal zusammenkommen. Der Eintritt wäre frei, nur drei Tröpflein von eurem Herzblut würde ich fordern. Die Decke dieses Saals würde ich mit den Hundert- und Tausendmarkscheinen hübsch verzieren, die euch seit der Währungsreform auf euren Banken so feil geworden sind: ein Anblick, der eure Herzen wallend machte. Seine Wände würde ich aus Brettern und Balken bauen, die von leer gewordenen KZ- und Flüchtlingslagern stammen. Sein Boden müßte Lava sein, noch heiß von der Glut vulkanischer Gewalten eurer Gegenwart. Und unter die Tausende der bunten Masken müßten sich ebensoviele fahle Gesichter mischen, aus deren Augen das Elend stiert und flackert, und über die heißen Gesichter der Lust würde ich das bittere Tränenwasser der Heimatlosen und Verarmten sprühen und eine Tanzkapelle aus amerikanischen und russischen Spezialisten müßte euch die modernsten Tänze aufspielen, pikant verziert mit Kettenreaktionen von Atom-Miniaturbomben östlicher und westlicher Fabrikation. O ihr armseligen Stümper der Narretei: d a s ist der echte Fasching 1950.«

Erstaunlicherweise rief diese überaus harsche Kritik offenbar keinerlei Reaktionen hervor und der Kolumnist selbst gab zwei Wochen später ob diesem Umstand seiner Verwunderung Ausdruck:

»[...] Es wird niemand unter euch behaupten wollen, ich hätte euch zu Gefallen geredet. Ohne Maske und Schminke habe ich euer Leben und Treiben geschildert, wie es des freien Geistes Recht und Weise ist. Und wenn ich hier und dort mit hellem Licht in euer menschlich Dasein hineingeleuchtet habe, so hab ich mich des öfteren verwundert, daß ihr dagegen nicht leidenschaftlich aufbegehrtet. [...]« (Balinger Volksfreund vom 25. Februar 1950)

Ab den späten 1960er-Jahren konzentrierte sich die bislang florierende Saalfastnacht in Balingen ganz auf die Prunksitzungen des Liederkranzes. Der Sängerbund hatte sich entschlossen, an Fastnacht keine Veranstaltungen mehr durchzuführen, da man sich ausschließlich der Einstudierung und Aufführung eigener Konzerte widmen wollte. Was den Maskenball der Turn- und Sportgemeinschaft betraf, so verwandelte sich dieser nach und nach zu einem vereinsinternen Tanzvergnügen, das Mitte der 1980er-Jahre mangelndem Mitgliederinteresse zum Opfer fiel. Dem Liederkranz kam somit eine Monopolstellung zu und bescherte ihm in der Vorfastnachtszeit gleich zwei Mal eine ausverkaufte Turnhalle.

Etwa zu diesem Zeitpunkt, im Jahr 1969, führte das Ludwig-Uhland-Institut für Volkskunde der Universität Tübingen, welches wenige Jahre später in Ludwig-Uhland-Institut für Empirische Kulturwissenschaft umbenannt wurde, unter der Leitung von Hermann Bausinger eine groß angelegte Fragebogenaktion durch. Man wollte sich einen aktuellen Überblick über die Fastnachtsformen im schwäbisch-alemannischen Raum verschaffen und verschickte zu diesem Zweck Fragebögen in rund 600 Orte. Die Tübinger Volkskundler baten darum, die 52 Fragen zur Fastnacht 1969 vom Bürgermeister oder einer »informierten Persönlichkeit der Gemeinde« beantworten zu lassen. Überwiegend mussten dabei nur vorgegebene Antworten angekreuzt werden. Die Materialien sollten einen Vergleich mit einer 1966 durchgeführten und publizierten Erhebung ermöglichen[61]. Man erhoffte sich dabei, wie dem von Bausinger verfassten Begleitschreiben zu entnehmen ist, »neue wissenschaftliche Aufschlüsse über das Volksleben und die Volkskultur der Gegenwart«. Dieser Fragebogen ging am 7. März 1969 im Balinger Rathaus ein und wurde am 20. März 1969 vom damaligen Bürgermeister Albert Hagenbuch ausgefüllt zurückgesandt. Ein kopiertes Exemplar befindet sich im Balinger Stadtarchiv. Aus den Antworten ergibt sich folgendes Bild: Während der Fastnacht 1969 war ebenso wie im Jahr zuvor »nicht viel« los. Hagenbuch begründete dies mit den Worten: »Weil die Fasnacht hier keine Tradition hat«. In den umliegenden Orten Geislingen, Obernheim, Schömberg, Hechingen sowie Rottweil sei wesentlich mehr gefeiert worden. Vor allem die jüngeren Balinger zog es während den närrischen Tagen dorthin, während viele ältere das Fest grundsätzlich ablehnten. Die einzigen Veranstaltungen, die auch auswärtige Besucher in die Eyachstadt lockten, beschränkten sich laut Bürgermeister auf die beiden Prunksitzungen des Liederkranzes in der Turn- und Festhalle. Den Fastnachtsablauf 1969 schilderte er wie folgt: »Einige Knappenabende in öffentlichen Lokalen, zwei Prunksitzungen des Liederkranzes mit Prinzenpaar, Prinzengarde, Ballett und Büttenreden usw., drei Tanzabende des Musikvereins in der Turn- und Festhalle (Fassungsvermögen: 500-600 Personen) und zwei Kindernachmittage des Musikvereins an gleicher Stelle.« Die Organisation dieser Balinger Saalfastnacht sei wie jedes Jahr im Wesentlichen vom Faschings-Ausschuss des Liederkranzes übernommen worden. So weit die Antworten des Fragenbogens von 1969.

Bis 1980 bildeten die beiden je vierstündigen Prunksitzungen den einzigen Höhepunkt der Balinger Fastnacht. Fehlender Nachwuchs, nachlassendes Publikumsinteresse und offensichtlich auch qualitative Einbußen brachten die Veranstaltung schließlich langsam aber sicher zum Erliegen. Am 16. Februar 1976 hieß es beispielsweise im »Schwarzwälder Boten«:

»Lustig, lustig, tralaralala – wenn's so geht, dann ist die ›Liederkranz‹-Fasnet nimmer lange da. Übertrieben oder was sonst? – Was die Prunksitzung am Samstag über vier Stunden bot und auch nicht, das war

keineswegs die altbekannte Balinger Narretei. Das war schlechte Kopie von Mainz und Köln. Und dabei fast so ernst wie Aachen. Der Funke von Bühne zu Publikum sprang nie über, abgesehen von einigen Spitzenakteuren in der Bütt. Die älteren und alten Herren vom ›Liederkranz‹ müssen sich was einfallen lassen, sofern sie aus ihrem eigenen Weihrauch entfliehen wollen und Kurz- statt Langeweile für zehn Mark Eintritt bieten wollen.«

Auch eine einmalige Reprise in der neu erbauten Stadthalle Mitte der 1980er-Jahre half dem Karneval der Eyachstadt nicht mehr auf die Beine. Fortan blieb es vor und während der Fastnachtstage weitgehend ruhig in Balingen. Lediglich die Kleinen durften sich beim Kinderfasching in der Turn- und Festhalle austoben. Erst 1998 mit dem Fackelumzug des neu gegründeten Narrenvereins Balinger »Loable« änderte sich dies.

Zur Methodik der Feldforschung

Dreizehn Mitglieder des Narrenvereins Balinger »Loable« wurden im Juli und August 1999 interviewt. Es handelte sich um sechs Frauen und sieben Männer, die ein Häs besitzen und sich damit an den Aktivitäten des Vereins beteiligen. Der jüngste Proband war zum Zeitpunkt des Interviews 30, der älteste 51 Jahre alt. Unter den Interviewten befanden sich drei Schwestern sowie zwei Ehepaare, die alle jeweils getrennt voneinander befragt wurden. Bis auf drei Personen wohnten alle in der Balinger Kernstadt. Drei Mitglieder waren seit der Vereinsgründung 1997 Mitglied, die restlichen zehn stießen nach und nach dazu.

Auf die Auswahl der Interviewpartner hatte ich relativ wenig Einfluss. Die Vorsitzende des Narrenvereins traf unter den 39 erwachsenen Hästrägern eine Vorauswahl, erläuterte diesen mein Anliegen und übergab mir dann eine Liste mit insgesamt 18 Aktiven, die allerdings aus 12 Familien stammten. Sie bot mir unaufgefordert an, bei Bedarf noch mehr Mitglieder anzusprechen. Dies war meiner Ansicht nach nicht erforderlich, da ich der Meinung war, mit den von mir ausgewählten 13 Personen, sowohl was Alter, Geschlecht und Familienstand anbetraf, eine aussagekräftige Mischung gefunden zu haben. Ich vereinbarte telefonisch Gesprächstermine und erläuterte sowohl fernmündlich als auch unmittelbar vor den Interviews Sinn und Zweck meiner Untersuchung. Den Interviewpartnern wurde Anonymität zugesichert. Sie gaben auf alle meine Fragen bereitwillig Auskunft.

Die Befragung war strukturiert, das heißt Frage-Themen und Frage-Anordnung standen fest. Sie basierte auf einem »halb-standardisierten«[62] Frageplan. Dieser beinhaltete trotz seiner Strukturiertheit die Möglichkeit, flexibel zu reagieren. Bei der halbstandardisierten Befragungsform »handelt es sich um Gespräche, die aufgrund vorbereiteter und vorformulierter Fragen stattfinden [...]. Die Möglichkeit besteht [...], aus dem Gespräch sich ergebende Themen aufzunehmen und sie von den Antworten ausgehend weiterzuverfolgen.«[63] Ein Interview umfasste 45 überwiegend offene Fragen und dauerte durchschnittlich etwa 35 bis 40 Minuten. Der Befragungsstil folgte der so genannten weichen Methode, einer persönlich sowie freundschaftlich angelegten Gesprächsform, die auf einen schnellen, fordernden oder aggressiven Fragestil verzichtet, denn für die Volkskunde »scheint die Anwendung ›weicher‹ Instrumente charakteristisch zu sein, wobei *weich* nicht schwach bedeutet, sondern eher behutsam, anschmiegsam.«[64] Zudem erlaubt »die Verwendung weicherer Methoden [...] es dem Forscher [...] eher, das Forschungsinteresse und das Interesse der Erforschten wenn nicht zur Deckung zu bringen, so doch einander anzunähern.«[65] Der Interviewer übt sich in Zurückhaltung, redet selbst nicht viel, vermittelt jedoch immer den Eindruck, dass er das Interview ernst nimmt und zeigt ein echtes Interesse an dem, was der Befragte sagt.

Ich versprach mir von dieser Art der Befragung mehr als von einem so genannten narrativen Interview. Beim narrativen Interview handelt es sich um »eine Forschungssituation, in der der Stimulus des Forschers lediglich darin besteht, eine Erzählung eigenerlebter Geschichten in Gang zu bringen.«[66] Der Festkomplex Fastnacht stellt im Alltagsleben des Einzelnen jedoch nur eine kleine Facette dar, die mit einem Instrument der biographischen Forschung nur unzureichend untersucht werden kann. Es erscheint mir sehr fraglich, ob der Interviewer in der Lage wäre, die Probanden ausgehend von nur wenigen Schlüsselfragen zu längeren ergiebigen Wortbeiträgen über ihre Rolle während der Fastnacht zu animieren. Ich habe vielmehr versucht, die Hypothesen der bisherigen Forschung »in Fragen [umzusetzen], die dem Bezugsrahmen [der] Befragten angemessen sind.«[67] Sie sollten sprachlich gut verständlich und eindeutig formuliert sein, denn »die im Fragebogen fixierte Sprache *ist* nicht nur soziale Realität, sondern sie *schafft* auch soziale Realität beim Befragten, indem sie das verbale Verhalten des Befragten steuert.«[68]. Nach einem Test-Interview (Pretest) mussten manche Fragen leicht verändert, auf einige ganz verzichtet werden. In der Regel wurde nach den Gründen einer Antwort gefragt, zum einen um diese besser zu verstehen, zum anderen um zusätzliche Informationen zu erhalten. Der Sozialforscher Jürgen Friedrichs »hält die Begründung von Antworten für sehr wesentlich und schlägt deshalb vor, so oft wie möglich zu fragen: ›Warum sind Sie dieser Ansicht?‹«[69] Die Fragen-Anordnung entsprach dem so genannten »Trichter-Verfahren«[70]: vom Allgemeinen zum Besonderen. Am Anfang wurde nach persönlichen Daten, Vorlieben und Einstellungen gefragt, anschließend nach dem Leben in Balingen und schließlich rückte die Mitgliedschaft bei den Balinger »Loable« in den Mittelpunkt. Die Interviews wurden aufgezeichnet und transkribiert. Ein Interview ergab im Durchschnitt etwa acht bis zehn Seiten Schreibtext.

Ich hatte bei keinem Interview den Eindruck, das Aufnahmegerät würde die Befragten hemmen oder stören. Alle erklärten sich ohne weiteres mit dessen Verwendung einverstanden. Uwe Flick verweist in diesem Zusammenhang auf die Selbstverständlichkeit, mit der mittlerweile in Industrie-Nationen mit Technik umgegangen wird: »Entsprechende Geräte [haben] sich auch im Alltag [verbreitet]. Dadurch haben sie für potentielle Interviewpartner bzw. diejenigen, deren Alltag damit beobachtet und aufgezeichnet werden soll, den Charakter des Ungewohnten weitgehend verloren.«[71] Bis auf wenige Ausnahmen antworteten die Befragten in schwäbischer Mundart, diese wurde während der Transkription der Hochsprache angeglichen, der gesprochene Stil aber beibehalten.

Friedrichs fordert vom Interviewer einen Erfahrungsbericht: »Um die Erhebungssituation wenigstens in Ansätzen kennen zu lernen, sind [...] Angaben vom Interviewer über sein eigenes Verhalten (Selbsteinschätzung) einzubeziehen.«[72] Was mein Verhalten insgesamt betraf, so versuchte ich mich an die Vorgaben und Empfehlungen der Fachliteratur zu halten. Nach meinem Dafürhalten ist mir dies auch weitgehend gelungen. Eine dieser Vorgaben besteht in dem Grundprinzip, »daß der Interviewer versuchen muß, seine eigene Einstellung zum Untersuchungsgegenstand zu verbergen. Er darf auch kein Befremden oder Missbilligung über irgendetwas zeigen, was der Befragte sagt, und auch nicht enthusiastisch nicken, wenn der Befragte die eigenen Ansichten des Interviewers zum Ausdruck bringt.«[73] Persönlich stehe ich dem Wirken der Balinger »Loable« eher skeptisch gegenüber, was vermutlich daran liegt, dass ich selbst als Hästräger in zwei älteren Fastnachtsstädten aktiv war und neuerdings wieder bin. Einem derartigen Vergleich können und wollen die »Loable« nicht standhalten. Doch diese persönliche Ansicht spielte bei der Befragung keine Rolle und wurde von mir auch niemals verbalisiert.

Bei der Vorstellung der Interviewten soll bei Auffälligkeiten das subjektive Empfinden des Interviewers und das jeweilige Verhalten der interviewten Person zur Sprache kommen. Friedrichs bemerkt dazu: »Wo es vom Thema her sinnvoll erscheint, sollte auch vom Interviewer [...] das Verhalten des Befragten beurteilt werden, z. B. hinsichtlich seiner Interessiertheit, verbalen Flüssigkeit oder Aufgeregtheit.«[74] Die 13 Interviews wurden in sechs Privatwohnungen sowie dem Nebenraum einer Schneiderwerkstatt erstellt. Die so gewonnenen Einblicke in die Lebenswelten eines Teils der Befragten fließen in die Persönlichkeitsprofile mit ein. Es hat sich als ein wirksamer Kompromiss herausgestellt, dass der Interviewer eine Haltung freundlichen Gewährenlassens annimmt. Er lacht über die Witze des Befragten, er macht Ausrufe, wenn der Befragte etwas sagt, das offensichtlich Erstaunen erregen soll, er macht unterstützende Bemerkungen. Er meidet jedoch gewissenhaft eine direkte Zustimmung oder Ablehnung der Einstellung des Befragten. Diese Vorgehensweise war mir schon durch meine zweijährige journalistische Ausbildung vor Studienbeginn bekannt, sodass ich damit wenig Schwierigkeiten hatte. Ein weiterer Vorteil bestand darin, den Dialekt der Befragten zu sprechen. Ich war nicht zuletzt auch dadurch in der Lage, wie ich mir zumindest einbilde, den rechten Ton zu treffen und damit »Ruhe, Wärme und Freizügigkeit (als Gegensatz etwa zu Intoleranz) [auszustrahlen]. Der Befragte darf nicht den Eindruck gewinnen, es handle sich um eine Prüfungssituation.«[75]

Der Narrenverein Balinger »Loable«

VORBEMERKUNG

In diesem Kapitel sollen Vereins- und Häs-Entstehung sowie Elemente der neu eingeführten Balinger Fastnacht untersucht werden. Dabei stehen bis auf die Initiativperson weniger die einzelnen Mitglieder als vielmehr der Narrenverein im Vordergrund. Aus den Interviews werden aus diesem Grund Antworten herausgelöst, unter thematischen Aspekten gebündelt und im Zusammenhang aller Interviews gesehen. Da hier vorrangig das Handeln der Gruppe und nicht das einzelne Mitglied interessiert, ist es legitim, zu bestimmten Fragestellungen jeweils nur ein- oder zweisätzige Antwortsequenzen den Interviews zu entnehmen. In aller Ausführlichkeit kommen die Probanden dann im Rahmen der Persönlichkeitsprofile zu Wort. Das Kapitel widmet sich abschließend in einem Exkurs den Entstehungsumständen zweier weiterer neu gegründeter Narrenvereine, um die Bandbreite des Impulsspektrums aufzuzeigen.

DIE MASKENBEWEGUNG DER 1950ER- UND 1960ER-JAHRE ALS VERGLEICHSINSTANZ

Mitte der 1960er-Jahre führte der Tübinger Arbeitskreis für Fasnachtsforschung eine flächendeckende Erhebung durch, die sich speziell der dörflichen Fastnacht des südwestdeutschen Raumes annahm. Man verzeichnete in jenen Jahren einen Fastnachtsboom, der nur noch durch die Gründungswelle der 1990er-Jahre übertroffen werden sollte. Es kam damals nach mehreren Jahrhunderten wieder zu einer regelrechten Maskenbewegung, denn »die letzte bedeutende Epoche, die eine größere Anzahl neuer Maskentypen hervor gebracht hat, war das

Barock.«[76] Somit wurde zum ersten Mal in der Geschichte der Fastnachtsforschung eine empirische Untersuchung so genannter neuer Formen in Angriff genommen. Die Volkskundler stellten bei der Erhebung in 534 katholischen Orten fest, dass die schwäbisch-alemannische Fastnacht ungefähr seit der Jahrhundertwende einem Funktionswandel unterworfen war. Die so genannte »wilde« Fastnacht wurde mehr und mehr reglementiert und ästhetisiert. Vereinsmäßig organisierte Zünfte lösten freie, oft zufällig entstandene Gruppen in der Trägerschaft ab. Das Engagement dieser überwiegend jungen Leute ließ seit der Industrialisierung und Motorisierung spürbar nach. In vielen Orten erhoffte man sich deshalb durch die Einführung einer geregelten Zunftfastnacht mehr Stabilität[77]. Die neu gegründeten Vereine sahen ihre Hauptaufgabe in einer inventarisierenden Brauchpflege: »Die Schaffung neuer Brauchformen oder die Ausschmückung und Erweiterung vorhandener erklären sich aus dem Bestreben der Zünfte, einen möglichst großen Schatz an Beständigem, in geprägter Form Konsolidiertem zur jährlichen Vorführung verfügbar zu haben.«[78]

Es bietet sich an, die Ergebnisse der damaligen Untersuchung mit denen dieser Studie zu vergleichen. Die Fragestellungen lauten: Inwiefern unterscheiden sich Entstehungsumstände und Verhaltensmuster des Narrenvereins Balinger »Loable« von denen der damals neu gegründeten Zünfte? Welche typischen Elemente haben sich bis heute gehalten?

Die Initiativperson

Viele der nach dem Zweiten Weltkrieg neu gegründeten Narrenzünfte entstanden auf Initiative einer Person. Nur selten belebten Einheimische die Fastnacht: Es waren Zugezogene, oft aus alten Narrenorten stammend, die für Innovationen sorgten. Diese Männer, »nur ganz selten [waren] Frauen [...] Initiativpersonen«[79], sahen nach Ansicht Utz Jeggles in der Gründung einer Narrenzunft die Möglichkeit, ihr soziales Prestige in der neuen Umgebung zu steigern. Das Ansehen des Neulings war zunächst noch unbestimmt, die Möglichkeiten, auf sich aufmerksam zu machen, beschränkt. In etablierten Vereinen oder Organisationen bestanden kaum Chancen, eine gehobene Position einzunehmen. Also ergriff der Zugezogene in vielen Fällen selbst die Initiative: »Er wird sich also neuen, noch unbestellten Feldern zuwenden, um sich dort sozialaktiv zu betätigen. Dies wird ihm umso leichter fallen, wenn er aus einer Gegend stammt, die für ihren Fastnachtstrubel bekannt ist, er also gewissermaßen schon ein Fastnachtsprestige mitbringt.«[80] Auch im evangelischen Balingen ging die Gründung des Narrenvereins maßgeblich auf die Bemühungen einer – allerdings weiblichen – Initiativperson zurück: Sabine Müller (Name geändert). Sabine Müller ist 35 Jahre alt, katholisch, von Beruf Hausfrau und Mutter zweier Kinder. Zusammen mit ihrem Mann Michael Müller besitzt sie in Balingen ein Haus mit großem Garten, außerdem zwei Autos. Sabine Müller ist keine Einheimische, sondern stammt aus dem Einzugsgebiet der katholischen Stadt Saulgau, einem oberschwäbischen Narrenort, in dem nachweislich seit Mitte des 19. Jahrhunderts Fastnacht schwäbisch-alemannischer Prägung gefeiert wird. In ihrem Herkunftsort gehörte die 35-Jährige einem Fanfarenzug an und beteiligte sich aktiv an der Fastnacht. Ihre Familie besaß ebenfalls ein Faible für das Fest: Der Großvater feierte nicht nur im Oberschwäbischen, er hatte auch Freunde unter den Züricher Narren und fuhr regelmäßig in die Schweiz zur dortigen Fastnacht. Sabine Müllers Eltern beteiligten sich zwar nicht an der Straßenfastnacht, die Ausstrahlung der Fernsehsendung »Mainz bleibt Mainz« jedoch wurde dafür um so festlicher begangen. Die Tochter erinnert sich:

»Ja, das war für uns immer ein Festtag. Da hat es immer geheißen: ›Heut ist Freitag, heute kommt ›Mainz bleibt Mainz‹, und das wird angeschaut‹. Und da sind wir schon als Familie, wir waren sieben Kinder, wir sind alle unterm Tisch gesessen und haben mit unseren Eltern ›Mainz‹ geschaut. Oder wenn sonst einmal ein Umzug kam, das war für uns immer ein Festtag. Tja, also, da war also alles auf dem Tisch, so so Luftschlangen und ... toll haben sie es immer gemacht.«

Sabine Müller, die viel bastelt und sich überhaupt gerne kreativ betätigt, lebt seit fast 20 Jahren in Balingen. Nach ihrer Heirat 1989 arbeitete sie bis zur Geburt des ersten Kindes zwei Jahre in einer Druckerei. Ihr Mann ist Feinmechanikermeister und als Produktionsleiter in einer kleinen Firma tätig. Michael Müller ist 39 Jahre alt, evangelisch und in Balingen geboren. Seine Eltern stammen aus Schlesien und Ostpreußen. Der Zweite Weltkrieg zwang sie zur Flucht, die das Paar 1959 über Umwege nach Balingen führte. Michael Müller stand jahrelang im (sportlichen) Rampenlicht als bekannter Handballer des örtlichen Oberligavereins. Er engagierte sich dort außerdem in den Bereichen Jugendarbeit und Organisation. Ehefrau Sabine war passives Mitglied. Einem anderen Verein gehörte sie nicht an, unterstützte jedoch ihren Mann in seinem Ehrenamt: »Wo ich helfen konnte, habe ich da geholfen.« Michael Müller hatte durch sportliche Leistungen und hohes Engagement in seinem Herkunftsort einen gewissen Bekanntheitsgrad erreicht. Es ist anzunehmen, dass die in Balingen zunächst fremde Sabine Müller vom sozialen Status ihres Mannes profitierte. Mit Gründung des Narrenvereins im März 1997 kam es innerhalb der Familie Müller zu einem Rollentausch. Der Ehemann zog sich allem Anschein nach schweren Herzens vom Handballverein zurück:

»... und habe das dann aufgehört, jetzt vor drei, vier Jahren, nachdem meine Frau jetzt da hauptaktiv diesen ›Loable‹ ... diesen Verein, diesen Narrenverein gegründet hat, weil beides nicht mehr ging. Rein zeitlich, vom Geschäft her und von allem ... und habe also seitdem – ich bin dort noch passives Mitglied – helfe dort auch noch mit, wenn es klemmt und alles ... bin aber eigentlich nirgends mehr, außer bei den ›Loable‹.«

Im Gegensatz zu ihrem Mann sieht Sabine Müller keinen Zusammenhang zwischen dem Rückzug aus der Lokalsportszene und der Gründung des Narrenvereins: »Nein. Nein, das war nicht der Grund. Äh, mein Mann musste das einfach gesundheitlich aufhören und ... ja.« Während sie heute »Narrenmutter« und Vorsitzende der »Loable« ist, bekleidet ihr Mann das Amt des Vereinssprechers. In der Praxis engagieren sich beide in gleich hohem Maße für die neue Balinger Fastnacht. Michael Müller, der mit dem Wechsel vom größten Sportclub der Stadt zum nur rund 70-köpfigen Narrenverein einen radikalen Schritt vollzogen hatte, erklärt: »Also ich bin nicht stolz, hier einer von den Gründern zu sein, das ist für mich ... ich mach das ... das ist eine sehr große Zeit- und auch Engagement-Sache, man blutet manchmal schier aus, weil es wirklich ... doch sehr viel zu tun ist.« Für ihn steht außer Frage, dass nur jemand mit ähnlichen Voraussetzungen wie seine Frau in der Lage gewesen wäre, eine Fastnacht in Balingen einzuführen:

»Ja, es hat in Balingen eigentlich gar nichts gegeben. Alle Leute haben gesagt: ›Wow, supertoll, Fasnet, spitze, und wir gehen nach Ostdorf, nach Geislingen, egal wohin‹. Ich habe mir gesagt: ›Mensch, warum kann man das in Balingen nicht auch selber organisieren?‹ Wir waren damals von den Handballern ... hatten wir mal die Festhalle organisiert und eine gute Band dort und und und ... einhundert zahlende Zuschauer – das sagt eigentlich alles. Äh, es fehlt was, und ich finde es schade, dass in einer so großen Stadt mit eigentlich so bunt zusammengewürfelten Leuten – durch die Ämter kommen ja auch ziemlich viel Auswärtige – äh, ist Bedarf irgendwo da, aber keiner stellt sich dazu. Also wir hätten theoretisch einen viel größeren Zulauf haben müssen. Aber man merkt richtig: dieser Abstand in Balingen, das was ich gleich am Anfang gesagt habe, was würde ich an Balingen verbessern, dieses Eigenbrötlerische: ... ›Äh ja, ich weiß auch nicht‹, dieser Abstand, das ist das Komische. Und es fehlt was, oder hat was in Balingen gefehlt. Ich selber hatte nicht die Energie und hatte vor allem auch nicht das im Blut, wissen Sie. Das Großwerden mit der Fasnet und eine tolle Zeit erleben und das dann ... diese Energie, diese Vorstellungen rüber zu bekommen, die hätte ich nicht gehabt. [...] Und deswegen ist das jemand wie meine Frau, wo von dort kommt, dort groß geworden ist, in einem Fanfarenzug gespielt hat, in dem ganzen Verein dort war. Das ist sozusagen ein Grundstein für was Neues in einer anderen Stadt. Und sie braucht dann eigentlich nur durch ihre Eigenschaften und durch ihr Engagement, braucht sie diese Energie – wo ja eigentlich in

Balingen da ist – diesen Menschen hinzuführen. Sie ist der Kopf, sie führt dorthin, wo eigentlich Balingen hin sollte.«

Um mögliche Motive für die Vereinsgründung zu bestimmen, gilt es, sich mit der Biographie Sabine Müllers zu beschäftigen. Die 35-Jährige unterscheidet sich nicht nur hinsichtlich des Geschlechts von den Initiativpersonen der 1950er- und 1960er-Jahre, die sich in vielen Fällen als Zugezogene die Akzeptanz der Dorfgemeinschaft durch die Gründung einer Narrenzunft sichern wollten. Sabine Müller lebt nun schon seit 1984 in der Heimatstadt ihres Mannes und fühlt sich dort schon lange nicht mehr als Zugezogene: »Ich fühle mich jetzt trotzdem als Balinger, weil mir gefällt es hier, und ich würde eigentlich auch nie wieder weggehen.« Die Gründung der »Loable« fand auch nicht unmittelbar nach Sabine Müllers Zuzug statt, sondern erst 13 Jahre später. Die Oberschwäbin hatte, wie sie erklärt, anfangs auch nicht die Absicht, einen Narrenverein zu gründen. Eigenen Angaben zufolge brachte sie erst ihre kleine Tochter auf diese Idee. Dennoch: Der Wunsch nach sozialem Prestige, der für viele Initiativpersonen vergangener Jahrzehnte motivierend wirkte, ist ganz offensichtlich auch bei Sabine Müller vorhanden. Dafür spricht der Rollentausch mit ihrem Mann. Dieser stand viele Jahre als Mannschaftssportler und Funktionär in der Öffentlichkeit, während sie im Sportverein nur gelegentlich mit anpackte und sich ansonsten ihren Kindern widmete. Zwar unterstützt sie der Ehemann als Vereinssprecher, die Vereinsführung jedoch obliegt allein Sabine Müller, sie vertritt dessen Interessen nach außen: »Es hat sich immer wieder erwiesen, wie eine erfolgreiche Vereinstätigkeit das gesellschaftliche Ansehen eines Mitglieds in der Gemeinde fördern [...] kann.«[81] Damit hat sich Sabine Müller neben ihren Aufgaben als Familienfrau ein Betätigungsfeld erschlossen, das schon fast einem Teilzeit-Job gleicht, der – wenn auch unbezahlt – Anerkennung und Prestige verspricht. Sie kann hier ihre vielfältigen Fähigkeiten – »die Familienfrau muß heute Managerqualitäten beweisen«[82] – anwenden und sich gleichzeitig einen Wunsch erfüllen, den viele Frauen hegen: »Die überwiegende Mehrheit der Frauen will weder ›Nur-Hausfrau‹ noch ›Voll-Berufstätige‹ sein.«[83] Hinzu kommt der Vorteil einer flexiblen Arbeitszeit.

Ein weiterer Aspekt: Michael Müller genoss sicherlich gewisse Vorteile, indem er die vertraute Umgebung nicht verließ und somit seinen Freundeskreis behalten konnte. Sabine Müller hingegen musste auf dies alles verzichten. Die Annahme liegt nahe, dass sie mit der schwäbisch-alemannischen Fastnacht ein Stück ihres Herkunftsortes nach Balingen importierte. Es ist das von Jeggle so bezeichnete Fastnachtsprestige, das Sabine Müller nun als »Narrenmutter« von Balingen bekannt werden lässt. Regelmäßig wird sie seit Vereinsgründung 1997 in den beiden Lokalzeitungen abgebildet. Uwe Schreiber und Wilfried Dold sehen in solchen »Brauchtumstransfers« die eigentliche Ursache für die fastnächtliche Hochkonjunktur: »Es zeigt sich daran: in Orten, in denen die Fastnacht lange Zeit nicht gefeiert wurde, hat man die entsprechenden Bräuche einfach ›importiert‹.«[84] Dies wiederum sei Resultat einer gestiegenen Mobilität und dem damit verbundenen Zuzug von Menschen aus Fastnachtsregionen – Menschen wie Sabine Müller.

DIE ENTSTEHUNG DES HÄS

Ohne ihre Tochter wäre es laut Sabine Müller vermutlich nie zur Gründung des Narrenvereins gekommen. Niemand konnte dem damals dreijährigen Mädchen erklären, warum es in Balingen während der Fastnachtstage so ruhig blieb. Durch Besuche in Saulgau wusste sie, wie anderswo Fastnacht gefeiert wird. Das Kind lag seiner Mutter so lange in den Ohren, bis diese sich bereit erklärte, ein Balinger Häs zu schneidern. Sabine Müller erkundigte sich zunächst einmal bei ihrem Mann nach einem Neck- oder Spitznamen der Balinger. Er nannte ihr den Begriff »Loable« – im Schwäbischen Ausdruck für einen Laib Brot. Doch »Loable« ist nicht die einzige Bezeichnung. Der Volkskundler Hugo Moser machte gleich drei Necknamen für die Balinger ausfindig. Sie fallen zunächst unter die Rubrik »das Mondstupfen«. Um Zündhöl-

Der Balinger Mundartdichter Karl Hötzer (1892–1969) lieferte 1940 die populärste Erklärung des Necknamens »Loable«.

zer und Brennmaterial zu sparen, versuchten angeblich die Bewohner einer ganzen Reihe schwäbischer Ortschaften, den Vollmond vom Himmel zu holen, in der Absicht, ihn nachts leuchten zu lassen. Auch die Balinger nannte man deshalb »Mau'raastupfer«[85]. Der Angewohnheit, sich nach der Arbeit auf ein Bänkchen vor dem Haus zu setzen, verdanken sie den zweiten Necknamen »Bä'kleshocker oder Bä'klessitzer«[86]. Basieren diese beiden Necknamen auf allgemein den Schwaben zugeschriebenen Stereotypen, so geht der dritte Name auf eine Schwankgeschichte zurück, die sich so nur in der Eyachstadt ereignet haben soll. Vermutlich deshalb ist dieser bis heute am geläufigsten. Eine Schwankgeschichte »ist zumeist wirklich vorgekommen oder könnte zumindest so geschehen sein, wie sie erzählt wird. Sie ist in der Regel örtlich und auch zeitlich festgelegt, hat durchaus Wirklichkeitscharakter und wird geglaubt.«[87] In der Geschichte von den »Loable« kommt dem Element Feuer eine wichtige Rolle zu. Moser verweist in diesem Zusammenhang auf die zentrale Bedeutung von Bränden, wenn er sagt: »Vor allem aber gelten die Neckereien allerlei besonderen Begebenheiten bei Bränden.«[88] Da Balingen gleich fünf Mal in seiner Geschichte – 1546, 1607, 1672, 1724 sowie 1809 – von gewaltigen Feuersbrünsten heimgesucht und fast immer vollkommen zerstört wurde, liegt möglicherweise darin ein weiterer Grund, warum sich schließlich der von dieser Schwankgeschichte abgeleitete Necknamen im lokalen Bewusstsein durchsetzte. Die populärste Erklärung des Namens »Loable« stammt von dem Balinger Mundartdichter Karl Hötzer (1892–1969). In dessen erster Gedichtsammlung aus dem Jahr 1940 wurde sie in folgendem Wortlaut veröffentlicht:

Worom hoaßt ma d Balenger »Loable«?

»O«, hot mei' Vetter Hannes gsait, »dös ka' Dr i sage, mei' Ähne hots veilmol verzällt: Z Heselwange hots a Mol bei ma Bäcke brennt, ond ei'se Fuierwehr ist guedig [schnell] nuff ond hot ao gholfe beim Lösche. Oar vo de Balenger Manne ist mit dr Spritz en dr Ha'd uff a re Loater gestande ond hot grad en d' Bachstube nei'gucke könne, ond do send schöne, nuibachene ›Loable‹ uff am Tisch gleage. Ha, dös hot dean Kerle boazt

[gereizt]! – ›Schlanet d Feaster nei' ond hollet die Loable raus, daß mr drno vespere ka'‹, hot r ganz närrisch vo dr Loater ra grie'ft. S Fuier ist bald glöscht gsei', ond die Manne send no en dr Kraone henter s Bier ond henter de raote Wüürscht wie dr Bauer hentern Morgeseage, ond die Loable hont se ao anander no sauber uffgromt. Zletschte hont se selber no' de graischte Bränd überkomme, ond älls hot grausig glachet ob deam Balenger, mo uff dr Loater dobe no a'd Loable däächt hot. – Kuurzgee, vo dört a hot ma ei's ›Loable‹ ghoaße. Do send mr aber it bais drweage! Ha woll do! A Loable ist ebbes Guets ond a reachts Vesper hält Leib ond Sel zämme. Sell woaßt ma! A Mutschel ist koa Loable, Drei Vierleng ist koa Pfond, ond wear it grüebig vespert, der ist bei ei's it gsond.«[89]

Hochdeutsche Übersetzung:

Warum bezeichnet man die Balinger als »Loable«?

»O«, hat mein Vetter Hannes gemeint, »das kann ich Dir sagen, mein Großvater hat es oft erzählt: In Heselwangen (Anm. d. Verf.: eingemeindetes Dorf bei Balingen) hat es einmal beim Bäcker gebrannt, und unsere Feuerwehr ist schnell hin und hat beim Löschen geholfen. Einer der Balinger Männer ist mit der Spritze in der Hand auf einer Leiter gestanden und konnte in die Backstube hineinschauen, und dort lagen schöne frisch gebackene Brotlaibe auf dem Tisch. Das hat den Mann gereizt! – ›Schlagt das Fenster ein und holt die Brotlaibe heraus, daß man sie hinterher essen kann‹, rief er ganz aufgeregt von der Leiter hinunter. Das Feuer war bald gelöscht, und die Männer waren dann in der ›Krone‹ hinter Bier und Würsten her, wie der Bauer hinter dem Morgensegen, und auch von den Broten haben sie nichts übrig gelassen. Schließlich waren sie ganz hübsch betrunken, und alles lachte fürchterlich wegen dem Balinger, der auf der Leiter nur an die Brotlaibe denken konnte. Kurz und gut, seit damals hat man uns ›Loable‹ genannt. Darüber sind wir aber nicht böse! Warum auch? Ein Laib Brot ist etwas Gutes und ein rechtes Vesper hält Leib und Seele zusammen. Das ist bekannt! Eine Mutschel ist kein Brotlaib, drei Vierling ist kein Pfund, und wer nicht tüchtig ißt, der ist bei uns nicht gesund.«

In welchem Maß die Balinger den Necknamen »Loable« akzeptierten, belegt ein gleichnamiger Umzugswagen der Balinger Feuerwehr. Dieser wurde 1955 anlässlich der 700-Jahr-Feier Balingens erstellt und bezieht sich auf die Geschichte Karl Hötzers.

»Loable« zählt zu den Necknamen, »welche auf schwankhafte Tradition zurückgehen. Die Bedingungen des Unernsten, Lächerlichen und der Bezogenheit auf den Ort sind darin in geradezu idealer Verbindung gegeben.«[90] Für Sabine Müller stand nach der Lektüre der Hötzer'schen Erklärung Name und Geschichte des Häs fest. Typisch für eine Initiativperson, die sich durch Phantasie und individuelle Begabung auszeichnet, machte sie sich an die Erfindung des Gewandes. Sie wollte dabei das Element Feuer mit einbeziehen. Da ihren Angaben zufolge die Farbe Rot schon viele Häs der schwäbisch-alemannischen Fastnacht dominiert, wählte sie Schwarz und Lila als Symbol für langsam erkaltende Glut.

Das Balinger Häs besteht bis heute aus Strohschuhen, Stulpen, Rock, Spitzenhose, Schürze, Bluse, Schultertuch mit Tuchhalter, schwarzen Handschuhen und Kopfbedeckung. Eine Maske war zu diesem Zeitpunkt noch nicht geplant. Nach Fertigstellung eines Kinder- sowie zweier Erwachsenen-Häs besuchte die Familie Müller 1995 und 1996 Narrentreffen in der Umgebung. Am Ende der Umzüge reihte sie sich ein und verteilte an das Publikum Brötchen, auf schwäbisch: »Loable«. Die Resonanz, erinnert sich Sabine Müller, sei enorm gewesen. Man habe sie immer wieder angesprochen und gefragt, woher sie kämen und was die Figur darstelle. Viele Narren seien schon damals der Ansicht gewesen, dass sich das Häs sehr gut für eine Gruppe eignen würde. Ermuntert durch diese positiven Reaktionen entschloss sich die Oberschwäbin, einen Narrenverein zu gründen. Sie mobilisierte zunächst ihren Freundeskreis und stürmte an der Fastnacht 1997 zusammen mit einem guten Dutzend »Loable« das Balinger Rathaus. Dort kam es zu einem ersten Gespräch mit Oberbürgermeister Edmund Merkel, der den Narren bei ihrem Vorhaben, 1998 einen Umzug mit auswärtigen Zünften und Gruppen zu veranstalten, seine Unterstützung zusicherte.

Am 20. Februar 1997 wurde der Narrenverein Balinger »Loable« dann offiziell aus der Taufe gehoben. Neun Gründungsmitglieder unterschrieben die Satzung. Der Zweck des Vereins wurde mit der »Förderung der Fastnacht und des Faschings, sowie der Pflege heimatlichen Brauchtums«[91] umschrieben. Dies solle »insbesondere durch die Teilnahme, Organisation und Durchführung an bzw. von fastnächtlichen und brauchtümlichen Veranstaltungen« verwirklicht werden. Zu der Frage, was sich hinter dem Begriff »heimatliches Brauchtum« verbirgt, macht die Satzung keine Angaben[92]. Dass sich Sabine Müller bei der Häs-Kreation von einem Necknamen der Balinger inspirieren ließ, war kein Zufall. Etwa die Hälfte der nach dem Zweiten Weltkrieg gegründeten Narrenzünfte, so das Ergebnis der Tübinger Studie, entwickelten aus den jeweiligen Ortsnecknamen neue Maskenfiguren. Diese Praxis hat sich bis heute gehalten. Kaum eine junge Zunft, die ihre Figur nicht aus

Die Maskenfigur des Narrenvereins Balinger »Loable«

(vermeintlich) historischen Gestalten, lokalen Besonderheiten, abgegangenen Berufen, mundartlichen Ausdrücken, Ortssagen oder eben Necknamen ableitet. Letztere symbolisierten für die neu gegründeten Narrenzünfte der 1950er- und 1960er-Jahre Unverwechselbarkeit und lokale Identität: »Diese Necknamen, die früher für die Bewohner ganz zweifellos negativen Inhalt hatten, steigern heute das Gruppenbewusstsein, werden nach außen plakathaft dargestellt.«[93] Damit nicht genug: »Bis zum ausgesprochenen Stolz auf den Namen kann die Entwicklung führen.«[94] Hanni Kirchner, die sich im Rahmen der Tübinger Untersuchung mit den Necknamen der neu gegründeten Narrenzünfte beschäftigte, erkannte eine regelrechte Gesetzmäßigkeit in der Schaffung einer neuen Maske: »Wenn der Wunsch nach einer Maske auftaucht, sucht man einen geeigneten Namen, nach dem dann die Gestalt entworfen wird. Die fehlende Tradition wird ersetzt, indem man die Maske auf etwas bezieht, das ›Tradition‹ hat. Der Begriff bürgt in seiner volkstümlichen Bedeutung keineswegs für Volkläufigkeit oder Kontinuität, ganz im Gegenteil meint ›Tradition‹ etwas Einmaliges, möglichst früh und schriftlich Erwähntes oder durch eine Sage Überliefertes.«[95] Diese volkstümliche Bedeutung hat der Traditions-Begriff ganz offenbar bis heute behalten[96]. Die Frage nach dem Unterschied zwischen einem »Loable«-Häs und dem typisierten Kostüm des Clowns wurde von den Hästrägern in einer Art und Weise beantwortet, die diese Annahme bestätigt[97]:

»Das Loable-Häs hat ja jetzt eine Tradition.« (Hilde Baum, 37 Jahre)

Dieser Satz wurde so zwei Jahre nach Vereinsgründung gesagt. Deshalb ist es sehr unwahrscheinlich, dass die Interviewte damit dem Häs eine zeitliche Kontinuität unterstellt. Sie weist auf die Existenz der Schwankgeschichte hin.

»Dann habe ich es mir von der Tradition mal angehört, was das ›Loable‹ bedeutet.« (Gaby Kiefer, 42 Jahre)

Auch hier versteht die Befragte unter dem Begriff Tradition die Schwankgeschichte. Der Neckname »Loable« und die dazugehörende

Erzählung aus der Feder Karl Hötzers vereinigt alle Merkmale, die eine solche »Tradition« im volkstümlichen Sinne aufweisen muss: Der Neckname ist bekannt, außerdem einmalig. Die Geschichte aus einer vergangenen Zeit nimmt Bezug auf ein lokales Ereignis und ist witzig. Alle Forderungen, die schon in den beiden Jahrzehnten nach dem Krieg an den Anknüpfungspunkt gestellt wurden, erfüllt auch der Balinger Ortsnecknamen.

Historisierende und lokalisierende Tendenzen

Der Wunsch nach einem Anknüpfungspunkt, der eine Beziehung zum Heimatort und seinen Bewohnern herstellt, außerdem der Maske ihre Daseinsberechtigung liefert, lässt sich laut Kirchner nicht mit dem Begriff Historismus fassen, da kein konkreter historischer Zeitpunkt fixiert, sondern ein nicht näher bestimmbares hohes Alter postuliert wird. Besser passe der Terminus Historisierung. Waren historisierende und lokalisierende Tendenzen gerade für die neu entstandenen Narrenzünfte der 1950er- und 1960er-Jahre besonders wichtig, scheinen sie im Fall der »Loable« lediglich noch obligatorischen Charakter anzunehmen: Sie bilden offenbar eine Art Standard, den eine junge Zunft vorweisen muss, um überhaupt beachtet und ernst genommen zu werden. So entspringt die Verwendung des Balinger Necknamens in keiner Weise einer lokalpatriotischen Haltung, sondern dient allein der Erfüllung ungeschriebener Anforderungen, die mittlerweile in der schwäbisch-alemannischen Fastnachtsszene vorherrschen. Es handelt sich um eine Art ritualisierten Vorgang, wenn bei der Figuren-Erfindung eine möglichst altertümliche Geschichte gesucht wird, die Bezüge zum Herkunftsort aufweist. Deshalb auf eine besondere Beziehung der Hästräger zu ihrem Wohnort zu schließen, erweist sich zumindest bei diesem Narrenverein als falsch. Allerdings nicht aus dem Grund, dass von den 13 befragten Mitgliedern lediglich sechs in Balingen geboren wurden, während die restlichen sieben zugezogen sind. Fast alle Probanden gaben an, sich als Balinger zu fühlen. Dennoch ist das Verhältnis eher von Distanz geprägt:

»Heimat? Der Raum, wo ich mich gerne aufhalte. [...] Es muss nicht hier sein, kann auch woanders sein.« (Kurt Kraft, 43 Jahre, zugezogen)

»Ich bin nicht richtig Balinger sozusagen, dass ich sage, ich bin stolz ein Balinger zu sein.« (Michael Müller, 39 Jahre, gebürtiger Balinger)

»Meine Heimat? Och, das ist heute Balingen. [...] Ja, weil ich mich hier so eingelebt habe, und ich fühle mich da wohl und bin zufrieden und ...« (Burkhart Doll, 51 Jahre, zugezogen)

»Ich kann es mir nicht vorstellen, in der Großstadt zu leben, aber mir gefällt es jetzt zum Beispiel, wenn ich mal irgendwie bummeln geh, und ich kann mich wirklich mal, sagen wir mal ... wenn Du in Balingen mit einem Hut rum läufst oder so, dann schaut gleich jeder und dort interessiert das keinen Menschen [...]. Das ist für mich ein Problem.«
(Hilde Baum, 37 Jahre, gebürtige Balingerin)

»Heimat ist da, wo ich mich geborgen fühl, wo ich mich sicher fühl, wo ich mich wohl fühl.« (Sabine Müller, 35 Jahre, zugezogen)

»Also, ich könnte jederzeit hier wieder wegziehen. Das wäre kein Problem. Ich fühle mich hier nicht besonders wohl. Ich weiß nicht warum. [...] Mir hat es im Stuttgarter Raum schon besser gefallen. Ich habe die Leute offener gefunden, das ... ich weiß auch nicht. Das war schon eher meine Welt.« (Julia Kaspar, 37 Jahre, zugezogen)

Eine tiefe emotionale Verbundenheit mit Balingen lässt sich beim überwiegenden Teil der befragten Personen nicht feststellen. Eine Verbundenheit, die gerade in alten Narrenstädten ein wichtiger Bestandteil der Fastnacht ist, wie Mezger erläutert: »Es ist eine sentimentale Aufwallung, die mit wachsendem Alter zunimmt und für deren Definition Gefühle wie ›Heimkehr‹, ›Geborgenheit‹ und ›Zeitlosigkeit‹ Näherungswerte sein könnten.«[98] Nur drei »Loable« gaben an, sich für Geschichte im Allgemeinen und Ortsgeschichte im Besonderen zu interessieren. Das Trio stammt jedoch nicht aus der Eyachstadt.

Titelblatt des 1940 erschienenen Gedicht- und Geschichtenbandes von Karl Hötzer, in dem sich auch die Erzählung von den Balinger »Loable« befindet

Einheimische und Zugezogene feiern zusammen als Balinger »Loable« Fastnacht. Vor dem Hintergrund der Thesen Gerhard Schulzes kann dies als ein typisches Beispiel für eine kontinuierliche Abschwächung lokalisierender Tendenzen gesehen werden: »Seit den fünfziger Jahren ist die soziale Signifikanz des Zeichensystems ›Umgebung‹ zurückgegangen. [...] Als Unterscheidungsmerkmal für das Vertraute und das Fremde wird die Herkunft von einer bestimmten Umgebung immer unwichtiger.«[99] Gründe hierfür sieht der Soziologe viele: unter anderem die gestiegene Medialisierung, Mobilität, die Trennung von Wohnung und Arbeit, die Vergrößerung von Marktgebieten, Tourismus sowie politische Entwicklungen. Der Volkskundler Kaspar Maase widerspricht dieser These: »Irrten nicht wieder einmal jene modernisierungsgläubigen Sozialwissenschaftler, die im Gefolge transnationaler wirtschaftlicher Durchdringung, steigender Mobilität und weltweiter Kommunikation ein ›undoing of region‹ vorhersagten? Zweifellos irrten sie [...]. Regionalität, verstanden als praktische und psychische Alltagsrelevanz bedeutungsvoller Elemente des überlokalen Umfelds, erweist sich als durchaus lebendig.«[100] Als Beispiel für eine im Schulzschen Sinne erlebnisorientierte Nutzung von Region, nennt Maase gerade auch die schwäbisch-alemannische Fastnacht. Was sich auf den ersten Blick als Widerspruch darstellt, kann bei näherer Betrachtung durchaus nebeneinander stehen. So lässt sich bei den befragten Mitgliedern des Narrenvereins zwar keine besonders tiefe Bindung zu Balingen feststellen, ein ausgeprägtes regionales Bewusstsein, das zumindest als südwestdeutsches Wir-Gefühl interpretiert werden kann, findet sich dagegen bei fast allen 13 Probanden, die ausnahmslos dem schwäbisch-alemannischen Raum entstammen[101]. Möglicherweise zeichnet sich hier bereits der im Zuge voranschreitender Europäisierung von Experten prognostizierte Trend ab, nach dem Nationen an Bedeutung verlieren, Regionen jedoch eine Aufwertung erfahren. Es finden sich im Fall der Balinger »Loable« weniger lokalisierende als vielmehr regionalisierende Tendenzen:

»[...] Die ganze Region, das ist nicht bezogen [...], diese Region gefällt mir, von Tübingen angefangen, wo ich öfters bin, bis an den Bodensee, bis hoch die Schwäbische Alb, runter in den Schwarzwald rüber. Mir gefällt die Region [...].« (Michael Müller, 39 Jahre)

»[...] Wenn ich wirklich finanziell ungebunden wäre, würde ich mich einfach hier auf die ... würde ich es mir hier gut gehen lassen. Hier in Baden-Württemberg.« (Hans Kaspar, 39 Jahre)

Deutlich wird dies auch an der Abgrenzung zum rheinischen Karneval. Dieser beruht, wie die Forschung mittlerweile zweifelsfrei feststellte, auf denselben christlichen Wurzeln wie die schwäbisch-alemannische Fastnacht und wurde seit den späten 1820er-Jahren bis zu Beginn des 20. Jahrhunderts auch im gesamten deutschen Südwesten gefeiert[102]. Der den Nationalsozialisten nahe stehende Freiburger Heimatschriftsteller Hermann Eris Busse wandte sich in den 1930er-Jahren entschieden gegen den rheinischen Karneval und pries die schwäbisch-alemannische Fastnacht als »Naturkraft im Menschen«[103]. Seine erstmals 1937 postulierten Ressentiments wirken scheinbar bis heute nach:

»[...] Dann bin ich nach Tailfingen. Dort war ich ein Jahr. Es hat mir sehr gut gefallen, von den Menschen her war es sehr schön, aber es war ein karnevalistischer Verein, und der passt zu uns nicht [...].« (Gaby Küfer, 42 Jahre)

Es wäre in diesem Zusammenhang von Interesse, die Hästräger nach ihren Ansichten zu Europäisierung, Globalisierung und damit zur aktuellen Bedeutung regionaler Identität zu befragen. Ein weiteres lohnendes Unterfangen bestünde darin, sich innerhalb der schwäbisch-alemannischen Fastnachtslandschaft mit dem Anteil der Hästräger zu beschäftigen, die nicht aus Baden-Württemberg stammen. Deren Erfahrungen könnten zu einer Beantwortung der Frage nach dem momentanen Stellenwert der Herkunft beitragen. Viele ältere Zünfte legen bis heute großen Wert darauf, dass sich möglichst keine (Orts-) Fremden ins Häs begeben. So muss beispielsweise ein Bewerber für ein Rottweiler Narrenkleid nicht nur mindestens seit 15 Jahren in der Stadt leben, sondern zudem des Schwäbischen mächtig sein[104]. Junge Zünfte dagegen scheinen in der Auswahl ihrer Mitglieder weit weniger wählerisch zu sein, wie die Kleinanzeigen belegen.

Auf die Frage, wie wichtig die »Loable«-Geschichte für die Mitglieder ist, und ob sie mit einer reinen Phantasiefigur ohne lokale Anbindung Schwierigkeiten hätten, dominiert ein gemeinsamer Tenor:

»Ich selber hätte keine Schwierigkeiten. [...] Es ist schwierig, was zu machen, wo nichts da steht, wenn das Phantasie ist. Es ist einfacher, es ist was geschrieben, und man kann sich darauf beziehen. Also nach außen hin, äh, dass was geschrieben ist, aber für mich selbst wäre es nicht unbedingt erforderlich.« (Sabine Müller, 35 Jahre)

»Ich könnte auch beim Brauchtum hinweg schauen. Also, da wäre ich dann nicht so tragisch [...]. Ha, man tut sich halt einfach in der Anerkennung an der Öffentlichkeit leichter, wenn man auf so was basiert. Wenn es natürlich ... ja ... Geschichte ... es gibt ja auch ... ja ... Geschichten müssen ja auch entstehen. Wenn das so eine tolle Geschichte wäre, die erst letztes Jahr passiert wäre, könnte ich mich mit dem auch identifizieren, wenn man da eine Maske draus machen würde. Aber es sollte halt einfach mit dem Geschehen was zu tun haben. Das ist mir egal, wie alt die Geschichte ist. Aber sollte Bezug haben auf irgendwas und vor allem hier und was Unverwechselbares.« (Julia Kaspar, 37 Jahre)

»Nicht unbedingt. Wir wussten das ja von vorn herein noch gar nicht, oder das wurde uns erst nachher durch die ganzen Dings, was die wahre Geschichte ist. Da war unsere Entscheidung zum Beitritt ... war ja schon gegeben.« (Kurt Kraft, 43 Jahre)

»Die Geschichte ist für mich insofern wichtig, da das in der Fasnet eigentlich wichtig ist. [...] Bei der Fasnet ist es halt so, dass ... ja gut, du kannst dir was aus dem hohlen Bauch rausziehen und das dann machen, wegen mir ein Clown oder so was – oder du hast mehr oder weniger ein ... ja, wie soll ich sagen ... ein Hintergrund, mit dem du dich identifizieren

kannst: Deswegen bin ich ein ›Loable‹ und deswegen bin ich kein Clown.« (Dirk Bruns, 30 Jahre)

»Es würde auch so gehen.« (Waldemar Sall, 38 Jahre)

»Nein, sie muß nicht unbedingt sein. [...] Also wenn jetzt irgendwo was Tolles irgendwo entwickelt oder entdeckt wird, und da sagt man, au, das würde dann ganz toll dazu passen, wird auch überall angenommen ... ich meine, würde ich auch akzeptieren, dass man sagt: ›O.k., eine zweite Person, wo zwar nicht typisch balingerisch ist, aber ...« (Michael Müller, 39 Jahre)

Die Funktion des Necknamens und der dazugehörenden Geschichte ist heute eine andere als in den 1950er- und 1960er-Jahren. Zumindest lässt sich das für den Narrenverein Balinger »Loable« sagen. Damals war der Necknamen wertvoll, »weil er ja auf eine lokale Besonderheit – sei sie auch närrischer Art – [hinwies] und [...] Möglichkeiten zur Selbstdarstellung [bot], zur Manifestation eines Gruppenbewußtseins, das möglicherweise eben deshalb nach Manifestation [verlangte], weil es stärker gefährdet [war] als zuvor [...].«[105] Historisierung und Lokalisierung gehörten damals untrennbar zusammen. Heute begründet von den 13 Befragten nur ein einziger Proband die Unverzichtbarkeit des Necknamens samt Geschichte mit der lokalen Anbindung: »Es erzählt die Geschichte von Balingen, die Balinger ›Loable‹, und das ist dann auch vielleicht für Bürger von Balingen [...], die können sich damit noch identifizieren.« Alle anderen halten die Schwankgeschichte nur deshalb für unentbehrlich, da sonst niemand den Narrenverein ernst nehmen würde. Ein wie auch immer gearteter Hintergrund muss sein, oder wie es »Loable«-Mitglied Dirk Bruns ausdrückte: »Bei der Fasnet ist es halt so.« Dieser Hintergrund gehört heute (noch) zur Grundausstattung fast jeder schwäbisch-alemannischen Fasnetsgruppe, denn ein historisierender Erzählstoff wird von Brauchtumsfunktionären, Publikum wie auch den Medien seit Jahrzehnten geschätzt: »Auch dort, wo die Akteure diese historisierende Interpretation ihrer Freizeitvergnügungen gar nicht anstrebten, wurden sie von den Narrenvereinigungen auf die Suche nach einem vergangenen Ereignis oder dem frühesten Fasnachtsbeleg in die Archive geschickt.«[106]

Schwäbisch-alemannische Fastnacht verliert – das lässt sich jedenfalls für diesen neu gegründeten Narrenverein sagen – zwar nicht ihre lokalisierende und historisierende Prägung, die sie in vergangenen Jahrzehnten erhalten hatte, geändert hat sich dagegen die Haltung ihr gegenüber. Fast alle befragten Mitglieder könnten auch mit einer reinen Phantasiefigur gut leben. Die Frage nach den Gründen für die historisierenden und lokalisierenden Tendenzen gerade in den 1950er- und 1960er-Jahren, beschäftigte die Autoren der Tübinger Studie. Herbert Schwedt vertrat die Auffassung, nach der »nicht die Kontinuität örtlich überkommener Bräuche, sondern das Streben nach Gleichwertigkeit im Kreise der anderen Dörfer und Städte, die ihren Lokalstolz an ›historischen‹ Ereignissen, Zeichen und Überlieferungen entzünden können, vielfach Aktivitäten [freilegte]«[107]. Was jedoch – immer vor dem zeitlichen Hintergrund gesehen – dieses Streben nach Gleichwertigkeit begründet, wurde nicht näher erläutert. Kirchner verwies auf Thesen Bausingers, die dieser fünf Jahre vor der Untersuchung zur dörflichen Fastnacht in seinem Buch »Volkskultur in der technischen Welt« publizierte: »Wenn Bausinger von einer gegenwärtigen historisierenden Richtung in der Volkskultur spricht, läßt sich das geradezu beispielhaft an der Maskenbewegung ablesen.«[108]

Bausinger bewies in dieser zeitgenössischen Studie anhand vieler Beispiele, dass die so genannte Volkskultur, bisher Inbegriff des Bäuerlichen und Archaischen, in hohem Maße von der modernen technischen Welt beeinflusst worden. Mehr noch sei das Konstrukt Volkskultur vielfach erst als anti-modernes Gegenbild geboren worden. Die Volkskunde hatte sich bislang der Anerkennung einer Volkskultur des technischen Zeitalters mehr oder weniger konsequent verweigert. Dabei nahm die Technik bald auch im Alltagsleben der unteren Bevölkerungsschichten einen selbstverständlichen Platz ein. Nach Bausinger forderte die technische

Welt mit ihrer komplexen Gesellschaft die Vereinfachung – und damit auch die kurzschlüssige Regression – aufs stärkste heraus. Dies führte zu dem Bestreben, alte Formen wie beispielsweise Fastnachtsbräuche möglichst unverändert zu erhalten und vor neueren Einflüssen hermetisch abzuriegeln. Der Tübinger Volkskundler wertete ein solches Vorgehen als »Reaktion auf den Zerfall des räumlichen Horizonts, auf die Verfügbarkeit und die Akzeleration der volkstümlichen Kulturgüter. Wo sich in schnell wechselnder Folge ganz verschiedenartige Güter anbieten, scheint Überlieferungstreue nur möglich zu sein, indem man die Formen erstarren läßt und die erstarrten Formen mit aller Genauigkeit übernimmt.«[109] Während ein historisierender Blick zu dieser Erstarrung der Formen führte, bekam parallel dazu der Traditions-Begriff ebenfalls den Anschein einer unveränderlichen Größe. Geschichtliches wurde enthistorisiert dargestellt. Nicht die historische Realität interessierte, sondern das verklärte Abbild. Der verstärkte Rückgriff auf Altes fand innerhalb des Faches seinen Niederschlag im Folklorismus-Begriff. Auch das von Schwedt erwähnte Streben nach Gleichwertigkeit lässt sich auf diesen historisierenden Blick zurückführen: »Jede der Zünfte [versteifte] sich auf die eigene Tradition in einer fixierten Form.«[110] Streitigkeiten zwischen Orten, die bestimmte Traditionen für ihr Eigentum proklamierten, waren an der Tagesordnung. Die stark ausgeprägten lokalisierenden und historisierenden Tendenzen dokumentierten nicht zuletzt auch den hohen Stellenwert gemeinsamer Herkunft als Zeichen von Zusammengehörigkeit. Ein Zeichen, dem die Mitglieder des Balinger Narrenvereins keine Bedeutung zumessen. Anders verhält es sich, wie noch zu zeigen sein wird, bei anderen Narrenvereinen. Innerhalb der neu formierten Gruppen bestehen durchaus Unterschiede. Von einer voreiligen Proklamation generalisierender Erkenntnisse ist demzufolge Abstand zu nehmen.

Zwar spielt möglicherweise auch bei den 1997 gegründeten »Loable« die Abgrenzung zur technisierten Umwelt eine gewisse Rolle, den bewusst historisierenden Blick, einen ideologisierten Traditionsbegriff oder ein verklärtes Geschichtsbild sucht man hingegen vergeblich. Der

Rückgriff auf (vermeintlich) Altes wird nur noch formal vollzogen, seine inhaltliche Relevanz hat er eingebüßt. Weder eine Glorifizierung von Vergangenheit noch eine »Art Heimweh nach den Äußerlichkeiten längst verflossener, vermeintlich glanzvollerer Epochen [gerade in unserer versachlichten und zweckorientierten Zeit]«[111] liegt vor. Die Balinger Narren sind an der Vergangenheit nicht interessiert, von Folklorismus kann daher nicht gesprochen werden[112]. Es dominiert der Erlebnischarakter: »Ins Häs zu gehen« scheint spezielle Bedürfnisse zu befriedigen und spezielle »schöne Erlebnisse« zu ermöglichen, denen innerhalb der Erlebnisgesellschaft (noch) eine gewisse Exotik und Exklusivität anhaftet, die also nur in dieser Form zu haben sind. Dass immer mehr Menschen in diesen Genuss kommen wollen, unterstützt die Annahme.

Das Hauptanliegen der Balinger Gruppe besteht darin, sich in einem schwäbisch-alemannischen Häs zu zeigen. Alle ihre fastnächtlichen Handlungen zielen in besonderem Maße auf Publikumswirksamkeit ab. Streben nach Gleichwertigkeit oder gar Abgrenzungstendenzen existieren nicht mehr: »[...] Das Szenario der Erlebnisgesellschaft [ist] durch eine Relevanzminderung von Distinktion und Lebensphilosophie einerseits und eine Relevanzsteigerung von Genuss andererseits zu charakterisieren.«[113] Necknamen und Geschichte sind in erster Linie Mittel zum Zweck. Vom erstarrten Traditions- und Lokalkult der Narren aus den 1950er- und 1960er-Jahren ist dieser Verein weit entfernt. Ein gutes Beispiel für diesen Wandel bietet der Vergleich zwischen dem szenischen Tanz der »Loable« und der Aufführung einer Narrengruppe aus den 1960er-Jahren (siehe Kapitel »Umzug und szenischer Tanz«).

Die Öffentlichkeitsarbeit des Narrenvereins

Nach der Vereinsgründung im Frühjahr 1997 entschlossen sich die Mitglieder, das Häs mit einer Maske auszustatten. Um die Kosten niedrig zu halten und erst einmal die Reaktion der Balinger Bevölkerung abzuwarten, einigte man sich darauf, selbst Masken zu modellieren. Die

In all ihren Aktionen sind die »Loable« bestrebt, den Bezug zu ihrer Geschichte aufrechtzuerhalten. Dieses »Stillleben« entstand in einer Balinger Bäckerei.

Materialkosten beliefen sich pro Stück auf etwa 50 Mark[114]. Außerdem lud der Verein zu einem Informationsabend für interessierte Bürger. Rund 30 Personen fanden sich ein, die meisten waren zwischen 30 und 40 Jahre alt, davon viele Eltern kleinerer Kinder. Jugendliche fehlten ebenso wie Personen über 50 Jahre. Zehn Balinger traten nach diesem ersten Informationsabend dem Verein als neue aktive Mitglieder bei.

Der neu gewählte Vorstand richtete eine Anfrage an den Balinger Stadtarchivar Hans Schimpf-Reinhardt. Man wollte von ihm »genaueres über die Loable-Geschichte« wissen. Der Historiker verwies auf Hugo Mosers Forschungen und die Hötzer'sche Version der »Loable«-Geschichte. Die Frage nach dem Alter des Necknamens bzw. der Schwankgeschichte wurde vom Stadtarchivar aufgrund fehlender Quellen nur mit Vorbehalt beantwortet: »Wenn wir aus Hötzers Mundartprosa hinsichtlich einer Datierung Schlüsse zu ziehen versuchen, so landen wir in der zweiten Hälfte des vorigen Jahrhunderts.«[115] Schimpf-Reinhardt wurde eigenen Angaben zufolge in den vergangenen Jahren geradezu überschwemmt von Anfragen neu gegründeter Fastnachtsgruppen. So existieren in den eingemeindeten Orten Engstlatt, Erzingen, Frommern und Ostdorf mittlerweile ebenfalls Narrenvereine. Der Stadtarchivar versuchte zwar immer, Material zu den gewünschten Flurnamen, Necknamen und Ortssagen zu beschaffen, ganz wohl war ihm jedoch nie dabei: »Ich habe meistens gesagt: ›Hier ist etwas, was ihr nun damit macht, ist eure Sache‹.« Das Interesse der Balinger »Loable« am Alter ihres Anknüpfungspunktes gehört in eine Reihe vorgegebener Raster, die beim Schnüren des heutzutage unvermeidlichen Legitimations-Pakets dazugehören. Die Verantwortlichen bedauerten zwar, dass der Ursprung ihrer Geschichte nicht datierbar ist, besondere Anstrengungen, in dieser Richtung zu forschen, wurden jedoch nicht unternommen. Der Verein verfügt weder über ein Mitglied, das sich im besonderen Maße für Ortsgeschichte interessiert, noch wurde – wie in vergangenen Jahrzehnten relativ oft geschehen – ein Freizeit-Historiker beauftragt, hier tätig zu werden[116]. Wie noch zu zeigen sein wird, herrscht unter den jungen Vereinen der Gegenwart kein Konkurrenzdenken mehr, das sich in der Frage manifestiert, »wer auf die ältesten Vorfahren und den frühesten Fastnachtsbeleg in den Ortsarchiven verweisen kann.«[117] Möglicherweise resultiert dies auch aus einem Bewusstsein heraus, die Bedingungen der kurz vor dem Aufnahmestopp stehenden Narrenvereinigungen so oder so nicht erfüllen zu können.

1997, das erste Vereinsjahr, stand ganz im Zeichen der Umzugsvorbereitung. Die Narren wählten als Umzugsform einen Fackelzug. Dieser sollte am Wochenende vor der Fastnacht, genauer: am Samstagabend stattfinden. Man wollte einerseits nicht in Konkurrenz zu den zahlreichen Tag-Umzügen der Umgebung treten, andererseits das Element Feuer berücksichtigen. In den Wochen vor der Fastnacht 1998 wurden Ämter konsultiert, auswärtige Gruppen, deren Visitenkarten »bei jedem Umzug kursieren«, eingeladen und überall Plakate aufgehängt. Schon die Narrenzünfte der 1950er- und 1960er-Jahre warben mit Plakaten für ihre Veranstaltungen, um die Massen anzulocken. Fastnachtsbräuche wurden seit der Einführung der organisierten Zunftfastnacht veredelt und damit nicht mehr nur ausgeübt, sondern vorgeführt. Diese Tendenz hat sich mit den Jahren immer mehr verstärkt. Die Plakate der »Loable« wurden – analog zu größeren Sport- oder Kulturveranstaltungen – von einer örtlichen Bank, einer Immobilienfirma sowie einem Elektrofachhandel finanziert. Das größte Kaufhaus der Balinger Innenstadt erlaubte dem Verein im Herbst 1997, sich eine Woche lang mit einer lebensgroßen »Loable«-Figur samt Kontaktadresse im gläsernen Rondell der Eingangsdrehtür zu präsentieren. Die »Loable« verstanden diese Aktion, so Sabine Müller, weniger als Mitgliederwerbung, vielmehr sollte die Einwohnerschaft von den neuen fastnächtlichen Aktivitäten in Kenntnis gesetzt werden: »Wir wollten den Balingern vor dem ersten Umzug zeigen, wie wir aussehen.« Auch 1999 konnte der Verein sein Häs öffentlichkeitswirksam präsentieren, dieses Mal im Eingangsbereich des größten Elektrofachhandels der Stadt. Für das Jahr 2000 bemühten sich die »Loable« gar um ein so genanntes »Kollektiv«, da sie teilweise mit der

Umzugsplakat aus dem Jahr 2002

bisherigen Vorberichterstattung der lokalen Presse unzufrieden waren. Es handelt sich dabei um eine von Firmen bezahlte Zeitungsseite, die zur einen Hälfte mit Werbeanzeigen der Sponsoren und zur anderen Hälfte mit redaktionellem Text über das jeweilige Ereignis gefüllt wird. Das eineinhalbseitige Kollektiv erschien am Vortag des Fackelumzuges 2000 in einer der beiden örtlichen Tageszeitungen und war mit Bildern, Erläuterungen sowie Grußworten des Oberbürgermeisters und der Vorsitzenden versehen. Seit 2002 informiert eine eigene »Homepage« im Internet über die Aktivitäten der »Loable«.

Hier wird deutlich, dass gerade der Umzug von den Balinger Narren wie ein kommerzielles kulturelles Ereignis behandelt wird: So kommt etwa dem Veranstaltungstermin große Bedeutung zu. Dieser wurde auf-

Tausende säumen die Straßen, wenn sich der Fackelumzug durch die Balinger Innenstadt bewegt.

grund der zu erwartenden niedrigen Besucherzahlen bewusst nicht in die eigentliche Fastnachtszeit gelegt, sondern auf den Samstagabend davor. Von Vorteil erwies sich auch, das in der Region noch fehlende fastnächtliche Element des Fackelzuges zu wählen. Schließlich wurde dem Faktor Werbung ein wichtiger Stellenwert eingeräumt. Trotz alledem betont Vereinssprecher Michael Müller – im Gegensatz zu seinen Vereinskollegen – die sekundäre Bedeutung, welche die »Loable« der Zuschauerzahl beimessen:

»Ich meine, wenn nicht viel Zuschauer stehen würden, würde trotzdem dieser Fackelzug jedes Jahr starten. Weil wir wollen ja keinen Gewinn machen, sondern wir möchten eigentlich ... wenn wir raus kommen ist o. k. Wir möchten eigentlich hier was aufbauen ohne Zwang und ohne irgendwelche Kommerzgedanken und Kommerz ist ja: Wenn keine Leute da sind, dann höre ich auf, weil es lohnt sich nicht nicht. Es lohnt sich immer.«

UMZUG UND SZENISCHER TANZ

Der erste Umzug am 14. Februar 1998 wurde nach Angaben des Vereins ein riesiger Erfolg. Elf Gruppen beteiligten sich daran, rund 5000 Zuschauer drängten sich am Straßenrand. Die »Loable« stellten 32 Hästräger, darunter zwölf Kinder. Der unerwartet hohe Publikumszuspruch übertraf bei weitem alle Erwartungen des kleinen Narrenvereins. Sofort wurde der Ruf nach neuen Mitgliedern laut und an die Presse weitergegeben. Im »Schwarzwälder Bote« war zu lesen:

»Jetzt gilt es für die Zunft nur noch eine Hürde zu nehmen: Das Interesse an der Narretei muß kräftig ansteigen. Der Verein hat viel zu wenig Mitglieder im Vergleich zur ungeheuren Nachfrage der organisierten Narren. Alle Zünfte wollen im nächsten Jahr am zweiten Zug durch Balingen teilnehmen, und täglich gehen weitere Anfragen ein. Deshalb sind die ›Loable‹ auf zusätzliche Helfer angewiesen und freuen sich über jedes Gesicht.« (Schwarzwälder Bote vom 20. Februar 1998)

Doch so hatten es die Balinger Narren nicht gemeint. Man wollte keine neuen Mitglieder um jeden Preis:

»Nur [...] Sympathisanten. Leute, wo gerne möchten, wo dazu passen. Und es ist dann halt leider so, dass es dann langsam wächst. [...] Es ist halt so, je größer man wird, umso oberflächlicher wird alles. Das ist der Nachteil.« (Michael Müller, 39 Jahre)

Das große Interesse der Gastzünfte, im folgenden Jahr wieder zum Balinger Umzug eingeladen zu werden, gründete auf dem überwältigenden Zuschauerzuspruch und ist damit ein Hinweis auf die publikums- und prestigeorientierte Philosophie junger Fastnachtsgruppen.

Außer dem Fackelumzug kam es zu weiteren Veranstaltungen, die sich ebenfalls auf lange Sicht etablieren sollen. Nach dem Umzug veranstalteten die »Loable« in der Turn- und Festhalle für die beteiligten Zünfte einen so genannten Brauchtumsabend. Jede Gruppe stellte sich auf der Bühne vor. Der Balinger Narrenverein erzählt seine Geschichte bei solchen Abenden, die auch im Rahmen auswärtiger Narrentreffen stattfinden, anhand eines szenischen Tanzes. Während der vom Tübinger Arbeitskreis für Fasnachtsforschung untersuchten Gründungswelle nach dem Zweiten Weltkrieg entstand dieses neue Brauchelement. Es entsprach ganz dem bis heute herrschenden Trend, der schwäbisch-alemannischen Fastnacht ein durch und durch repräsentatives Gepräge zu verpassen. Gerade bei Narrentreffen verlangten Zuschauer und Brauchträger nach bühnenreifen Darbietungen der jeweiligen Fastnachtsbräuche. Die so genannten Brauchtumsvorführungen oder Brauchtumsabende wurden damals geschaffen, um Sinn und Anspruch der neuen Masken zu manifestieren und sich mit besonders gelungenen Vorführungen gegenüber anderen Ortschaften zu profilieren. Das damals noch stark ausgeprägte Lokalbewusstsein bedurfte ständig des Vergleichs mit anderen Gruppen. Diese Motivation findet sich – zumindest bei den »Loable« – nicht mehr. Die Balinger Narren erhoffen sich, wie jede Gruppierung, die öffentlich auftritt, Beifall und Anerkennung. Sie wollen mit ihrer

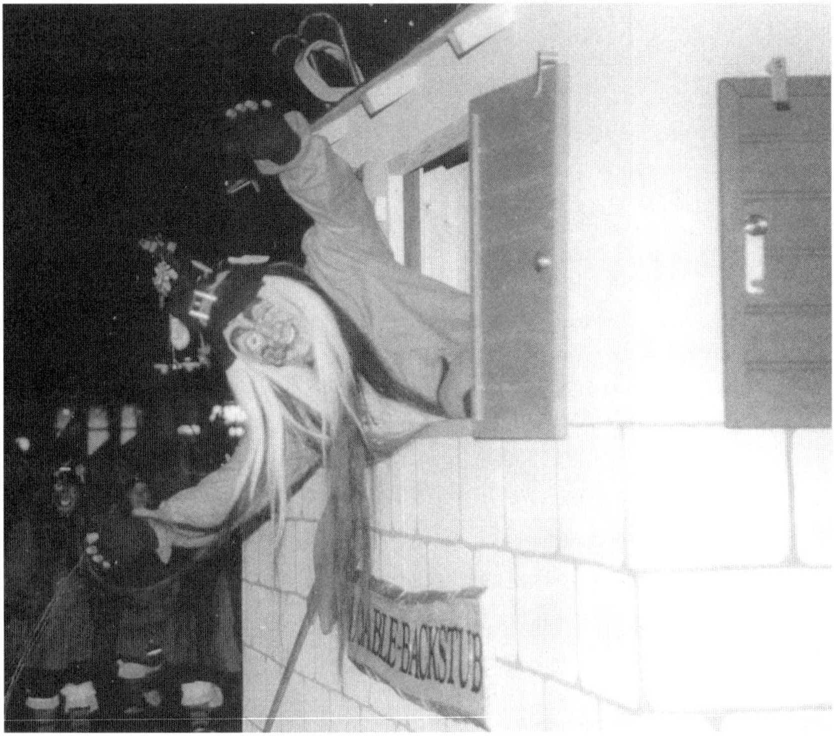

Die »Loable machen ihrem Namen alle Ehre und führen ein Backhaus im Umzug mit sich.

Aufführung beim Publikum gut ankommen und damit unterscheidet sich der Narrenverein durch nichts von Rockbands oder Laientheatern. Das oben angesprochene Konkurrenzdenken spielt keine Rolle mehr. Sabine Müller begründet und beschreibt diesen Tanz:

»Weil ein Brauchtumstanz hier ... äh ... wenn man fort geht, wenn man Einladungen kriegt, dann wird das eigentlich gefordert von einem. Nicht unbedingt ein Tanz, aber einfach ... man fragt: ›Was strebt ihr an ? Was ist euer Brauchtum?‹ Man könnte das jetzt auch ... bei einem Zunftmeis-

terempfang erzählen wir das von der Geschichte her, aber wenn wir jetzt in einer Halle sind, dann wirkt das einfach nicht so schön, wenn jetzt jemand ... ja ... wir sind der Narrenverein Balinger ›Loable‹ ... dann wird die Geschichte erzählt ... man kann das fetziger machen. Das haben wir in dem Tanz versucht zu machen. Wir haben ein Backhaus auf der Bühne stehen, und da sind wir drin, und dann macht es auf einmal einen Knall. Es kommt so eine Fontäne mit Feuer und ... äh ... dann geht die Tür auf von dem Backhaus, und wir gehen raus und machen dann ... Also am Anfang wird die Geschichte noch in dem Lied erzählt ... also so lang wir in dem Backhaus sind, und der Qualm kommt so langsam raus, wird diese Geschichte erzählt, wo sich damals zugetragen hat. Und dann kommt der Knall. Und dann kommen wir raus, dann kurz Action-Musik, wo wir uns bewegen, und am Schluss sind wir dann alle so ... knallen uns so ein bisschen auf die Bühne ... sind wir zusammen gekullert. Und dann kommt unser Feuerwehrmann mit seiner Spritze auf der Schulter ... total fertig, weil er hat das gelöscht und vespert dann – was ja in der Geschichte auch vorkommt. Das ist ja das Wichtige ... dann am Schluss: das Vesper ... sitzt er also in der Mitte von der Bühne, und es liegen alle um ihn rum, und der vespert dann ein ›Loable‹.«

Der fünfminütige Tanz wird mit Musik der englischen Rockgruppe »Queen« unterlegt. Ein Anachronismus, der deutlich macht, dass nicht einmal mehr der Versuch unternommen wird, vergangene Zeiten – in diesem Fall die zweite Hälfte des 19. Jahrhunderts – nachzustellen, indem etwa zu einer Art »Feuerwehrmarsch« getanzt würde. Auch der Verweis auf den Ort der Handlung – beispielsweise ein Bühnenbild mit Balinger Häuseransichten – fehlt. Rockmusik, so genannte Pyrotechnik, ein Knall und Protagonisten, die in Jazztanz-Manier über die Bühne wirbeln, sind gängige Bestandteile des Show-Geschäfts, historisierende oder lokalisierende Tendenzen fehlen. Im Gegenteil: Mit diesen modernen Elementen verpassen die »Loable« dem (relativ jungen) Element Brauchtumsaufführung ein zeitgemäßes Gepräge. Ein Vorgang, der laut Bausinger in Zeiten vor der brauchtümlichen Requisitenerstarrung ganz natürlich war: »In früherer Zeit [wirkte] der Beharrungskraft des Traditionellen der deutliche Wille entgegen, Anstöße aus der eigenen Zeit in die Traditionen aufzunehmen und diese entsprechend umzugestalten.«[118] Dennoch scheinen närrische Zeitgenossen, was die Gestaltung fastnächtlicher Aktivitäten betrifft, seit jeher über ein begrenztes Repertoire zu verfügen. Das Bild von Narren, die aus dem Backhaus kommen, findet seine Entsprechung schon im Spätmittelalter. So glich beispielsweise das Hauptgefährt des Nürnberger Schembartlaufs, die so genannte Hölle, im Jahr 1513 einer Mischung aus Brunnen und Backofen. Ein Schembartbuch erläutert die Aufbauten: »Die hell war ein Prun vnd ein Packoffen / Auß dem Prunnen schöpfet man Narren, Vnd im Packoffen beckt man Narren.«[119] Unbewusst nehmen die Balinger »Loable« mit ihrem Namen, der Verteilung von Brötchen an das Publikum am Straßenrand sowie neuerdings einer im Umzug mitgeführten fahrbaren Backstube auch Bezug auf ein wichtiges mittelalterliches Fastnachtsrequisit: dem Narrenbrot. Als negatives Gegenstück zum »Brot des Lebens« stand es sinnbildlich für den ewigen Tod, der all jene ereilt, die sich wie der Narr von Gott abwenden[120].

Ein dem Tanz der »Loable« entgegengesetztes Bild bietet eine Vorführung aus den 1960er-Jahren. Es handelte sich um die Darbietung der »Fuchs«-Zunft aus Menningen:

»Die ›Fuchs‹-Zunft aus Menningen nimmt ihre Kulisse, ein Grafenschloß und einen Fuchsbau, zu auswärtigen Treffen mit. Die Vorführung beginnt mit dem Zunftmarsch, zu dem zwei kleine ›Füchse‹ und ein großer aus dem Bau kommen und über die Bühne hüpfen. Beim zweiten Marsch stellen sich Narrenbüttel und Standartenträger links an der Rampe auf, die zwei Zunftmeister und der Zeremonienmeister rechts – alle tragen Samtkleider. Dann führen zehn ›Füchse‹ einen wohlstudierten Figurentanz auf. Am Schluß der Musik treten alle nacheinander ab.« (Kirchner 1966, S. 322)

Das örtliche Grafenschloss als Kulisse, Büttel, Zeremonienmeister und Standartenträger in samtnen Kleidern und würdevoller Haltung –

Die Balinger »Loable« im nächtlichen Fackelumzug durch ihren Wohnort

hier wurden noch heute gängige Mittelalter-Klischees mit Leben gefüllt. Die musikalische Gattung des Marsches verweist ebenfalls klar in die Vergangenheit. Man kann in diesem Fall im Gegensatz zu der Aufführung der »Loable« von Lokalisierung und Historisierung sprechen, von der Inszenierung einer (vermeintlich) heilen, weil verklärten Vergangenheit. Geschichte wird enthistorisiert und für repräsentative Zwecke verfügbar gemacht. Hier würde der Folklorismus-Begriff Berechtigung erfahren.

Narrentreffen, Rathaussturm und Narrenbaumsetzen

Die »Loable« besuchen in den Wochen vor der Fastnacht zehn bis zwölf Narrentreffen. Sie zeigen sich somit außerhalb um ein Vielfaches mehr als in Balingen[121]. Es geht der Gruppe bei auswärtigen Auftritten – flapsig ausgedrückt – nicht darum, die Balinger Farben zu vertreten. Sie stellt sich selbst in den Mittelpunkt, ganz losgelöst vom Herkunftsort. Der Besuch von Narrentreffen bedeutet für die Hästräger vor allem eines: Spaß.

»Wenn wir auswärts sind, dann ... dann machts halt einfach Spaß. [...] Leute fröhlich machen und, äh, lustig sein, Gaudi, Spaß.« (Sabine Müller, 35 Jahre)

»Fest machen.« (Mascha Baum, 32 Jahre)

»Aber die Auswärtigen sind natürlich schon für uns besser gell, da können wir andere Leut' kennen lernen, andere Brauchtümer und ... ja.« (Cordula Baum, 33 Jahre)

»Ein Umzug ist etwas Tolles, vor allem ein Umzug, wo man mit dem Bus hinfährt. Das ist ganz klasse. Man muss nicht fahren. Im Bus kann man schwätzen, zwischendrin kann man auch ein Bier trinken ...« (Hans Kaspar, 39 Jahre)

»Da kann man den Spaß dann richtig ausleben.« (Hilde Baum, 37 Jahre)

Dass es »für das Selbstbewußtsein einer Zunft [...] von großer Bedeutung [ist], sich in anderen Orten zu zeigen und zu produzieren und die Ehre der Einladung und des Einladens zu genießen«[122], trifft sicherlich auch für die »Loable« zu. Ein Konkurrenz- oder Rivalitätsdenken, wie es Schwedt in den 1950er- und 1960er-Jahren registriert hatte, scheint es aber gerade unter den jüngeren Vereinen, Gruppen und Zünften heute nicht zu geben. Im Gegenteil: Die freien Zünfte verhalten sich untereinander solidarisch, da sie sich ja innerhalb der stark hierarchisierten schwäbisch-alemannischen Fastnachtslandschaft sozusagen auf der untersten Sprosse der Leiter befinden. Während den alten Narrenstädten Rottweil, Elzach, Oberndorf, Überlingen und Villingen jenseits aller Zunftzusammenschlüsse quasi – um im Bild zu bleiben – die Lufthoheit gebührt, dicht gefolgt von den 68 Mitgliedszünften der seit 1924 bestehenden »Vereinigung Schwäbisch-Alemannischer Narrenzünfte«, tummeln sich im breiten Mittelfeld hunderte von Narrengruppen, die in Verbänden, Ringen oder Vereinigungen organisiert sind. Zwischen den freien Zünften jedenfalls kommt es regelmäßig zum freundschaftlichen Erfahrungsaustausch, wie die Äußerungen der »Loable« belegen:

»Ist aber auch interessant, dann andere Sachen anzuschauen. Wie die es gemacht haben, was da abgeht, was du selber das nächste Mal besser machen kannst.« (Dirk Bruns, 30 Jahre)

»In dem Moment heißt es ja: ›Wo kommt ihr her? Ihr seht gut aus! Was habt ihr für eine Maske?‹« (Kurt Kraft, 43 Jahre)

»Also das ist immer das Schönste, mit anderen Vereinen Kontakte zu knüpfen. Vor allem auch mit jungen, wo auch erst ein paar Jahre alt sind. Die sind immer total offen und verteilen Kärtchen und so. Das ist echt gut. Und dann jammern sie alle, wie schwer sie es gehabt haben am Anfang und ... (lacht).« (Julia Kaspar, 37 Jahre)

»Also, da kennt man viel, die sprechen viel über Probleme. Die zum Beispiel, die in den Zünften drin sind, was denen vorgeschrieben wird [...]. Wir sind ja freie Zunft [...]. Das finde ich echt gut, wenn man so andere Zünfte von weiter weg und so trifft [...], da sieht man dann, was die machen [...]: was sie einladen, wen sie einladen. Also wir haben ja ziemlich viel freie Zünfte getroffen, also wo nicht im Verband drin sind, die finden das echt lächerlich, was denen vorgeschrieben wird. (Waldemar Sall, 38 Jahre)

Mezgers Beobachtung, nach der viele neu gegründete Zünfte die Fastnacht im Heimatort vernachlässigen, trifft auf die Balinger »Loable« nicht zu. Am Dreikönigstag macht sich der Vereinsvorstand auf, um die Masken abzustauben. Wird dem Häs nach genauer Überprüfung ein or-

Der Besuch von Narrentreffen ist für jeden jungen Narrenverein eine Selbstverständlichkeit.

dentlicher Zustand attestiert, bekommt der Träger ein Laufbändel ausgehändigt. Nach dem großen Fackelumzug steht am »Schmotzigen«, dem Donnerstag vor Fastnacht, der Rathaussturm auf dem Programm, außerdem setzt die Zunft einen Narrenbaum[123], der am Fastnachtsdienstag öffentlich versteigert wird. Diese beiden symbolischen Akte, die laut Sabine Müller »einfach zur Fasnet gehören«, wurden schon in den 1950er- und 1960er-Jahren »fast mechanisch«[124] mit der Gründung einer Zunft eingeführt und gehören seitdem zum klassischen Repertoire einer Fastnacht schwäbisch-alemannischer Prägung.

Gabriele Dürkop weist zurecht daraufhin, dass die Erstürmung des Rathauses heutzutage nicht mehr die Demontage der obrigkeitlichen Autoritäten zum Ausdruck bringt, »[...] sondern die Verbundenheit mit

Mit vereinten Kräften setzen die »Loable« ihren Narrenbaum auf dem Balinger Marktplatz.

Beim Narrenbaumsetzen ist nicht nur Kraft, sondern auch Geschicklichkeit gefragt.

ihnen.«[125] Der Rathaussturm dient dem Narrenverein als Repräsentation und dokumentiert seine Bedeutung in der Stadt. Man ist stolz, vom Oberbürgermeister empfangen zu werden. Die Vereinsmitglieder fühlen sich legitimiert in ihrem Tun, zudem erregt die wenig originelle Veranstaltung die Aufmerksamkeit der Presse[126]. Das Streben nach Legitimation scheint die Suche »[...] nach einer von der Gesellschaft positiv sanktionierten Verhaltensdefinition [auszudrücken], die sowohl dazu verhilft, die eigenen Handlungsweisen unangreifbar zu machen als auch das Gewissen von Schuldgefühlen zu entlasten.«[127] Schuldgefühle deshalb, da etwa das Eingeständnis, man sei in einer Narrenzunft, um besser flirten zu können oder sich von Zuschauern bewundern zu lassen »[...] von der Umgebung weder als seriös noch als den Aufwand rechtfertigend kritisiert werden [würde].«[128]

Der Rathaussturm wird von den Mitgliedern des Narrenvereins als unverzichtbares Element empfunden. Immerhin kann man sich der Aufmerksamkeit der Lokalpresse sicher sein.

Auf die Frage, was mehr Spaß macht, die Fastnacht in Balingen oder auswärtige Narrentreffen, konnten sich die meisten Befragten für keine eindeutige Antwort entscheiden. Der große Unterschied bestünde im immensen Arbeitsaufwand, den vor allem der Umzug verursacht. Sicherlich nimmt hier der Narrenverein Balinger »Loable« eine Sonderstellung ein. Junge Zünfte stammen oft aus kleinen Dörfern, wo es in der Regel aufgrund einer vernetzten Vereinsstruktur an helfenden Händen nicht fehlt. Andere Gruppen wiederum kommen aus größeren Städten, in denen es oft schon mehrere und oft wesentlich ältere Fastnachtsvereine gibt, die Fastnacht also seit jeher eine breite Akzeptanz seitens der Bevölkerung erfährt. Es wäre zweifellos ein lohnendes Unterfangen, zur Illustration dieser verschiedenen äußeren Bedingungen konkrete Beispiele darzustellen, was jedoch den Rahmen dieser Arbeit sprengen würde. Die »Loable« hingegen sind in der etwa 14 000 Einwohner fassenden Balinger Kernstadt die Ersten, was die Sache erschwert. Mit der seit Mitte der 1990er-Jahre verkehrsberuhigten Friedrichstraße inklusive neu gestaltetem riesigem Marktplatz steht dem Verein immerhin ein Umzugsweg zur Verfügung, der von seiner Eignung nur noch durch mittelalterliche Stadtkulissen alter Narrenstädte wie beispielsweise Rottweil oder Villingen übertroffen wird. Während der Umzug der neuen Balinger Fastnacht bisher eine stattliche Zuschauerzahl anlockte, fanden Rathaussturm und Narrenbaumsetzen weit weniger Beachtung. Mit der Datierung des Umzuges auf den Samstagabend *vor* der eigentlichen Fastnacht sicherten sich die Veranstalter ein weiteres Publikumspotential: die aktiven Narren der umliegenden Städte und Gemeinden, von denen es sich viele nicht nehmen lassen, in die Kreisstadt zu fahren und sei es, um über die »Loable« und deren Gastzünfte so manches kritische Urteil zu fällen.

Schlechte Witterungsumstände waren laut Veranstalter für einen leichten Zuschauerschwund beim zweiten Fackelumzug 1999 verantwortlich, hingegen sorgte der dritte im Jahr 2000 nicht nur für einen neuen Besucherrekord[129], sondern wartete auch mit einigen Neuerungen auf. Oblag die musikalische Untermalung des nächtlichen Mummenschanz bislang den eingeladenen Fanfarenzügen und Lumpenkapellen, so erklärte sich eine Abordnung des Balinger Musikvereins bereit, den Zug der zwölf Zünfte anzuführen. Eine Lautsprecheranlage, die auf Initiative der Stadtverwaltung am Marktplatz installiert wurde, ermöglichte zudem eine Umzugsmoderation. Schließlich kam es erstmals zu Vorführungen, die den Umzug unterbrachen. Wie aus Zeitungsberichten hervorgeht, wurden die Organisatoren im Vorfeld wieder von Anfragen interessierter Zünfte regelrecht überhäuft. Sogar Privatgruppen aus der Kreisstadt bewarben sich um eine Umzugsteilnahme.

Die Aktivitäten der »Loable« scheinen demnach zumindest Teile der Bevölkerung zu animieren. Im Sommer des Jahres 2000 gründeten sich die »Balingo Guggis«, eine 25-köpfige Guggenmusikgruppe, welche die mittlerweile rund 60 »Loable« erstmals während der Fasnet 2001 bei so mancher Gelegenheit mit ihren schrägen Tönen unterstützte. Zum Fackelumzug 2001 sollen Schätzungen zufolge mehr als 6000 Zuschauer die 37 Zünfte bestaunt haben. 1300 Hästräger waren durch die Straßen gezogen. Mit den »Balinger Feuerhexen« hatte sich ein zweiter Narrenverein formiert, dessen Gründungsmitglieder wiederum nicht aus Balingen stammen.

ÄSTHETISIERUNG, RITUALISIERUNG UND UNIFORMIERUNG

Auf Drängen der Mitglieder ließ der Verein bereits 1999 Holzmasken anfertigen. Viele Aktive waren inzwischen mit den selbst modellierten unzufrieden. Sie wollten ihr Häs nicht durch eine dilettantisch anmutende Maske abgewertet wissen – ein klares Indiz für das Streben nach Ästhetisierung. Ein Konflikt scheint allerdings vorprogrammiert, da es innerhalb des Vereins auch Vertreter gibt, die ihre selbst gemachten Masken behalten wollen, gerade wegen den individuellen Zügen. Man habe, so das Argument, als Träger eine andere Beziehung zu der Maske, als dies bei einer gekauften der Fall sei:

»Solange es kein Verbot gibt für die Modellierte, werde ich meine Modellierte nehmen. Die bringt mir viel mehr [...]. Ich bin gespannt, wann es Zwang wird.« (Julia Kaspar, 37 Jahre)

Dieser Veredelungs-Prozess ist typisch für die schwäbisch-alemannische Fastnacht und lässt sich in vielen Orten feststellen. Konflikte zwischen Anhängern veredelter Narrenkleider und Narren, die sich diesbezüglich nichts vorschreiben lassen wollten, nahmen teilweise groteske Formen an[130].

Die Kosten für ein vollständiges »Loable«-Häs belaufen sich auf rund 500 Euro. Wie ein solches genau auszusehen hat, ist in der Brauchtumsordnung des Vereins vermerkt. Alle 13 befragten Mitglieder halten eine solche Ordnung für sinnvoll und angebracht:

»*Sonst würde ja jeder daherkommen, wie er wollte. Der eine hat die Stulpen oben, der andere unten, einer hat ihn rumgedreht.*« (Waldemar Sall, 38 Jahre)

»*Durch das, dass es ein einheitliches Bild gibt, ist es schon was Tolles.*« (Hans Kaspar, 39 Jahre)

»*Wenn ich ein Häs an habe, dann muss das stimmen, von A bis Z.*« (Manfred Zussmann, 50 Jahre)

»*Es muss schon eine gewisse Ordnung geben.*« (Mascha Baum, 32 Jahre)

»*Es ist eine Uniform in dem Sinn, aber, wenn kein Rahmen da ist, dann verfällt das Ganze, und jeder macht, was er will. Ich denke, die Grundzüge von der Uniform, warum man das entwickelt hat, treffen da schon auch zu. Das muss schon auch sein.*« (Julia Kaspar, 37 Jahre)

»*Wenn man dann als Gruppe auftritt, ist mir das schon wichtig.*« (Hilde Baum, 37 Jahre)

»*Die Leute drum herum sagen: ›Mensch, ist ein organisierter, sauberer Haufen.‹*« (Michael Müller, 39 Jahre)

Die Tatsache, dass sich die schwäbisch-alemannischen Narren widerspruchslos allen Ordnungen und Reglements unterwerfen, führt Mezger auf die enge Verbindung zwischen Fastnacht und Alltag zurück: »Die notwendige Voraussetzung dafür, daß dieses Spiel funktioniert, ist eben eine klare Reglementierung der Fastnacht, ihre Festschreibung als ein System, in dem sich die Alltagswelt sozusagen auf den Kopf gestellt spiegelt.«[131] Nach Ansicht des Freiburger Volkskundlers weist die Entwicklung der schwäbisch-alemannischen Fastnacht während der vergangenen hundert Jahre neben der oben bereits diskutierten Historisierung drei weitere Spezifika auf: Ästhetisierung, Uniformierung »[...] und durch die ständig erweiterten Verhaltenscodices, denen sich die Narren nach dem Willen ihrer Zünfte zu unterwerfen haben, kommt es [...] zu einer weitgehenden Ritualisierung nahezu sämtlicher Elemente des Brauchablaufs.«[132] Bausinger versteht unter dem Begriff Ritualisierung

Voller Stolz präsentiert dieses »Loable«-Mitglied seine neue Holzmaske. Die selbstmodellierten werden kaum noch getragen.

»einen unbefragten, nicht reflektierten und nicht problematisierten Ablauf, [der] darauf [zielt], daß etwas getan wird, ohne, daß man weiß, warum und wozu, zumindest ohne daß man in der Regel Rechenschaft davon ablegt.«[133] Als ritualisiertes Element kann im Fall der Balinger »Loable« nicht nur Narrenbaum und Rathaussturm bezeichnet werden, sondern auch der sinnstiftende Necknamen samt dazugehörender Geschichte.

Die »wilde« Fastnacht, deren Träger – meist die jeweiligen Rekrutenjahrgänge – ständig wechselten, verwandelte sich seit der Wende zum 20. Jahrhundert in ein »würdiges, wenn nicht seriöses [...] Narrentreiben.«[134] Dieser Anspruch hat sich bis heute gehalten. So heißt es im Paragraph vier der so genannten Brauchtumsordnung des Vereins: »Das Häs in Verbindung mit der Maske darf nur bei offiziellen Veranstaltungen des Vereins oder Veranstaltungen, an denen der Verein teilnimmt, getragen werden«. Auf ein zivilisiertes Verhalten legen die »Loable« größten Wert:

»Ich finde es schön, wenn ... durch das, dass wir so ein nettes Gesicht haben, dass du da den meisten Kindern keinen Schrecken einjagst.« (Dirk Bruns, 30 Jahre)

»Also ich würde sagen, man sollte sich auch so verhalten, dass es keine Angst auslöst bei den Leuten.« (Gaby Kiefer, 42 Jahre)

»Als ›Loable‹ kannst du jetzt nicht, obwohl das Kostüm ziemlich an einer Hexe angelehnt ist, dich benehmen wie eine Hexe, gell. [...] Eine ruhige, freundliche Figur soll es sein.« (Julia Kaspar, 37 Jahre)

»Die Hexen, die äh, wie soll ich sagen, äh, bringen Unruhe irgendwo rein, wühlen sich im Dreck, wir nicht. Da legen wir auch Wert drauf. Weil wir gehen zu den Leuten hin, wir teilen Brot – Loable – teilen wir den Zuschauern aus. [...] Man will ja den Leuten nichts, äh, äh, ein Schaden zufügen.« (Kurt Kraft, 43 Jahre)

»Wenn ich mich so verhalten wollte wie eine Hexe oder ein Clown, dann wäre ich nicht zu den ›Loable‹ gegangen. Dann [...] hätte ich mir eine andere Zunft ausgesucht.« (Burkhart Doll, 51 Jahre)

Auf Wunsch und Anregung der Vereinsmitglieder fand 1999 sogar erstmals eine Narrenmesse in der Balinger Friedhofskirche statt. Im Rahmen dieses Gottesdienstes segnete der katholische Pfarrer Franz Nagler die »Loable«-Masken. In Zeiten allgemeiner Säkularisierung mutet eine derartige Zeremonie beinahe fremdartig an. Neben dem Rathaussturm offenbart sich hier ein zweites Mal das starke Bedürfnis nach Legitimation: »Die Notwendigkeit, eigene subjektiv als nicht erlaubt empfundene Bedürfnisimpulse rationalisieren zu müssen, zeigt, daß das Selbstbewußtsein fehlt, persönliche Wünsche und Erwartungen in Bezug auf die eigene Identität als legitim wahrzunehmen und sie offen zu realisieren.«[135] Die Verteidigung eigener Bedürfnisse, der fehlende Mut, komisch zu sein, deutet auf Angepasstheit und abnehmende Zivilcourage.

Während Schwedt vor 35 Jahren besonders den ausgeprägten Lokalstolz dafür verantwortlich machte, dass die Zünfte sich immer mehr um ein schön anzusehendes Häs bemühten, die Einheitlichkeit ihrer Gruppe betonten und in Konkurrenz zu anderen Orten traten, existiert wie nun schon mehrfach betont dieses Lokalbewusstsein bei den »Loable« nicht mehr. Sie repräsentieren nicht die Stadt Balingen, auch wenn das offiziell so gesagt wird, sondern ausschließlich sich selbst. Es handelt sich um einen Verein, dessen Mitglieder zum Großteil – wie noch zu zeigen sein wird – keiner anderen Gruppierung angehören. Ein Mittel, um Gemeinschaftsgefühl zu erzeugen, bietet die Uniformierung: »Der Mensch als soziales Kleingruppenwesen hat unbestreitbar eine angeborene Tendenz zu gleicher Aufmachung, also zur Zugehörigkeitsdemonstration.«[136] Das Häs funktioniert als gleichmachendes Element:

»Man freut sich vor allem, wenn man sieht, man gehört zur Gruppe dazu, und wenn man sich umschaut und sieht lauter gleiche Häser, dass ist das, was einen eigentlich mehr freut. Das ist ein gutes Gefühl.« (Hans Kaspar, 39 Jahre)

Somit mag es nicht weiter verwundern, dass die Mitglieder die strenge Häsordnung für notwendig erachten, ja sogar begrüßen. Die Uniformierung ist ein wichtiger Garant für das gelingende Gruppenerlebnis, denn die Hästräger verbindet in erster Linie eine gemeinsame Erlebnisdisposition: »Abstammung und verwandtschaftliche Beziehungen, Religion, ökonomische Situation, ständische, kulturelle und lokale Zugehörigkeit haben als Gesichtspunkt der Auswahl von Interaktionspartnern an Bedeutung verloren. Soziale Milieus bilden sich als Erlebnisgemeinschaften.«[137] Um das Kennenlernen der Narren untereinander zu erleichtern, bietet der Verein das ganze Jahr über Aktivitäten an. Die neu geschaffene Fastnacht soll laut Sabine Müller »langsam wachsen«, der Verein eine große Familie bilden. Deshalb verzichte man auf eine breit angelegte Mitgliederwerbung und lege großen Wert auf Veranstaltungen außerhalb der Fastnacht. Die Mitglieder, so die Vorsitzende, verlangten geradezu nach gemeinsamen Unternehmungen wie Wanderungen, Ausflüge, Stammtisch-Abende oder die Teilnahme an Stadtfest und Christkindlesmarkt. Der ursprünglich harte Kern von etwa zehn Personen vergrößere sich ständig.

Ein Teil der befragten »Loable« war, bevor es den Balinger Verein gab, in anderen Narrenzünften der Region aktiv. Sie bemängelten, dass dort das Jahr über »gar nichts läuft«. Der Grund hierfür liegt auf der Hand. In Narrenorten, wo die schwäbisch-alemannische Fastnacht schon lange gefeiert wird, ist sie meist ein Fest, an dem der überwiegende Teil der Bevölkerung teilnimmt. Jede Gruppierung, die sich regelmäßig trifft, sei es Schachverein, Mutter-Kind-Gruppe oder Kegelclub, veranstaltet zum einen selbst eine Fastnachtsfeier und stellt zum anderen aus ihren Reihen aktive Narren, die sich als Hästräger an der örtlichen Fastnacht beteiligen. Der jeweiligen Narrenzunft, die sich in der Regel ebenfalls aus Mitgliedern bereits bestehender Gruppierungen rekrutiert, bleiben somit nur noch organisatorische Aufgaben, um den reibungslosen Ablauf der örtlichen Fastnacht zu ermöglichen. Es besteht aber nur wenig Bedarf nach Vereinsleben. Für Nicht-Einheimische ist es somit in solchen Orten fast unmöglich, in den Kreis der Feiernden aufgenommen und akzeptiert zu werden. Diese Erfahrungen machten beispielsweise eine ganze Reihe der »Loable«, die in früheren Jahren versucht hatten, in

Geislingen, einer Nachbarstadt Balingens, an der Fastnacht teilzunehmen:

»[...] Da kommt man nicht rein. Das ist eine Firma für sich.« (Waldemar Sall, 38 Jahre)

»[...] Der Verein ist ja so groß, wenn man da neu dazu kommt, wenn man da nicht irgendwie dazu gehört, in sonstigen Vereinen auch nicht da ist, wird man in der Regel nicht respektiert oder akzeptiert.« (Kurt Kraft, 43 Jahre)

»Das war furchtbar, sage ich mal. Ich war da bestimmt acht Jahre dabei, und da hat man wirklich überhaupt keinen Anschluss gefunden, weil man einfach von außerhalb war. Und da war das ganze Jahr über, war da fast gar nichts, und wenn was war, dann hat man das als Außenstehende gar nicht mitbekommen. Also wenn man nicht vom Ort gekommen ist, von da her, da kennt man auch die Leute nicht, dann ist das an der Fasnet einfach halb so schön.« (Mascha Baum, 32 Jahre)

Anders verhält es sich bei neu gegründeten Zünften, zumal wenn sie in Orten entstehen, in denen es keine Fastnacht gab. Hier zieht, wie noch zu zeigen sein wird, der Verein die wenigen Fastnachtsbegeisterten an, die überwiegend keiner anderen Gruppierung angehören und gezielt nach sozialen Kontakten auch außerhalb der »tollen Tage« suchen.

Kommunikations- und Bewegungsformen

In alten Narrenstädten wie Rottweil oder Villingen – beide etwa gleich groß wie Balingen – besteht das Hauptvergnügen der Maskierten im so genannten Aufsagen oder Strählen. Es handelt sich dabei um eine humorvolle Rügeform. Die verspottete Person darf sich gleichzeitig geehrt fühlen, steht sie doch in der städtischen Gemeinschaft nicht abseits, sondern genießt die Aufmerksamkeit ihrer Mitbürger. Dennoch wird sie sich Gedanken über ihr Fehlverhalten machen. Die Hästräger ziehen nach den Umzügen von Lokal zu Lokal, besuchen aber auch Privatwohnungen: »Ein Großteil der Fasnet spielt sich [...] – für den Außenstehenden unsichtbar – in den Häusern ab. [...] Diese privaten Runden, fernab vom allgemeinen Trubel sind ein Stück Fasnet, das sich dem Fremden nie erschließt.«[138]

Die riesigen Besuchermassen, die sich zu den Narrensprüngen in diesen Städten einfinden, lösen bei den dortigen Narren keine Begeisterung aus. Sie müssen lange suchen, bis sie ein bekanntes Gesicht entdecken. Ganz anders verhält sich dies in Balingen. Dort wird bis zur letzten Minute um ein ordentliches Umzugswetter gebangt, mit dem die Zahl der Besucher steht und fällt.

Der Kontakt zwischen maskierten »Loable« und Zuschauern besteht im Wesentlichen darin, nach dem Narrenruf: »Balinger« (Hästräger) – »Loable« (Antwort des Publikums) Brötchen zu verteilen. Gespräche – so ergaben die Interviews – entstehen in der Regel kaum und werden von den Maskierten auch nicht gesucht. Man ist vielmehr darauf bedacht, gut anzukommen und will als Gruppe die Zustimmung des Publikums erheischen:

»Ich beobachte unseren ganzen Haufen [...], schaue, wie wir laufen, schau, wie wir ankommen. Das tut mich eigentlich am meisten befriedigen, wenn ich sehe, die Leute schauen uns an [...].« (Michael Müller, 39 Jahre)

Nach dem Umzug endet im Unterschied zu den alten Narrenstädten der Mummenschanz: Die Maske wird weggepackt, die Anonymität damit aufgelöst:

»Jetzt bei einem Umzug oder so, sonst hast Du ja die Maske sowieso nicht auf.« (Mascha Baum, 32 Jahre)

Erst nach dem Umzug kommt es zu Gesprächen zwischen Narren und Zuschauern. Thematisiert wird in der Regel der Hintergrund des Häs:

»Und wenn jetzt Sie mich fragen: ›Hoi toll, wo kommt ihr her?‹ und, und, und ... dann kann ich, wenn ich Ihnen ein ›Loable‹ geb, mich besser unterhalten [Anm. d. Verf.: besser als mit Maske], kann mich repräsentieren und kann dann auch sagen ... so und so, die Idee haben wir und wie

gefällt es Ihnen? Und kann eventuell auch Kontakte austauschen mit Adressen und so.« (Michael Müller, 39 Jahre)

Das vermeintlich Besondere der Fastnacht, nämlich für eine begrenzte Zeit unerkannt zu agieren und somit den Alltag zu konterkarieren, scheint hier im Gegensatz zu den alten Narrenstädten seine Bedeutung verloren zu haben[139]. Schon anlässlich der Gründungswelle der 1950er- und 1960er-Jahre wies Bausinger auf diese Entwicklung hin: »Es ist übrigens auffallend, daß diese spezifischen Fasnachtsfunktionen, [die mit der Vermummung oder mit dem Heischerecht zusammenhängen], bei den neuen Zünften eher zurücktreten.«[140]

Zwar haben viele Bräuche schon immer Schau-Charakter besessen, die neue Balinger Fastnacht jedoch beruht ausschließlich auf Präsentation. Von alleinigem Interesse ist die Reaktion der Zuschauer. Jeggle sprach schon anlässlich des Funktionswandels der dörflichen Fastnacht in den 1950er- und 1960er-Jahren davon, dass die neuen Masken kein Selbstzweck mehr seien, sondern der Präsentierung vor anderen bedürften: »Fastnacht befriedigt [...] nicht mehr nur die eigenen Spaßbedürfnisse, sondern sie ist weitgehend zur Schau für Außenstehende geworden.«[141] Die Vorstellung, ohne Publikum im Häs Fastnacht zu feiern, erscheint den meisten »Loable«-Mitgliedern als Horror-Vision. In so manch alter Fastnachtshochburg hingegen empfanden viele Narren genau diese Situation, die 1991 eher unfreiwillig durch die abgesagte Fasnacht während des Golfkrieges möglich wurde, als Genuss[142].

»Wenn man durch die Straßen juckt, und es schaut einem niemand zu, dann ist es eigentlich witzlos.« (Mascha Baum, 32 Jahre)

»Man läuft viel lieber, wenn die Straßen voll stehen mit Leuten, wie wenn da drei, vier Stück stehen, das macht keinen Spaß.« (Cordula Baum, 33 Jahre)

»Wenn die Leute mitmachen, ist man selber ganz begeistert. Man wird wahrscheinlich sogar lachen unter der Maske, wer weiß ... Vor allem, wenn die Leute mitmachen. Dass war da ein ganz tolles Gefühl, wo wir in Balingen den ersten Fackelumzug gemacht haben, und es waren so

viele Leute da, es war phantastisch. Mit dem hätten wir nie gerechnet. Das war richtig bewegend. [...] Aber wenn die Leute nicht mitmachen, ist es auch manchmal auch richtig enttäuschend.« (Hans Kaspar, 39 Jahre)

»Also Publikum muss sein. Das gehört dazu. [...] Das ist, wie wenn ich Fußball spiele und habe keine Zuschauer. Oder ich spiel ... Gitarre oder sonst was und keiner hört zu.« (Manfred Zussmann, 50 Jahre)

Gerade die letzte Aussage belegt sehr anschaulich die seit Beginn des 20. Jahrhunderts immer stärkere Betonung der Schau-Seite von Fastnachtsbräuchen. Der Fastnachtsumzug wird Ende der 1990er-Jahre mit Fußballspiel und Rockkonzert verglichen, der Hästräger als Akteur empfunden, dessen Bühne die Straße ist, auf der sich seine Gruppe befindet. Ziel – hier wie dort – ist es, das Publikum zu überzeugen, von sich einzunehmen und Anerkennung zu ernten. Bis auf ein Mitglied fühlen sich alle befragten Personen im »Loable«-Häs stolz. Anvisiert wird ein gelungenes Gruppenerlebnis, beileibe nichts spezifisch fastnächtliches. Das für das Fastnachtsfest so prägende Rügerecht, Ausdruck einer verkehrten Welt, in der die Unterprivilegierten sich ungestraft artikulieren können, kommt nicht zur Anwendung. Eine Entwicklung, die Franz Nagler, katholischer Pfarrer in Balingen, bedauert:

»Was ich schon ein wenig bedauer, ist diese kritische Auseinandersetzung, die Fasching schon mal hatte ... für mich ... oder immer noch hat, dass man der Obrigkeit gezielt in diesem Rahmen Kritik ausübt, und da auch eine kritische Gesellschaftsfunktion wahrnimmt. Das vermisse ich ein bisschen.« (Franz Nagler, 46 Jahre)

Mezger sprach vor 20 Jahren davon, dass erst der Dialog mit der Alltagswelt, »erst das heitere Zwiegespräch mit der Alltagsumwelt, das ›Aufsagen‹, das ›Wälschen‹, das ›Intrigieren‹, die Rede aus der Bütt [...] ihr [Anm. d. Verf.: der Fastnacht] die zähe Lebenskraft [verleiht], die über Jahrhunderte hinweg nicht erlosch [...].«[143] Bausinger dachte ähnlich: »Wenn sich ein wichtiger Sinnbezug dieses Festes durch die Jahrhunderte erhalten hat, dann [...] dieses Moment der Widerspenstigkeit.«[144] Bei den Balinger »Loable« sucht der Betrachter vergeblich nach diesem Moment. Fastnacht bezieht hier ihre Attraktivität nicht mehr dadurch, dass sie »fortwährend parodierend, persiflierend oder pervertierend auf den Alltag reagiert.«[145] Renate Talkenberg-Bodenstein formulierte 1977 die These, nach der »durch die Einführung eines demokratischen parlamentarischen Systems die Regelung von Konflikten institutionalisiert worden [ist]; deshalb hat die Fastnacht ihre Funktion als Ventil, vor allem im politischen Bereich, verloren.«[146] Mezger geht noch weiter, wenn er behauptet: »Anstatt Ventilsitte zu sein, geht Fastnacht heute eher den Weg des geringsten Widerstands.«[147] Zumindest für die Balinger »Loable« scheint dies zuzutreffen. Die Interviews zeigen, dass sich die Mitglieder der durch die Vermummung entstehenden neuen Kommunikationsmöglichkeiten kaum oder gar nicht bedienen. Der Dialog, das Gespräch mit der Alltagsumwelt kommt nicht zustande:

»Durch eine Maske kann man sich nicht unterhalten. [...] Durch die Maske wird man da sehr gehandikapt, dann durch den Brotschieber und so.« (Michael Müller, 39 Jahre)

»Ein richtiges Gespräch entwickelt sich nicht. Kann man nicht sagen, eher dann hinterher, wenn man die Maske unten hat.« (Hilde Baum, 37 Jahre)

»Ha ja gut, da gibt es halt ... der Kontakt, mmmh ja. Für mich sind Kinder sehr wichtig, der Kontakt zu Kindern ist für mich da ... jetzt so ... sonst ist da nicht viel. Wenn dich mal einer anhält und sagt: ›Verkauft ihr Masken?‹ oder sonst irgendwas. Aber sonst ist für mich der Kontakt während dem Umzug relativ wenig ... ja.« (Dirk Bruns, 30 Jahre)

»Wir haben ja da diese ›Loable‹, die Wecken, die tun wir ja verteilen, wenn ich die halt übergebe, aber ansonsten ...« (Mascha Baum, 32 Jahre)

Durch diese Form der Sprachlosigkeit verliert die Fastnacht nach Ansicht Mezgers ihre besondere Magie: »Und genau das meine ich damit, wenn ich sage, Fastnacht gehört primär in den eigenen Ort, denn dort ist es ja möglich, dass die Vermummten, die Narren also, mit denen, die unvermummt am Straßenrand stehen, und die sie kennen, in Kontakt treten. Und dann ist es eine ganz, ganz witzige Sache. Vor allem auch das, was sich in Wirtschaften abspielt, was sich auch in den Häusern abspielt, das hat genauso viel Humor wie der Karneval und genau das sollte gepflegt werden. Dann, wenn es zur Kostümschau erstarrt, dann wird es ernst, und genau das wollen wir ja nicht.«[148] In Balingen spielen sich nach dem Fackelumzug weder in den Gaststätten noch in Privatwohnungen närrische Szenen ab. Die Hästräger marschieren in die Turn- und Festhalle und bleiben dort weitgehend unter sich. Der Rathaussturm findet keine, das Narrenbaumsetzen nur geringe Resonanz seitens der Bevölkerung. Nach diesen Veranstaltungen begeben sich die Mitglieder des Narrenvereins wieder nach Hause.

Dabei sind die »Loable« auf das unmaskierte Publikum angewiesen. Erst die Existenz von »kenntlich gebliebenen Vertreter[n] des Alltags«[149] ermöglicht den Reiz des Mummenschanz. Dieser besteht laut Mezger nicht zuletzt auch darin, sich der gängigen Umgangsformen des Alltags für wenige Stunden zu entledigen: »[...] Sie wollen [...] ihrer alten und gewohnten Umgebung in einer neuen Rolle begegnen, um quasi mit umgekehrten Vorzeichen daran teilzunehmen.«[150] Alle befragten Narren gaben an, sich im Häs entgegen allgemeiner Gepflogenheiten zu bewegen:

»Man gibt sich stolz, also man schreitet mehr dahin, vielleicht dichter an den Leuten vorbei, dass die Achtung doch irgendwie so rüber kommt.« (Kurt Kraft, 43 Jahre)

»Freier halt (lacht). Man ist halt, ja ... wie soll ich sagen, ausgelassener und ... ja.« (Cordula Baum, 33 Jahre)

»Viel freier, viel freier. Man sieht nicht, wer ist unter der Maske. Also wenn ich keine Maske auf hätte, würde ich wahrscheinlich nicht so springen.« (Waldemar Sall, 38 Jahre)

»Mit dem Häs ist es schon anders. Ha, das ist halt von der Maske her, da bewegst du dich halt anders. Auf die Maske zugeschnitten ein bisschen deutlicher.« (Manfred Zussmann, 50 Jahre)

»Kommt drauf an. Beim Umzug – so hüpf ich normalerweise nicht durch die Straße.« (Mascha Baum, 32 Jahre)

»Ich hüpf auch umeinander, das mache ich ja nicht im Normalfall unbedingt.« (Hilde Baum, 37 Jahre)

Diese andere Art, sich zu bewegen, erzielt aber eben nur dann einen Effekt, wenn sie vor einem Publikum geschieht, das sich gewohnt gesittet gibt und die Regeln des Alltags nach wie vor befolgt. In einer leeren Straße herum zu hüpfen, macht weit weniger Spaß, oder wie Mascha Baum erklärt: »Wenn man durch die Straßen juckt, und es schaut einem niemand zu, ist es eigentlich witzlos.« Ähnlich verhält es sich – um im Bild Manfred Zussmanns zu bleiben – aber auch mit dem Fußballspieler, der seinen Torjubel nur im vollbesetzten Stadion und nicht auf dem Trainingsplatz in exaltierter Form, also mit ungewöhnlichen Bewegungen und Gesten, auslebt. Ebenso der angesprochene Gitarrist: Mit verzerrtem Gesicht auf der Bühne knieend wird er von den in manierlicher Form dastehenden Zuhörern beklatscht. Im leeren Proberaum gebärdet er sich wohl kaum in dieser Weise. Die Fraktion des Alltags wird benötigt, um sich abzuheben, zu entgrenzen. Die Aussagen der »Loable« beweisen, dass für sie der Reiz körperlicher Freiräume weit größer ist, als die Chance, unerkannt zu kommunizieren. Korff betont denn auch weniger die Kommunikations- als vielmehr die Bewegungsmöglichkeiten, die ein schwäbisch-alemannisches Häs bietet: »Die ›bäuerlich-handwerkliche Fastnacht‹ eröffnet – im Gegensatz zum städtisch-bürgerlichen Karneval, der sich eher dem verbal-diskursiven Prinzip verpflichtet fühlt – die Möglichkeit zur Gebärdensprache, zur öffentlichen Gestik, zum Maskeneinsatz [...].«[151] Viele der Balinger Narren gaben an, im Häs dem Gegenüber die Haare zu zerzausen, es zu umarmen, zu streicheln oder dessen Hut wegzunehmen und einem anderen Zuschauer aufzusetzen. Die körperliche Distanz wird ein Stück weit aufgehoben:

»Du bist vielleicht freier, also äh, durch das, dass du mehr oder weniger unerkannt bist, für andere Leute. Aber jetzt nicht irgendwie so ... das

hat halt mit meiner Schüchternheit ein bisschen zu tun, gell. Wo du einfach leichter aus dir raus kannst, wenn du mal wegen mir einem alten Herren mal über die Haare fährst, wo ich ohne Maske mit Sicherheit nie machen würde. Also nicht irgendwie was Böswilliges, sondern schon irgendwie eine liebe Geste, aber wo ich nie machen würde ohne Maske.« (Dirk Bruns, 30 Jahre)

Die Fähigkeit, sich einigermaßen gewählt auszudrücken, ist eine Anforderung des alltäglichen Lebens, die von den Hästrägern unterlaufen wird. Die obligatorische »Du«-Anrede sowie der unsinnige Ruf »Balinger – Loable« stößt nicht wie während des restlichen Jahres auf Befremden, sondern wird wohlwollend zur Kenntnis genommen. »Loable«-Mitglied Waldemar Sall beispielsweise, als Straßenbauer eher ein Mann der Tat denn der geschliffenen Worte, setzt sich unter der Maske besonders drastisch über alltägliche Umgangsformen hinweg:

»Also ich gehe meistens auf sie zu, dann bohre ich in der Nase, so in der Holzmasken-Nase, und dann gehe ich hin, und dann mache ich so (streicht den unsichtbaren Nasendreck an den Arm des Gegenübers), und dann sagt er: ›Iiiiih!‹, dann sage ich: ›Kennst du mich nicht?‹ und dann sagt er: ›Nein‹ – ›Siehst du, ich habe halt eine Maske auf!‹« (Waldemar Sall, 38 Jahre)

DIE ROLLE DES FERNSEHENS

Wie bereits erwähnt, führen viele Experten den Fastnachtsboom der 1990er-Jahre auf die Initiative des Fernsehsenders Südwestrundfunk zurück. Dieser präsentiert seit 1992 dem Fernsehpublikum unter dem Slogan »Närrische Wochen« schwäbisch-alemannische Fastnachtsumzüge. Viele Menschen im süddeutschen Raum, so das Credo der Fachleute, hätten sich durch die bunten Bilder animiert gefühlt, nicht nur in der Rezeptions-Haltung zu verharren, sondern selbst zu agieren. Gestalterische Vorgaben und Anregungen für die Schöpfung neuer Narrenhäs würden vom Fernsehen praktisch Jahr für Jahr frei Haus geliefert.

Die Befragung ergab, daß sich alle 13 »Loable«-Mitglieder die Übertragungen der Narrentreffen anschauen und dies auch schon vor der Vereinsgründung taten. Allerdings bietet sich in jüngerer Vergangenheit nur noch selten die Gelegenheit, da der Narrenverein in der Regel während der Sendezeiten selbst an einer Veranstaltung teilnimmt. Eine wie auch immer geartete Beeinflussung sämtlicher Probanden ist also nicht nur möglich, sondern sehr wahrscheinlich, unabhängig davon, dass die Übertragungen auf ein geteiltes Echo stoßen:

»Iiijo. Aber keine drei Stunden. Weil es meistens alles das Gleiche ist.« (Waldemar Sall, 38 Jahre)

»Find ich gut. Man wird auch ein bisschen aufgeklärt über die verschiedenen Traditionen, wo da manche haben, und das schauen sich mitunter auch einmal Leute an, wo normal mit Fasnet überhaupt nichts am Hut haben.« (Hilde Baum, 37 Jahre)

»Gemischte Gefühle. Man hört halt manchmal schon vom Kommentar bestimmte Meinungen raus, wo ich nicht so der Meinung bin, aber ich schaue es gern an [...].« (Julia Kaspar, 37 Jahre)

»Da kann es ja wiederum sein, dass du dann andere Narrenvereine siehst, wo du selber auch schon kennst, und da schaust du da schon eher anders hin gell.« (Dirk Bruns, 30 Jahre)

»Ja, finde ich auch nicht schlecht, vielleicht auch gerade für die anderen Leute, dass die auch mal sehen, wie es bei uns ist.« (Mascha Baum, 32 Jahre)

»Äh, sind meiner Ansicht nach viel zu einseitig. [...] Deutschland ist ein Land des Fortschritts und der Zukunft und alles [...], aber da wird dann alles ... nur das ganz alte ... wo schon fünfzig, hundert oder zweihundert Jahre alt ist und irgendwelche Bräuche und so was ... Das Neue, diese neuen Ideen von jungen Menschen, wird da, meine ich, immer ein bisschen nach hinten ... [...] und das finde ich schade. [...] Das sind die Narren von morgen. Weil wenn die Alten nicht mehr da sind, wer soll es dann machen, wenn es keine Jungen gibt?« (Michael Müller, 39 Jahre)

Hästräger als Fernsehstars – auch die Balinger »Loable« fühlen sich reif für den Bildschirm-Auftritt: Zwölf der 13 Interviewpartner würden sich über einen solchen freuen. Die Annahme, nach der die gestiegene öffentliche Beachtung, die der Brauchkomplex durch die Medialisierung erfährt, das Bedürfnis weckt, selbst aktiv zu werden, trifft demnach auch auf die »Loable« zu. Man will es den Maskierten, die sich vor laufenden Kameras und staunendem Publikum kaprizieren, gleichtun. Das Interesse der Fernsehmacher an der schwäbisch-alemannischen Fastnacht erhöht zweifellos deren gesellschaftliches Prestige und damit automatisch den Reiz, mitzumachen. Die angestrebte Präsentation vor anderen, eine Tendenz, die schon in den 1950er- und 1960er-Jahren zu beobachten war, manifestiert sich heutzutage also nicht mehr nur in sich jagenden Narrentreffen, sondern auch in der Aussicht auf bundesweite Medienpräsenz.

Exkurs: Die Entstehungsumstände zweier weiterer neu gegründeter Narrenvereine

Um die Bandbreite des Impulsspektrums deutlich zu machen, sollen wenigstens kurz die Entstehungsumstände zweier weiterer junger Narrenvereine dargestellt werden[152]. Die Wahl fiel auf die Narrenzunft Feuerbach sowie den Freizeit- und Narrenverein Haid-Bogenweiler-Siessen. Die kurzen Beschreibungen zeigen zum einen, wie unterschiedlich Gründungsmotivationen und Fastnachtsverständnis sein können, zum anderen, dass einzelne Elemente heutzutage obligatorischen Charakter besitzen. Es stehen wiederum die Vereine im Mittelpunkt, auf die Motive einzelner Hästräger kann nicht eingegangen werden.

Die Narrenzunft Feuerbach

Im evangelischen Feuerbach, Stuttgarter Vorort und bekannt durch die dort ansässige Elektroindustrie, belegen Quellen Fastnachtsfeierlichkeiten von 1839 bis nach dem Ersten Weltkrieg. Allerdings handelte es sich um Festformen der robusteren Art: »In diesen Zeiten sind die Feuerbacher und die benachbarten, mit ihnen verfeindeten Botnanger mit Binsenstroh verkleidet ins Feuerbacher Tal gezogen – oft allerdings mit dem Hintergedanken, sich ordentlich ein paar uff 'd Gosch zom haua.«[153] Wie in Balingen kam der Anstoß, Fastnacht schwäbisch-alemannischer Prägung einzuführen, von einer Einzelperson. Der Initiator Dominik Reb (Name geändert) ist in Feuerbach aufgewachsen und stammt somit nicht wie viele andere Initiativpersonen aus einer närrischen Gegend. Angeregt durch afrikanische Masken, die sein Vater sammelte, interessierte sich der heute 31-Jährige schon als Jugendlicher für südwestdeutsche Fastnachtsbräuche.

Im Alter von 16 Jahren schnitzte er sich seine erste Holzmaske, die vom Elzacher »Schuttig« beeinflusst war. 1987 beschloss Paysan, ein Narrenhäs zu erfinden. Es entstand eine recht imposante Phantasiefigur in Gestalt eines wilden Mannes mit grimmiger, behörnter Maske und Fleckenhäs samt angenähten Schellen, der einen Sprungstab mit sich führt. Im Gegensatz zu Sabine Müller von den Balinger »Loable« legte der Feuerbacher Zunftmeister großen Wert darauf, jedes auch noch so winzige Detail mit einer Begründung zu versehen. Als Namensgeber der »Wolfskehlen«, wie das Häs heißt, musste eine keltische Fliehburg auf dem Lemberg bei Feuerbach herhalten. Die Hörner an den Masken sind der Bezeichnung eines Feuerbacher Gewanns namens »Horn« entlehnt, wo sich die Hästräger am Dreikönigstag mitten im Wald zu einer archaisch anmutenden Zeremonie einfinden. Holzmaske, Schellen, Fuchsschwanz sowie Flecken-Häs wurden bewusst als typische Elemente schwäbisch-alemannischer Fastnacht integriert. Als Vorbild für die Gürtelschnalle diente dem jungen Zunftmeister ein Haken aus dem fünften Jahrhundert vor Christus, den Archäologen im österreichischen Hölzelsau gefunden hatten. Ähnlich wie die früher durch Europa umherziehenden Handwerksgesellen ließ sich auch Dominik Reb in der Fremde von exotischen Bräuchen inspirieren[154]. Durch seine Reisen ins Kameruner Grasland, dessen schwarze Bewohner er mit seinen Schnitzkünsten beeindruckte, fanden Elemente afrikanischer Tradition Eingang in die Figurengestaltung. So tragen die »Wolfskehlen« eine Fußrassel und einen geschnitzten Tanzwedel – heute in Afrika Zeichen der Würde – mit Wolfskopf und Pferdeschweif. Die Einzelfigur der »Wolfskehlen«-Gruppe, der »Bock«, versteht der junge Zunftmeister gar als eine Symbiose christlicher, keltischer und afrikanischer Einflüsse, da dem Ziegenbock in jeder dieser Kulturen symbolische Bedeutung zukomme. Ursprünglich war geplant, den »Bock« von »Wolfskehlen« am Seil führen zu lassen und ihn – nach dem Vorbild beispielsweise des Rottweiler Brieler Rössles – mit Peitschen im Zaum zu halten. Dieses Vorhaben scheiterte jedoch an den unzureichenden Peitschkünsten der Feuerbacher Hästräger.

Zusammenfassend lässt sich also feststellen, dass hier von den gängigen Mustern der Figuren-Entstehung, wie sie beispielsweise bei den Balinger »Loable«, aber auch vielen anderen Zünften zu finden sind, nicht Gebrauch gemacht wurde. Zum »Wolfskehlen«-Häs gibt es keine Geschichte, Sage oder sonstige Erwähnung, es vereinigt vielmehr symbolisch drei Interessengebiete seines Schöpfers: So hegt dieser nicht nur eine Vorliebe für schwäbisch-alemannische Fastnacht und den Kontinent Afrika, sondern beschäftigt sich auch mit der Geschichte der Kelten. Besonders hervorstechende lokalisierende Elemente finden sich daher bei dieser Figur nicht, sieht man von der Namensgebung und den Hörnern ab. Die Vermutung liegt nahe, dass sich Dominik Reb bewusst für dieses ungewöhnliche Potpourri an Einflüssen entschied, um die Figur für Medien und Umfeld interessant zu machen. Dies scheint dem Feuerbacher gelungen zu sein. So heißt es beispielsweise in einem aufwendig gestalteten Zeitschriftenartikel über die Feuerbacher Narrenzunft: »Die Geschichte, die sie erzählen, trägt uns in die keltische Vorzeit, nach Schwarzafrika und mitten hinein in die Feuerbacher Ortsgeschichte.«[155] Eine solche Geschichte existiert – zumindest was das »Wolfskehlen«-Häs anbelangt – nicht, doch das scheint dem Journalisten, der von einer »hochinteressanten Maskengruppe« spricht, entgan-

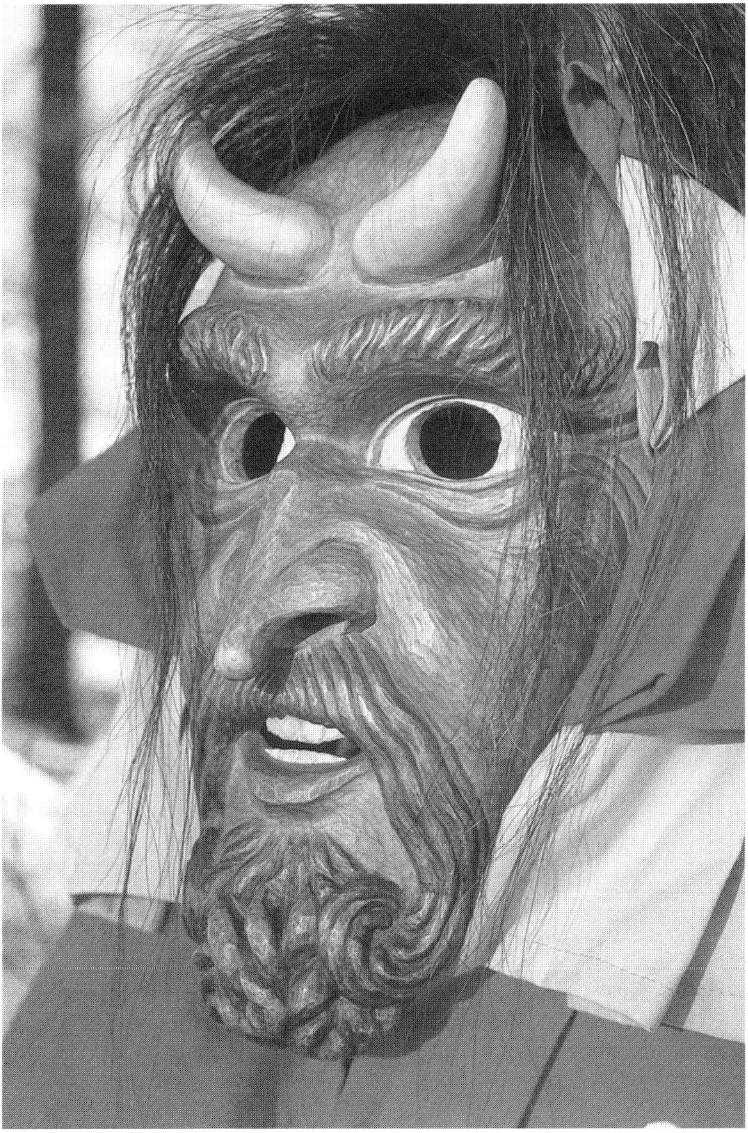

Die »Wolfskehle«, eine Maskenfigur der Narrenzunft Feuerbach

gen zu sein. Der Fastnachtsauftakt am Dreikönigstag wird von ihm wie folgt beschrieben:

»›Kennet ihr eure Masken no?‹ beschwört der Zunftmeister seine Narren, die sich im Gewann Horn, mitten im Wald versammelt haben. ›No standet au d'rzu.‹ [...] Der Höhepunkt der ›Zeremonie‹ ist dann der Schwur der Wolfskehlen, ohne den es unmöglich losgehen kann: ›Ich gelobe, der Fasnacht zu frönen, unser Häs zu ehren und den Wolfskehlen die Treue zu halten, bis die Wasser des Feuerbachs über die Ufer treten und uns an Aschermittwoch der Himmel auf den Kopf fällt.« (Schöll 1999, S. 8)

Der fastnächtliche Treueschwur der wilden Männer im Gemeindewald von Stuttgart-Feuerbach, umgeben von modernsten Industrieanlagen, bietet ein symbolträchtiges Bild. Es wäre sicher ein lohnendes Unterfangen, die Beteiligten nach ihren Empfindungen zu befragen und sich näher mit diesem ungewöhnlichen Beginn, der mit den üblichen Anfangsriten wie Rathaussturm oder Narrenbaumsetzen nur wenig gemein hat, zu befassen. Hier scheint möglicherweise die seit den 1980er-Jahren anhaltende Mittelalter-Begeisterung[156], beispielsweise dokumentiert durch den reißenden Absatz so genannter Fantasy-Rollenspiele[157], den als eine Art Zeremonienmeister auftretenden Zunftchef angeregt zu haben. Innerhalb der Feuerbacher Narrenzunft nimmt Dominik Reb eine dominierende Stellung ein. Der 31-jährige ist nicht nur kreativer Kopf, Häs-Schöpfer und Vorsitzender in Personalunion, sondern schnitzt auch sämtliche »Wolfskehlen«-Masken, die von ihm aufbewahrt werden. Erst am Dreikönigstag übergibt er sie an ihre Eigentümer. Zwischen »Schmotzigem« und Aschermittwoch fallen die »Wolfskehlen« dann in ihren Ort ein und stürmen Gaststätten und Geschäfte. Auf einen geordneten Umzug oder andere öffentlichkeitswirksame Elemente verzichten die selbstbewussten Hästräger. Ihre Fastnacht scheint sogar so »wild« und spontan zu sein, dass große Teile der Bevölkerung gar nicht recht wissen, wie ihnen geschieht: »Und während die Narren tosend und jaulend weiterziehen, um an anderer Stelle die Narretei ausbrechen zu lassen, fragen sich die verdutzten Feuerbacher, die manchmal ihre eigene Narrenzunft noch gar nicht kennen, was wohl der Narrenspruch bedeuten mag [...].«[158]

Die zweite Figur der Narrenzunft stellt dem grimmigen Mann einen fröhlichen Part zur Seite. Genauso wie das Balinger »Loable« entspringt der »Schaffle« den Aufzeichnungen eines örtlichen Heimatdichters, der von einem gleichnamigen Feuerbacher Lebenskünstler berichtete. Ein auswärtiger Schnitzer fertigte eine gutmütig grinsende Holzmaske, während die Ehefrau des Zunftmeisters die Hose mit Vertretern ortstypischer Berufsstände, dem Wappentier und dem örtlichen Necknamen bemalte. Die Entstehung dieses Häs beruht auf den bekannten Mustern. Ob die hier vorhandenen lokalisierenden und historisierenden Tendenzen wie in Balingen nur noch als unvermeidliche Staffage dienen, kann ohne die Befragung der Hästräger nicht festgestellt werden. Die Zunft ist dank ihres rührigen Vorsitzenden mittlerweile auch finanziell in der Lage, der Stadt eine einigermaßen spektakuläre Fastnacht zu bieten:

»Obwohl bei uns im Ort zur Fasnet nicht viel los ist [...], haben die Leute mittlerweile große Erwartungen, wenn wir auftauchen. Sie sind nicht immer einfach zu erfüllen. Doch die Akzeptanz wird von Jahr zu Jahr größer. Selbst der Einzelhandel zieht jetzt mit. Und weil die Sache langsam ins Geld geht, haben wir mit der VIAG Interkom einen Sponsor gefunden, der uns unterstützt.« (Dominik Reb, 31 Jahre)

Dominik Reb scheint eine mehr ergebnis- denn erlebnisorientierte Fastnachtsphilosophie zu vertreten: Im Fall des Feuerbachers heißt dies mittels Geldgeber, exotischen Elementen und spektakulärem wie spontanem Auftreten Menschen und Medien zu begeistern.

Der Freizeit- und Narrenverein Haid-Bogenweiler-Siessen

Ein völlig anderes Bild bietet der Freizeit- und Narrenverein Haid-Bogenweiler-Siessen. Durch die Gemeindereform der 1970er-Jahre verlor das oberschwäbische Dorf Haid bei Saulgau seine Selbständigkeit, und es entstanden daraus die Teilorte Saulgau-Haid, Saulgau-Bogenweiler und Saulgau-Siessen. Viele Orte, denen ein ähnliches Schicksal beschert war, versuchen bis heute, einer kulturellen Verarmung entgegenzuwirken: »Häufig läßt sich in den von den Reformen betroffenen [...] Dörfern ein Anwachsen des Vereinslebens bemerken.«[159] Auch Bräuche bekommen dabei einen wichtigen Stellenwert: »Wenn es in einer solchen Teilgemeinde einen besonderen Brauch gibt, dann wird bei dieser Gelegenheit deutlich, dass sie ein Ort für sich ist, stolz auf die Tradition, bestätigt durch die Besucher aus benachbarten Dörfern und Städten, die kommen, um zu sehen, wie ein wirkliches Dorf funktioniert.«[160] In Haid zeigte sich eine Hand voll Einheimischer Anfang der 1990er-Jahre besorgt über das kaum noch vorhandene Gemeinschaftsleben des zerteilten Dorfes. Man beschloss, aktiv zu werden und einen Verein zu gründen. 1993 wurde die Bürgerschaft per Wurfsendung zur Gründungsversammlung geladen. Unter dem Motto »Miteinander statt Nebeneinander« hieß es in dem Schreiben:

»Wir glauben, daß der Zeitpunkt gekommen ist, [...] etwas zu unternehmen, da der momentane Trend auch auf dem Lande hin zur Anonymität und zum Einzelkämpfertum geht. Der Grund dafür liegt in unserer ›Ellbogengesellschaft‹, die immer höhere Leistungen vom Einzelnen abverlangt [...]. Es gibt zahlreiche Beispiele (auch in der näheren Umgebung), wie es besser sein könnte, und wir sind der Meinung, daß es den Versuch Wert ist. [...] An dieser Stelle seien die drei Hauptziele genannt:

1. *Fördern des gesellschaftlichen Zusammenlebens (z. B. durch Wanderung, Radtour, Hockete, Vorschläge zur Dorfgestaltung, usw.),*
2. *Ausrichten der alljährlichen Dorffasnet,*
3. *Pflegen und Fördern heimatlicher Bräuche.«*

(Schriftliche Einladung zur Gründungsversammlung des Freizeit- und Narrenvereins Haid-Bogenweiler-Siessen im Juni 1993)

Während es beispielsweise den Balinger »Loable« allein um die Einführung einer Fastnacht schwäbisch-alemannischer Prägung ging, betont dieser Verein »das Bedürfnis nach [...] einer gemeinsamen Vereinszugehörigkeit in unseren Ortsteilen.«[161] Der Name ist Programm: Es handelt sich nicht um einen reinen Narrenverein, sondern um einen Freizeit- und Narrenverein. Dabei erschien den Initiatoren gerade das Fastnachtsfest, was bislang in keinem der drei neu entstandenen Stadtteile groß gefeiert wurde, als besonders geeignet, Zusammenleben und Zusammengehörigkeitsgefühl neue Impulse zu verleihen. Dies entsprach einer bewährten Strategie: Zum einen erwies sich eine Brauchausübung seit jeher als probates Mittel, um den Verlust an dörflicher oder städtischer Selbständigkeit zu kompensieren[162], zum anderen zählt Fastnacht unter den vielen Festen vergangener Jahrzehnte und Jahrhunderte bis heute zu den beständigsten und vor allem expansivsten: »Die dörflich-vorindustriellen Kalenderbräuche kannten noch eine Vielfalt anderer Anlässe, an denen Verkleidungen und Vermummungen gang und gäbe waren [...]. Im Verlauf des 20. Jahrhunderts scheint sich der Maskenbrauch zunehmend auf Fasnacht und/oder Karneval konzentriert zu haben [...]. [...] Fasnacht ist der einzige Ort, an dem Masken, Kostüme, Vermummungen und Verkleidungen in der Öffentlichkeit ›erlaubt‹ sind.«[163]

Knapp 40 Bürger folgten der Einladung zur Vereinsgründung im Juni 1993. Der in der Versammlung gewählte siebenköpfige Vorstand rekrutierte sich fast ausschließlich aus der kleinen Gruppe, die für die Idee verantwortlich zeichnete. Erstaunlicherweise waren fast nur junge Leute vertreten. Es handelte sich um einen 31-jährigen Maschinenbauingenieur, eine 24-jährige Industriekauffrau, eine 20-jährige Bankkauffrau, einen 17-jährigen Schüler, einen 37-jährigen Schlosser, einen 46-jährigen Lehrer sowie einen 27-jährigen Industriekaufmann. Zwei Personen des Gremiums gehörten bereits vor der Vereinsgründung einem Narrenverein an. Nachdem die Gründungsformalitäten erfolgreich bewältigt waren, diskutierte man über die geplante Narrenfigur. Bei Durchsicht der Gemeinde-Chronik waren Mitglieder auf einen Mann namens Anton Rosenberger, genannt »Schleifer-Toni«, gestoßen, der die letzte Räuberbande Oberschwabens mitbegründet haben soll. Diese historische Gestalt erschien den Anwesenden geeignet, dem geplanten Häs Name und Aussehen zu geben. Ebenso wie die Narren aus Zwiefalten oder Konstanz wandten sich auch die Bewohner der drei Teilorte mit ihrer Idee an den Landestrachtenberater Jürgen Hohl, der gleichzeitig für die Vereinigung schwäbisch-alemannischer Narrenzünfte in beratender Funktion tätig ist. Er sprach sich gegen den Räuberhauptmann aus, da nach seiner Ansicht ein Krimineller kein gutes Vorbild für ein Narrenhäs abgebe. Ein solches benötige zudem nicht zwingend einen historischen Hintergrund. Hohl empfahl dem neu gegründeten Verein, ein typisches Fleckengewand anzufertigen und zwar in den Farben des Dorfwappens: gelb und blau. Als Gesichtsbedeckung schlug er eine lächelnde Holzmaske vor.

Die Empfehlung des Fachmanns, vom »Schleifer-Toni« Abstand zu nehmen, wurde »schweren Herzens« akzeptiert, allerdings fand Hohls Vorschlag keine Mehrheit, da man den unzähligen Fleckengewändern der schwäbisch-alemannischen Fastnacht nicht noch ein weiteres hinzufügen wollte. Die wieder aufgenommene Suche in den Annalen des Dorfes brachte kein zufrieden stellendes Ergebnis, so dass schließlich auf einen historischen Hintergrund ganz verzichtet wurde. Die Mitglieder einigten sich auf eine das Närrische verkörpernde Harlekin-Figur mit Eselsohren und einem mit kleinen Schellen besetzten zipfligen Gewand in den Ortsfarben gelb und blau. Wichtige Kriterien bei der Erfindung waren zum einen die Betonung des Freundlichen, zum anderen sollten »Maske und Häs [...] durch die Vereinsmitglieder selbst erstellt werden können, um die Kosten gering zu halten, und den Mitgliedern die Möglichkeit zu eröffnen, während der Häsherstellung Kontakte zu knüpfen.« Als Name wurde in Anlehnung an den Ausdruck »Halodrio«, »Haidrio« gewählt. Die Verwendung des Ortsnamens sollte die Verbundenheit mit der ehemals selbständigen Gemeinde dokumentieren. 1994 fand die erste »Dorffasnet« statt, deren Elemente fast ausschließlich dem ritualisierten Formenrepertoire entnommen wurden und bis heute bestehen: So stehen am »Schmotzigen« Schülerbefreiung und Narrenbaumsetzen auf dem Programm. Der Fastnachtssamstag beginnt in aller Frühe mit Wecken

Die Maskenfigur »Haidrio« des Freizeit- und Narrenvereins Haid-Bogenweiler-Siessen

und Fasnetsausrufen, anschließend kommt es zur Amtsenthebung des Ortschaftsrates, das mit einem Narrengericht endet: »Hierbei werden die kleineren und größeren Streiche [des] Ortschaftsrates im vergangenen Jahr gerügt und ein den Vergehen entsprechendes Strafmaß angesetzt.« Ein eigener Umzug existiert nicht, stattdessen besuchen die »Haidrios« in der Regel vor und während der Fastnacht zwischen sechs bis acht Narrentreffen, in deren Rahmen die Hästräger bei gegebenem Anlass auch einen Tanz aufführen. Am Wochenende nach Aschermittwoch veranstaltet der Verein ein Funkenverbrennen. Durch die Gründung einer Schalmeienkapelle erfuhr die Fastnacht der drei Teilorte auch eine akustische Bereicherung. Der Verein zählt heute über 170 Mitglieder und »ist das ganze Jahr aktiv am Dorfgeschehen beteiligt.«

Im Unterschied zu den Balinger »Loable« und der Narrenzunft Feuerbach entstand der Narrenverein Haid-Bogenweiler-Siessen und dessen Narrenfigur »Haidrio« nicht auf Initiative einer, sondern mehrerer Personen, die es sich zur Aufgabe gemacht hatten, die dörfliche Gemeinschaft in den drei Teilorten zu fördern. Als integrierendes und belebendes Element bot sich eine Dorffastnacht besonders an. Ebenso wie in Balingen bleiben die Aktivitäten der oberschwäbischen Narren nicht nur auf die »fünfte Jahreszeit« beschränkt, sondern werden fast jeden Monat angeboten[164]. Eine große Nachfrage seitens der Mitglieder besteht hier wie dort und deutet auf ein allgemeines Bedürfnis nach verbindlichen gemeinschaftlichen Foren oder – um das Motto der »Haidrios« aufzunehmen – nach »Miteinander statt Nebeneinander«. Bei der Häs-Entstehung wählte man eine eher ungewöhnliche Möglichkeit und entschied sich, beeinflusst durch den Rat eines Experten, für eine reine Phantasiefigur. Historisierende Tendenzen existieren deshalb nicht. Eine um so wichtigere Rolle spielt dafür der erfundene und viel sagende Name »Haidrio«. So soll er auf die trotz Gemeindereform noch bestehende Ortsverbundenheit der Einheimischen hinweisen. Lokales Selbstverständnis war demnach ein wichtiges Motiv, das zur Vereinsgründung führte. Einen im Vergleich zu Balingen weit geringeren Stellenwert nimmt die öffentliche Präsentation ein. Die Initiatoren in Haid legen es nicht darauf an, möglichst viele auswärtige Besucher in ihr Dorf zu locken. Ihnen geht es vielmehr darum, ein Fest für die Einheimischen zu veranstalten, das einen verstärkten Kontakt untereinander ermöglicht. Dieses Anliegen erschien den Verantwortlichen auch wichtiger als ein von Kunsthandwerkern geschaffenes ästhetisiertes »schönes« Narrenkleid: Die Hästräger fertigen den »Haidrio« im Wesentlichen in Eigenarbeit. Ein weiteres Indiz für das Bestreben, die dörfliche Identität zu stärken und weniger Zuschauer von außerhalb anzuziehen, stellt das kleine Narrengericht dar. Das Rügen des Ortschaftsrates bietet für lokalpolitisch unkundige Fremde keinerlei Reiz.

Wirkung in Balingen

VORBEMERKUNG

Herbert Schwedt hat mit seiner Studie über die Mainzer Fastnacht Maßstäbe gesetzt, die auch für diese Arbeit gelten. Als einer der Ersten widmete er sich nicht nur den aktiv am Fest beteiligten Personen, sondern auch der Frage, »was die Bürger vom [...] Fest [...] halten.«[165] Eine ethnographische Fastnachtsforschung, die die genaue Untersuchung einer Gruppe in einem Ort anstrebt, kommt nicht umhin, sich näher mit dem Rezeptionsverhalten von Bevölkerung, Lokalpresse und Geschäftswelt auseinanderzusetzen. Dies kann jedoch aus Platzgründen nur in sehr begrenztem Umfang geschehen. Auf eine gesonderte Befragung sowohl der Balinger Bevölkerung als auch der Geschäftswelt musste bis auf wenige Ausnahmen verzichtet werden. Hier sollen die Eindrücke der interviewten Hästräger, Lokalredakteure, Pfarrer und städtischen Bediensteten zumindest ein grobes Stimmungsbild vermitteln. Alle Gespräche liegen in transkribierter Form vor.

REAKTIONEN DER BEVÖLKERUNG

Kulturamtsleiter Reinhold Schäfer wertet den Besucherandrang anlässlich des Fackelumzuges als ein positives Echo der Bevölkerung:

»[...] Also ich denke, wenn man die Zuschauer vom Samstagabend als Zustimmung für diese Arbeit und für die Bemühungen der Balinger ›Loable‹ sieht, dann ist das mehr Zustimmung aus der Bevölkerung als, ich sag mal: gemischtes Gefühl oder Ablehnung.«

Balingens katholischer Pfarrer Franz Nagler ist der Ansicht, dass nach anfänglicher Skepsis die Wirklichkeit ein neues Meinungsbild geschaffen hat:

»Also, der erste gelungene Umzug oder auch der zweite hat das dann auch populär gemacht in dem Sinn ... und dass ich heute sagen würde, dass das angenommen ist. Es hat immer noch ein bisschen was Künstliches, wie ich das so empfinde, äh ... aber gut, das ist bei allem Beginn wohl ein bisschen mitgegeben.«

Auch Oberbürgermeister Edmund Merkel erreichten bislang keinerlei negative Reaktionen. Für ihn steht fest, dass die Balinger dem Ganzen sehr offen gegenüberstehen:

»Ich war zunächst skeptisch. Evangelisch. Aber wenn Sie jetzt auch am Samstag gesehen haben [Anm. d. Verf.: Tag des Fackelumzuges 2000], *wie viel Leute auf den Fackelumzug kommen, und wenn Sie auch sehen, dass bei mir nichts Negatives eingegangen ist, so an Schreiben oder irgendwas, da muss ich sagen: wohltuend aufgeschlossen.«*

Allerdings berichten nur einzelne Hästräger vom Zuspruch ihrer Mitbürger:

»Was ich schon gehört habe, äh, ähm, dass es den Leuten gefällt, dass es jetzt eine Fasnet gibt. Das habe ich schon oft gehört, dass die jetzt wirklich eine Freude haben, dass jetzt endlich mal ein Umzug da ist. Endlich mal. Und ich meine ... die Leute sagen immer: ›Ha ja, hoffentlich bleibt das!‹ Und: ›Meint ihr, ihr schafft das?‹« (Gaby Kiefer, 42 Jahre)

Allein aufgrund der ungewöhnlich hohen Zuschauerzahlen bei den bisherigen drei Umzügen auf die uneingeschränkte Zustimmung der Bevölkerung zu schließen, entpuppt sich als trügerisch[166]:

»Es gibt viele Leute, wo das nicht akzeptieren und sagen: ›Das ist alles bloß ein neuer Kommerz, das ist Nachmacherei, zu was braucht man das in Balingen?‹ Und letzten Endes kommt das ja dadurch [...]: Die, die den Verein gegründet haben, sind alle keine gebürtigen Balinger größtenteils.« (Burkhart Doll, 51 Jahre)

»Viele kommen schon ziemlich negativ auf einen zu. Wo mir da unten den Narrenbaum gesetzt haben, sind viel Ältere – vor allem Ältere – sind da gestanden: ›Ha, das sieht doch nicht aus wie ein ›Loable‹ und der blöde Hut ...‹ – einfach alle Kritik an allem. [...] Es ist schon viel negative Kritik. Und oft habe ich es auch wirklich nicht gesagt, dass ich da mitmache, muss ich ehrlich sagen. Weil du da ... ha ja ... die donnern da los. Also am Anfang haben wir schon schwer mit dem Ruf zu kämpfen gehabt. [...] Zum Beispiel jetzt unsere Nachbarn, die haben mit der Fastnacht gar nichts am Hut. Die belächeln so was. Und das muss ich nicht haben, dass ich es solchen gerade auf die Nase binde oder so gell. Also da hört man schon viel Kritik, also wo man wirklich belächelt wird oder: ›Mal schauen, wie lange es die machen‹ oder ... und dann von vorn herein kritisieren: ›Das ist alles scheiße, und das ist alles ganz falsch, in der Geschichte steht es ganz anders‹ – das sind dann lauter Gescheite, wo alles besser wissen, gell. Wobei man hier ja schon Ahnenforschung, was heißt Ahnenforschung, also eine Forschung betrieben hat, wie es zustande gekommen ist, gell.« (Julia Kaspar, 37 Jahre)

»Jetzt von den Balingern an sich, wirst du ja – teilweise mehr, teilweise weniger – beschmunzelt.« (Dirk Bruns, 30 Jahre)

Nicht von ungefähr bezeichnen die »Loable« in einem Anfang 2000 erschienenen Vereinsportrait im »WOM-Journal des Schwarzwälder Boten«[167] die »Gründung des Narrenvereins in einer evangelischen Stadt« als bisher größten Erfolg. Ihr Wunsch für die Zukunft lautet vielsagend: »eine Anerkennung als Narrenverein«. Für den 36-jährigen Lokalredakteur Michael Kaiser, ein gebürtiger Balinger, ist es eine Mischung aus höflicher Neugierde und Pflichtbewusstsein, die nicht nur Auswärtige, sondern auch relativ viel Einheimische bewegt, sich an den Straßenrand zu stellen. Mit dem Herzen seien diese aber zum überwiegenden Teil nicht bei der Sache:

»Man bespöttelt es ... nein, nicht mal bespötteln, das machen die Balinger auch nicht, sondern man ist baff, erstaunt, kann es sich eigentlich gar

nicht erklären und geht aber dann natürlich [...] höflicherweise doch mal runter, schaut mal in die Stadt, findet es nicht schlecht, geht dann nächstes Jahr wieder, die Kinder schiebt man auch gerne vor, also ich zum Beispiel. Da kann man die Neugier paaren mit Pflichtbewusstsein, und die Kleinen wollen ja. Aber man merkt ja, es ist keine großartige Stimmung da. Das Herz schlägt nicht für die ›Loable‹. Eher ist man fast ein bisschen verschämt, und man selber würde ja nie da durch die Stadt laufen und rum schreien gell. Ein Balinger schreit normalerweise nicht rum. Dieses Laute fehlt einfach [...]. Also eher zurückhaltend. Wie gesagt: Man ist nicht dagegen, man lehnt es nicht ab, aber es wird sicherlich nie so sein, dass die ›Loable‹ hier eine feste große Kraft werden, da müsste also unheimlich viel passieren. Weil bis jetzt, da ist es ja so, dass die da durch die Straßen springen und alles, aber ich sage mal von Organisation und Struktur und Background, dass man da die Leute ... [...] ... ich denke, das ist unmöglich.«

Sabine Müller empfindet es als »schlimm«, viele Balinger überhaupt überzeugen zu müssen. Ihrer Ansicht nach ist Fastnacht eine Tradition, die keine Grenzen kennen darf. In den Stadtteilen und den umliegenden Gemeinden werde das Fest gefeiert, warum also in der Kernstadt nicht. Sie beklagt, dass sich eine ganze Reihe ihrer Mitbürger dem Anliegen des jungen Vereins konsequent verweigerten, ihm keine Chance zubilligten und es auch gar nicht erst zu einem Dialog kommen ließen. Die Vorsitzende selbst sah sich sogar regelrechten Anfeindungen ausgesetzt. So wurde sie einmal an der Fastnacht während einer Saalveranstaltung in einem Stadtteil von einem alkoholisierten Mann angegangen, der versuchte, mit einem Feuerzeug ihr Häs anzuzünden. Nachdem er sich vergewissert hatte, die Initiatorin der »Loable« vor sich zu haben, beschimpfte er sie mit den Worten: »Was willst du eigentlich? Du hast auf der Fasnet nichts verloren, du bist eine Lutherische!« Ähnliches hätten auch andere Mitglieder erlebt, die sich auf Fastnachtsveranstaltungen in der Umgebung sehen ließen: »Viele von uns sind schon am Kragen gepackt worden und mit den Worten: ›Was wollt denn ihr Lutherischen?‹

Richtung Ausgang befördert worden.« Es fällt auf, dass gerade in diesem Zusammenhang Konfessionszugehörigkeit plötzlich wieder eine Rolle zu spielen scheint. Einwohner katholischer Ortschaften reklamieren die schwäbisch-alemannische Fastnacht als »ihr« Fest, was ja zumindest insoweit stimmt, als dass nach der Reformation in evangelischen Gegenden keine Fastnacht mehr gefeiert wurde[168]. Dass nun die »Lutherischen« auf den Geschmack gekommen sind, wird von einzelnen katholischen Narren offenbar als Angriff auf ureigenes Terrain empfunden und mit Häme oder sogar Aggression bedacht.

Auch alt eingesessene Bewohner stellen die neu eingeführte Fastnacht auf das Schärfste in Frage. Ein 80-jähriger gebürtiger Balinger etwa macht keinen Hehl aus seiner entschiedenen Ablehnung:

»Das Ganze ist ein Krampf. Wir sind evangelisch und haben mit der Fastnacht nichts am Hut. Es wirkt alles furchtbar gekünstelt und hat weder Hintergrund noch Tradition. Da können Sie die ganzen alten Balinger fragen, die sind alle der gleichen Ansicht wie ich.«

Jüngere Generationen dagegen scheinen weniger Berührungsängste zu kennen. Beim Rathaussturm wird der Narrenverein von Kindern des katholischen Kindergartens Sankt Franziskus begleitet. Die örtliche Realschule kooperiert seit 2000 ebenfalls mit der neu gegründeten Fastnachtsgruppe. So unterstützten rund 80 Schüler zusammen mit ihren Lehrern die »Loable« beim Aufstellen des Narrenbaums.

REAKTIONEN BENACHBARTER NARRENZÜNFTE

Die Narrenzünfte in den umliegenden Orten reagierten unterschiedlich auf den neu gegründeten Narrenverein. So wurden die »Loable« beispielsweise zu einem Umzug in die (katholische) Nachbarstadt Geislingen eingeladen. Die dortige Narrenzunft mit ihrer Figur des »Pelzrutschers«, einem Schlossgeist nachempfunden, besteht seit 1962. Es handelt sich somit um keine besonders alte Zunft. Dennoch ließen die Geislinger, laut Sabine Müller, ihre evangelischen Nachbarn aus der

Kreisstadt durchaus spüren, dass sie dem jungen Verein nicht viel zutrauten: »Die haben uns fast ein bisschen wie Schulkinder behandelt. Sie haben alles erläutert und erklärt, als ob wir zum ersten Mal bei einem Umzug dabei wären.« Etwas anders reagierte die Narrenzunft Erlaheim. Diese hatte anlässlich des von ihr ausgerichteten Treffens des Narrenfreundschaftsrings Zollernalb eigenmächtig die Balinger »Loable« als Gäste eingeladen. Der Präsident dieses Ringes, selbst Vorsitzender einer nicht sonderlich alten Zunft, opponierte allerdings mit derartigem Nachdruck, dass die Erlaheimer ihre Gastzunft wieder ausladen mussten. Entsprechend verbittert fallen die Statements der Balinger aus:

»Das Neue, diese neuen Ideen von jungen Menschen, wird da, meine ich, immer ein bisschen nach hinten ... erstens belächelt. Wird es auch sowieso. In den ganzen Zünften drum rum boykottiert oder ein bisschen abgeblockt. Das wird belächelt, und man wird nicht für voll genommen. Und das finde ich schade. Weil diese Menschen bringen ja auch ... das sind die Narren von morgen. Weil wenn die Alten nicht mehr da sind, wer soll es dann machen, wenn es keine Jungen gibt?« (Michael Müller, 39 Jahre)

»Neue Fastnachtsvereine haben es schwer. Ich mein, wir sind unabhängig. Wir sind ja nicht im Ring, oder könnten wahrscheinlich auch nicht in den Ring und, äh ... wenn wir schon 100 Jahre bestehen würden, dann wären wir schon lange im Ring.« (Hilde Baum, 37 Jahre)

»Es wird uns durch die größeren Narrenzünfte ringsum ... wird es uns ja schon schwer gemacht. Erstens: man wird mit kritischen Augen angeschaut, wie wir uns als Neulinge jeweils verhalten. Aus dem Grund: wir sehen zwar aus wie Hexen, sind es aber nicht.« (Kurt Kraft, 43 Jahre)

»Und die Erfahrung haben wir eigentlich schon gemacht, dass es geheißen hat: ›Nee, ihr dürft da auf keinen Fall laufen, ihr seid noch nicht zehn Jahre alt‹ oder: ›Ihr seid in keinem Ring oder in keinem ...‹ – finde ich ein bisschen hart.« (Sabine Müller, 35 Jahre)

Hier zeigt sich die streng hierarchische Struktur innerhalb der heutigen schwäbisch-alemannischen Fastnachtslandschaft. Ausschlaggebendes und diskussionswürdiges Kriterium für Einstufung und Aufnahme in Zusammenschlüsse ist meist das Alter einer Gruppierung[169]. In Zeiten einer fastnächtlichen Hochkonjunktur ist dies am ehesten noch damit zu begründen, dass die vielen jungen Zünfte erst einmal beweisen müssen, ob sie in der Lage sind, über mehrere Jahre hinweg eine intakte Vereinsbasis zu erhalten. Oft können die Vereinigungen und Ringe auch gar nicht anders, als vor der immer weiter steigenden Zahl neu gegründeter Fastnachtsgruppen, die sich alle möglichst häufig der Öffentlichkeit präsentieren wollen, zu kapitulieren. Aus den Aussagen der »Loable«-Mitglieder jedenfalls ist heraus zu hören, dass sie gerne Mitglied in einem Ring wären und mit ihrem Dasein als freie Zunft hadern. Die Balinger Narren könnten theoretisch eine gleichgültige Haltung gegenüber diesen Organisationen einnehmen, was sie aber nicht tun. Trotz aller Kritik werden die hierarchischen Strukturen akzeptiert. Es handelt sich also keineswegs um eine Gruppe, die frei und unabhängig ihre Fastnacht feiern will[170]. Sie fühlt sich der schwäbisch-alemannischen Fastnachtslandschaft zugehörig, möchte in diesem Rahmen akzeptiert und eines Tages in einen Zusammenschluss aufgenommen werden. Die Aussicht, an größeren, prestigeträchtigeren Narrentreffen teilnehmen zu dürfen, vielleicht auch einmal im Fernsehen zu erscheinen, bildet hier wohl die größte Motivation.

REAKTIONEN DER LOKALPRESSE

In Balingen erscheinen zwei Tageszeitungen: der »Zollern-Alb-Kurier«, lange Jahre Monopolist und bis heute auflagenstärkstes Blatt im Kreis, und der »Schwarzwälder Bote« mit deutlich weniger Abonnenten. Zur Fastnacht 1997, als ein Häuflein »Loable« zum ersten Mal das Rathaus stürmte und das Gespräch mit dem Oberbürgermeister suchte, veröffentlichten beide Zeitungen große bebilderte Artikel. Im »Schwarzwälder Bote« fand sich zusätzlich ein launig-humorvoller Kommentar, in dem Redakteur Michael Kaiser die Bemühungen erstaunt zur Kenntnis nahm. Der Schreiber des »Zollern-Alb-Kuriers« beschränkte sich darauf, Fakten zu vermitteln. Anfang April des gleichen Jahres vermeldeten beide Zeitungen, dass der Narrenverein mit den Vorbereitungen zur Fastnacht 1998 begonnen habe und noch Mitglieder suche. Der »Zollern-Alb-Kurier« hielt im August die Modellierung der ersten »Loable«-Masken im Bild fest. Die Präsentation des fertigen Häs im Schaufenster des größten Kaufhauses der Innenstadt Ende November bot wieder für beide Blätter Anlass zur Berichterstattung. Während der »Zollern-Alb-Kurier« aber nur ein Bild und wenige Zeilen abdruckte, ließ es sich Michael Kaiser vom »Schwarzwälder Boten« nicht nehmen, die Fastnacht der Kreisstadt einer ausführlichen Betrachtung zu unterziehen:

»Ob die bislang als weißer Fleck auf der Karte der Narrenzünfte geltende große Kreisstadt etwas völlig Neues erlebt, ist selbst dem Stadtarchivar nicht ganz klar. Dr. Hans Schimpf-Reinhardt kann Bilder einer Fasnetsgruppe aus dem Jahr 1949 vorweisen. Zudem wurde ein Narrenblättle herausgegeben und die von den Vereinen getragenen Prunksitzungen erfreuten sich bis gegen Ende der 60er-Jahre großer Beliebtheit. Umzüge sind nicht belegt, dürften deshalb allerdings nicht ausgeschlossen werden. Fest steht lediglich, daß Balingen keine historisch gewachsene Fasnet kennt. Ganz im Gegenteil köchelten die zugeknöpften Kreisstädter das Thema Fasnet über Jahrzehnte hinweg auf Sparflamme – der TSG-Fasching in der Eberthalle stillte die kindlichen Bedürfnisse und damit hatte es sich. Daneben stand es jedermann frei, sich in den Nachbarstädten als Zuschauer zu betätigen. Diese bedächtigen Zeiten im Umgang mit der Straßenfasnet gehören der Vergangenheit an. [Sabine Müller] ist es tatsächlich gelungen, 32 Aktive um sich zu scharen [...]. Und, wird gewissermaßen als Vereinslegitimation versichert, gut drei Viertel der Mitglieder sind in Balingen geboren. Bis auf die Vorsitzende [...]. Der ist förmlich anzusehen, daß närrisches Blut in ihren Adern fließt. Saulgau, gibt sie lachend zu. Fasnet von Kindesbeinen an. Und diese haben sich abgestrampelt für eine Wendemarke in

der Balinger Stadtgeschichte [...].« (Schwarzwälder Bote vom 18. November 1997)

Es war seitens des »Schwarzwälder Boten« immer Michael Kaiser, der sich dem Thema widmete. Beim »Zollern-Alb-Kurier« hingegen wechselten die Berichterstatter. Bereits Ende Januar 1998 erinnerte wiederum der »Schwarzwälder Bote« in Aufmachermanier an die bevorstehende erste Balinger Fastnacht. Der »Zollern-Alb-Kurier« beließ es bei einem Bild sowie deutlich weniger Text unter der wenig attraktiven Rubrik »Aus dem Vereinsleben«. Die Vorberichte beider Blätter zum ersten Umzug durch die Innenstadt waren zwar, was den Umfang anbelangte, etwa gleich groß, im Inhaltlichen dafür um so unterschiedlicher, wie Auszüge belegen:

»Bei der diesjährigen Fasnet stellt sich der neu gegründete Balinger Narrenverein vor. Die Fasnet findet jetzt auch mit vielen Aktivitäten vor Ort statt. Los geht's mit einem Fackelumzug am Samstag.« (Zollern-Alb-Kurier vom 13. Februar 1998)

»Der Countdown läuft. Unaufhaltbar. Keine 48 Stunden mehr, und der über Jahrhunderte hinweg äußerst erfolgreich praktizierte Widerstand gegenüber allem Närrischen wird endgültig gebrochen werden. Im Sturmlauf. Zwölf Gruppen sorgen für diesen, für den ersten Umzug in der Stadt.« (Schwarzwälder Bote vom 13. Februar 1998)

Dem nachrichtlichen und eher gleichgültigen Ton des »Zollern-Alb-Kuriers« stand ein ins Dramatische zielender Duktus der Konkurrenz gegenüber. Die beiden Zeitungen spiegelten die vermeintliche Stimmung der Bevölkerung wieder: Die Mehrzahl der Balinger schien dem Unternehmen eher skeptisch gegenüberzustehen, während sich ein kleiner Teil für die Innovation ernsthaft interessierte. Mit sechs Umzugsbildern wartete der »Schwarzwälder Bote« auf, der »Zollern-Alb-Kurier« lediglich mit einem. Im dazugehörenden Artikel zeigte sich dessen Schreiber dann auch reichlich überrascht über die riesigen Menschenmassen, die die Straßenränder säumten:

»Ganz offensichtlich haben die Balinger ›Loable‹ mit ihrem Angebot einen Nerv getroffen. Eine Präsentation, die in Balingen offensichtlich Nachfrage hat und wohl schon lange vermißt wurde.« (Zollern-Alb-Kurier vom 16. Februar 1998)

Auch zwei Tage später bei der Ankündigung von Rathaussturm und Narrenbaumsetzen zeigte sich einmal mehr die unterschiedliche Gewichtung beider Blätter: Den wenigen Zeilen des »Zollern-Alb-Kuriers« stand nicht nur ein längerer Text, sondern auch ein großformatiges Bild, das die von Hästrägern voll besetzte Turn- und Festhalle zeigte, des »Schwarzwälder Boten« gegenüber. Analog dazu die Berichte über das Setzen des ersten Narrenbaums. Lediglich der Rathaussturm 1998 fand im »Schwarzwälder Boten« keinen Niederschlag, hier erschien im »Zollern-Alb-Kurier« ein etwas längerer Text mit Bild. Der Fastnachtsabschluss schließlich, das Versteigern des Narrenbaums, wurde von beiden Blättern in gleichem Umfang gewürdigt. Resümierend kann festgehalten werden, dass der »Schwarzwälder Bote« die Narren in deren Gründungsphase 1997 und ihrer ersten Saison 1998 nach Kräften unterstützte – allein vier Mal druckte diese Zeitung die Adresse Sabine Müllers ab – während der »Zollern-Alb-Kurier« zu keinem Zeitpunkt größere Anstrengungen unternahm. Nachdem sich dies nach Ansicht der »Loable« auch 1999 nicht wesentlich änderte, beschloss der Narrenverein, wie bereits erwähnt, selbst für eine breitere Berichterstattung im auflagenstärkeren »Zollern-Alb-Kurier« zu sorgen, indem die Vorsitzende Sabine Müller bei der dortigen Anzeigenabteilung ein so genanntes »Kollektiv« anregte, das vor dem Fackelumzug 2000 erschien und über einen Umfang von eineinhalb Seiten verfügte. Dieses Ungleichgewicht wurde auch in den Gesprächen mit Lokalredakteuren beider Zeitungen thematisiert. Die Ergebnisse dieser Interviews sollen nun im Folgenden zusammengefasst dargestellt werden. Für Michael Kaiser vom »Schwarzwälder Boten« besteht kein Zweifel daran, dass es ohne eine Initiativperson von außerhalb keine Fastnacht in Balingen gegeben hätte:

»[...] Man darf es nicht ausschließen, vielleicht hätte es irgendwann einmal eine Zunft gegeben, aber vermutlich wäre es doch eher so gewesen, dass Balingen-Kernstadt niemals ... niemals eine Narrenzunft sich dort begründet. Es war einfach ... ja: Herkunft. Aus dem Oberschwäbischen. Aus einem von Fasnet stark geprägten Raum. Ja ... kommt hierher und möchte Fasnet machen. Und dann natürlich viel über Freundeskreis. Also ein Balinger, ein richtiger Balinger wäre vermutlich nie auf die Idee gekommen, eine Narrenzunft zu gründen [...].«

Der 36-Jährige wundert sich nicht darüber, dass die neu gegründeten Narrenvereine in den Balinger Stadtteilen keine Probleme haben, kontinuierlich neue Mitglieder zu rekrutieren, während dies den »Loable« in der rund 14 000 Einwohner fassenden Kernstadt um so schwerer fällt. Die Stadtteile besitzen überwiegend dörflichen Charakter und nach Ansicht des Lokalredakteurs nehmen die dortigen Vereine einen wesentlich höheren Stellenwert ein als in der Kernstadt:

»[...] Frommern gibt es schon länger [...], dann Ostdorf, [...] nach Balingen kam dann Erzingen und Engstlatt war, glaube ich, vor Erzingen ... Erzingen ist die jüngste. Und alles boomt. Bis auf Balingen. Balingen hat zwar am Anfang so viel Auftrieb gehabt, aber jetzt stagniert es ein bisschen. Und was natürlich ganz klar ist, ist Roßwangen. Roßwangen ist der einzige katholische Stadtteil, hat aber eher so eine Straßenfastnacht. Das geht unorganisiert. Die treffen sich halt, machen einen Umzug und dann in die Festhalle und so ... aber die haben kein ›Kleidle‹, keine Zunft, gar nichts. [...] Die Balinger dagegen sind immer verhalten, insgesamt eher zurückhaltender. [...] Balingen hat das ganz klassische Problem: [...] Der Musikverein macht ein Gartenfest, das Zelt ist halt ein Viertel voll, ein Drittel voll, dann nach drei Jahren endlich vielleicht einmal halb voll, in der Kernstadt mit 14 000 Einwohner! Gleiches Problem: die TSG Balingen, Fußball [...], wenn die Fußballer ein Fest machen ... meinetwegen in Frommern draußen: zweieinhalb, dreitausend Mann, Balingen: halt 500, 400 [...].

Es gibt natürlich viele Vereine und so, aber es ist natürlich ganz klar nicht so wie auf dem Dorf, ja. Je kleiner die Dörfer sind, desto stärker ist eigentlich auch der Zusammenhalt, wobei man es natürlich auch nicht verallgemeinern kann, es sind immer Unterschiede, aber wie gesagt Erzingen, ich habe es auch geschrieben in der Zeitung: von 700 Einwohner so ungefähr jetzt 200 in der Narrenzunft: jeder Dritte und das im zweiten Jahr des Bestehens, ja, ... oder ... oder halt seit zwei Jahren haben sie eine Maske, die haben sich vielleicht gegründet vor drei, vier Jahren. Und die sind ja dann alle auch wiederum in Vereinen drin. Man merkt es auch, wenn man Nachrufe schreibt, dass Leute oft in vier, fünf, sechs Vereinen sind, passiv natürlich. Wobei dann meistens dazu kommt – muss man auch sehen – dass man nach 25 Jahren keinen Beitrag mehr zahlt, kommt auf den Verein an [...]. Aber es gehört einfach dazu, wenn einer im Ort verhaftet ist, ist er in einem Verein. Ich denk auch einfach, dass die so ... ja, diese Einheit Dorf, die funktioniert immer noch, trotz Neubaugebiet, trotz Ränder, trotz allem. Denn wenn man einmal drin ist in dieser Dorfgemeinschaft, dann ist man eher begeisterungsfähig für die Fastnacht [...]. Die Vereinsgemeinschaft ist halt ausgeprägter. Man hält zusammen, man kennt sich eher, ist auch eher bereit [...].

Und man hat halt in Balingen nicht wie in Schömberg diese Polonaise, wo alle von Klein auf dabei sind, wo dann die 20er die Fasnet ausrichten, wo man von Kindesbeinen auf Umzügen rum fährt, also mit der Fasnet lebt und Urlaub schon ein halbes Jahr vorher nimmt und in Narrenblättle rum macht und so was. Das fehlt, dieses Ganze ... ich mein, das kann man jetzt überall anbringen, auch in Erzingen und Roßwangen und so, aber der Rahmen ist halt ein ganz anderer. Da ist die Halle gleich voll, weil der Musikverein – das muss man auch sehen, der Musikverein und der Sportverein, das sind die treibenden Kräfte, wenn die da zusammen ... dann kommt halt jeder. Die haben da das Sagen. Das sind die treibenden Kräfte im Dorf. [...] Aber so als Balinger ist es einfach so ... das mag sein, das kommt, aber das dauert dann sehr, sehr lange. Und dann ist einfach die grundsätzliche Einstellung ... ist nicht da. Es ist eine evangelische Stadt, war Beamtenstadt schon immer.«

Dass jedoch die Lokalzeitung eine derart ungewöhnliche Innovation im Ort entsprechend würdigen muss, hält Michael Kaiser für selbstverständlich. Er begründet die umfängliche Berichterstattung des »Schwarzwälder Boten« zum einen mit seinem persönlichen Interesse an dieser Neuerung, zum anderen mit den unerwartet hohen Zuschauerzahlen:

»Die Berichterstattung ist natürlich auch persönlich gefärbt, ganz klar. Weil ich auch gedacht habe, das darf nicht wahr sein. Balingen – immer eine ›weiße Weste‹ gehabt, nie etwas damit zu tun gehabt. [...] Und auf einmal haben wir die Fasnet hier auch! [...] Das halt jetzt wirklich hier Narrenbäume aufgestellt werden, in einer Stadt, in der es das nie gegeben hat, ja. Also vollkommen verkehrte Welt. Also künstlicher geht es gar nicht mehr. [...] Und dann war doch klar - die Vermutung oder die Spürnase oder was weiß ich: O je, da kann was draus entstehen, also das wird auf jeden Fall was werden. Ich mein, das merkt man auch, wenn man mit den Leuten dann redet, die wollten ... der Zug war da. Das sind nicht irgendwelche Typen gewesen, die da geschwind durch die Stadt springen, sondern es war ganz klar: Die wollen das durchziehen, die springen da in einer Stadt herum, in der sie niemand haben will. Da gehört auch Mut dazu, unheimlich viel Mut, gell. [...]

Und tatsächlich: ein Jahr später haben die den Umzug dann gehabt. Das hat niemand geglaubt. Und dann ein gewaltiger Erfolg. Man muss mal sehen: aus dem Stand heraus, aus dem Nichts, [...] das muss man immer sehen. [...] Und es waren auch gleich beim ersten Umzug [...] auf jeden Fall wahnsinnig viel Leute in dieser Stadt. Und dann war dann halt das Zusammenspiel auch: Friedrichstraße, Nachtbeleuchtung, Samstagabend - sehr familienfreundlich, muss man einfach sehen. [...] Es ist was völlig Neues in dieser Stadt gewesen. Und die Berichterstattung – ganz klar: [...] wenig Leute ein Bild, viele Leute viele Bilder. Abhängig von der Resonanz eindeutig. [...] Man war darauf vorbereitet, es könnte ja was werden, das war die Konkurrenz eben nicht.«

Persönlich kann der gebürtige Balinger den Bemühungen der »Loable« nichts abgewinnen:

»Also ich finde es, wenn ich es ganz offen sage, eigentlich furchtbar. Das verletzt sicherlich die ›Loable‹, also ich selber ganz persönlich finde es furchtbar, eigentlich fast schon schlimm, weil da verkuddelt und gemogelt wird.«

Für ihn bedeutet Fastnacht ein Aufbegehren gegen die Obrigkeit, gegen bestehende Ordnungen und muss vor dem religiösen Hintergrund gesehen werden, der für die Evangelischen so nicht besteht. Dem Redakteur widerstrebt es zudem, an diesen bestimmten drei oder vier Tagen im Jahr besonders fröhlich zu sein und zu feiern. Er vermisst in der neuen Balinger Fastnacht Eleganz, Witz und Satire. Michael Kaiser plädiert dafür, sich als Balinger mit der Tatsache abzufinden, dass es nie eine Fastnacht schwäbisch-alemannischer Prägung gab:

»[...] Es hat keine Wurzeln in Balingen. Das gibt es da nicht, und ich fände es viel besser, wenn man da ganz klar trennt [...]. Dieses Schömberg hat die Fasnet, die sollen sie haben. Die Balinger haben keine Fasnet. Und wenn die Volkstanzgruppe Frommern hier eine Unterabteilung Balinger Trachtengruppe gründet, da können die das belegen und können sagen, hier haben wir sogar farbige Bilder: In dieser Tracht sind die Balinger über viele Jahrhunderte hinweg rum gelaufen. Ganz klar. Wenn die dann noch die Bürgergarde nachgründen, dann hat das zwar von der Chronologie her keine Tradition, aber zumindest die Wurzeln, die Ansätze sind vorhanden. Diese Menschen hat es hier gegeben. Und dann kann man von mir aus nicht gerade Ritterfestspiele machen, aber man kann einmal eine Belagerung nachstellen. Man kann die Brände Balingens – fünf Brände! Rekord in Württemberg! – dann kann man mal eine alte Feuerwehrabteilung ... und kann zum Gedenken mal ein Spritzerfestival machen mit historischem Markt und, und, und ... kann die Tragödie nachspielen, würde ich jetzt ... hätte ich jetzt so nichts dagegen. Ist authentisch. Kann man machen, wenn man unbedingt will, wobei man das mit der Fasnet grundsätzlich in Frage stellen könnte, [...] denn die Chronologie fehlt, der Bruch, man gräbt halt irgendwas aus. Also ich hätte das Ganze gelassen. Das ist

auch ein bisschen Balinger Mentalität: das Ganze lassen, nach dem Sinn fragen, warum? Warum?«

Ein besonders drastisches Beispiel, das die neue Balinger Fastnacht seiner Meinung nach als reine Kopfgeburt ohne historischen Bezug zur Eyachstadt ausweist, nennt der Redakteur unter Berufung auf einen ihm bekannten Informanten am Schluss des Gesprächs:

»[...] Warum die Farben Lila und Schwarz? Da gibt es auch angeblich eine Version von der Vorsitzenden, die das deutet und dann gibt es eine andere Geschichte, die besagt, es waren die Lieblingsfarben der Tochter ... ich meine, das schließt irgendwo den Kreis. Man braucht halt Farben und dann ein Geschichtle [...]. Diese Farben haben hier nichts ... die gibt es nicht. [...] Balingen hat halt Schwarz und Weiß, württembergisch, der Hirsch im Wappen, in der Richtung: die Balinger Hirsche, oder wenn man da irgendwas gemacht hätte, gut, aber jetzt sind es halt die ›Loable‹ [...]. Und so installiert – betont: installiert – man Fasnet [...].«

Kaisers Kollege, der 34-jährige Redakteur Daniel Seeburger vom »Zollern-Alb-Kurier« stammt aus einer katholischen Gemeinde, die zwischen Balingen und Schömberg liegt. Er ist mit schwäbisch-alemannischer Fastnacht groß geworden. Seeburger vermutet, dass es den Mitgliedern neu gegründeter Narrenvereine an identitätsstiftenden Symbolen mangelt:

»Also ich denke, [...] dass die Leute [...], dass es denen vielleicht ein bisschen an der Identität fehlt, dass die eine gewisse Identität brauchen, die sie mit ihrer Heimat verbindet. Dass sie etwas brauchen, an dem sie sich festkrallen können. Und wenn es das nicht mehr gibt, das hat es früher nicht gegeben. Glaube zum Beispiel, Kirche, dass man feste Regeln hatte, wo heute relativ unwichtig sind, beziehungsweise von anderen Regeln, die man sich vielleicht selber setzt, verdrängt werden. Und ich glaube, dass ist ein Grund dafür, warum die jetzt versuchen, Fasnet zu feiern oder eine Fasnet aufzuziehen.

Gestern Abend war ich in Balingen-Engstlatt bei den ›Sandsäcken‹, da ist mir das ganz deutlich aufgefallen. Ich mach das jetzt schon seit drei, vier Jahren, dass ich bei deren Rathaussturm dabei bin, und es kommt eigentlich immer etwas Neues dazu. Am Anfang sind sie ohne Musik gekommen, beim zweiten Mal war schon eine Lumpenkapelle vom Musikverein dabei. Beim dritten Mal haben sie als Zeichen ihrer Macht einen Sandsack zum Rathaus rausgehängt, gestern haben sie einen Narrenmarsch präsentiert – also es kommt immer ein bisschen mehr dazu. Das ist vielleicht auch ein Versuch, so eine Art Heimeligkeit zu schaffen.

Weil wenn man das mit der historischen Fasnet vergleicht, früher ist man eigentlich nicht hergegangen und hat gesagt: So, jetzt feiern wir Fasnet und das Erste, was wir machen, ist, wir gründen eine Zunft, sondern das Zunftwesen, das es heute gibt, hat sich deshalb entwickelt, da die ganzen alten Handwerkerzünfte, je nachdem – jedes Jahr eine andere – die Fasnet organisiert haben. So war es zum Beispiel auch in Schömberg, wo früher die ganze Fasnet von den verschiedenen Handwerkerzünften organisiert wurde. Und erst als man sah, es nimmt überhand oder man braucht eine gewisse Ordnungsinstanz, sind dann die Zünfte gegründet worden, die dann versucht haben, Ordnung zu schaffen. Also nicht erst die Zunft und dann die Fasnet – so läuft es ja heute. Man gründet eine Narrenzunft und versucht, dann irgendwas daraus zu machen. Und auch die ganzen Figuren, also ›Sandsäcke‹ in Engstlatt – das ist halt der Ortsnecknamen, oder Balinger ›Loable‹. Also ich glaube früher, vor hundert Jahren ist niemand auf die Idee gekommen und hat nach einem Ortsnecknamen ... man ist nicht so besonders stolz darauf gewesen.«

Daniel Seeburger sieht die hauptsächliche Schwierigkeit des Balinger Narrenvereins darin, dass den Eyachstädtern der Bezug und vor allem das Gefühl für die schwäbisch-alemannische Fastnacht fehlt[171]. Dieses besondere emotionale Moment, versucht er anhand eines Beispiels aus dem Schlichemtal, das Orte mit relativ langer Fastnachtstradition wie Schömberg, Dotternhausen oder Dormettingen verbindet, zu verdeutlichen:

»Ich glaube, es ist einfach das Problem, [...] dass die Leute nicht damit aufgewachsen sind. Im Schlichemtal ist die Fasnet eine ziemlich ernste

Sache, und es ist auch für Leute, die von außen kommen, nicht ganz einfach, rein zu kommen. Nicht weil sie nicht aufgenommen werden würden oder schlecht gelitten wären, sondern einfach ... das sind Sachen, die begreifen andere Leute einfach nicht, was da abgeht. Und das sind so Sachen, die gibt es in neuen Narrenvereinen nicht. Beispiel: Ich bin gestern bei meiner Tante gewesen, die ist 78 Jahre alt, aus Dotternhausen, die hat auch gesagt – und zwar schon mit Wohlwollen: ›Ich habe früher in Balingen gearbeitet‹, hat sie gesagt, ›und wenn du da nur ein Narrenhütchen aufgezogen hättest am Schmotzigen, dann hätten sie dich wahrscheinlich zu der Fabrik hinaus gejagt. Und wenn du dann mit dem Zug heim gefahren bist, am Abend vom Schmotzigen, und deine ganzen Freundinnen sind schon dagestanden und haben schon den ganzen Tag genarrt – dann kommst du heim!‹ Es ist einfach das: Du kommst heim. Und in Balingen, selbst wenn du heute im Narrenverein bist – du kommst halt nicht heim. Du machst vielleicht mit, aber du kommst nicht heim.«

Was die vergleichsweise bescheidene Berichterstattung im »Zollern-Alb-Kurier« über die Balinger »Loable« betrifft, verweist der Lokalredakteur auf die vielen anderen jungen und alten Narrenvereine im Verbreitungsgebiet des Blattes, die auch berücksichtigt werden wollen:

»Also ich würde nicht sagen, dass bei uns weniger berichtet wird. Ich würde sagen, dass in der anderen Zeitung mehr berichtet wird. Und wir haben das Phänomen, dass es die neuen Narrenvereine oder Narrenzünfte nicht nur in Balingen gibt [...]. Wir versuchen, dass wir alle gleichberechtigt behandeln [...]. Was wir natürlich auch immer noch beachten müssen: Wir haben auch Gemeinden, da hat Fasnet eine lange Tradition ... Schömberg, Geislingen, Dotternhausen, Obernheim ... ganz wichtig: Stetten am kalten Markt. Und da muss man sich dann wirklich überlegen, ob man jetzt da plötzlich eine neu gegründete Narrenzunft, die noch nicht einmal drei Jahre alt ist, [...] mit einer drei Viertel Seite vom Umzug würdigen soll. Da stand nämlich kurz danach eine Narrenzunft auf der Matte, wo sich halt benachteiligt fühlte. Die sind gekommen und haben

gesagt: Wir sind schon 40 Jahre alt und dann kommen die und so viel haben wir nie bekommen, wie die bekommen haben und bei uns ist das eine Tradition. Also es gibt schon Tendenzen, dass auch aus altgedienten, aus traditionsreichen Narrenzünften Leute kommen und sagen: ›Wieso macht ihr eigentlich diesen Scheiß, so viel habt ihr über uns nie berichtet‹. Also sagen wir so: Wir versuchen, dass wir nicht weniger als von anderen, aber auch nicht, dass wir mehr machen.«

Persönlich ist der 34-Jährige unsicher, ob er den Fastnachtsboom gutheißen oder verurteilen soll. Einerseits habe jeder das Recht, Fastnacht nach seinem Gusto zu feiern, andererseits verliere das Fest mehr und mehr – allerdings auch bei den etablierten Zünften – seine ursprüngliche Bedeutung, die im Zusammenhang mit dem Kirchenjahr gesehen werden muss:

»Also ich schwanke da immer ein bisschen. Manchmal denke ich, was soll es? Es ist wirklich keine Tradition. Auf der anderen Seite denke ich, wenn du keine Tradition hast, besteht Fasnet nur daraus, dass man Traditionen pflegt? Ich will einmal so sagen: Es hat jeder das Recht, Fasnet zu feiern. Und es hat jeder das Recht, die Fasnet in der Art und Weise zu feiern, die ihm gefällt, so lange er damit niemand anders massiv auf den Keks geht. Also in seiner Ehre verletzt zum Beispiel. Was mir eigentlich in diesen neuen Narrenvereinen ein wenig fehlt, ist, dass sie die Fasnet nicht im Gesamten sehen. Also die Fasnet geht nicht am Schmotzigen los und hört am Dienstag auf, sondern die Fasnet fängt im Januar an und nicht am 11. 11., wie es viele von den neuen Narrenvereinen auch machen – also die schwäbisch-alemannische Fastnacht, wo sie auch immer Wert darauf legen – und hört dann halt am Aschermittwoch auf. Und zwar damit, dass man halt auch das Gegenteil von Fasnet sieht: Man sollte halt am Aschermittwoch schlicht und ergreifend auch in die Kirche und sollte sein Aschenkreuz holen. [...] Das ist die Tradition, die auch die traditionsreichen Narrenzünfte immer mehr in den Hintergrund geraten lassen, dass sie das Ganze, zum Beispiel Fastenzeit, vergessen.

Ich meine, man kann Fasnet nicht ohne das sehen, wenn man es logisch betrachtet. Was auch problematisch ist bei den neuen Narrenzünften, vor allem in evangelischen Ortschaften, dass es als Fest im Kirchenjahr eine gewisse Stellung hat – das kommt natürlich in der evangelischen Kirche oder in den evangelischen Gemeinden nicht vor. Als Beispiel: In Schömberg müssen die, die in der Fasnet 20er waren, die müssen … die sind verpflichtet dazu, dass sie bei der Fronleichnams-Prozession Fahnen tragen. Das machen die auch. Und das sind Sachen, […] Fasnet ist nicht eine Sache vom 6. Januar bis zum Fasnetsdienstag, sondern etwas, wo über das ganze Jahr läuft. Und das ist in evangelischen Gemeinden einfach nicht möglich. Also das soll jetzt aber nicht heißen, dass die meiner Ansicht nach kein Recht haben, dass die ihre Fasnet feiern, natürlich sollen es die machen. Bloß, was mich immer wieder ankotzt – man sieht es in Albstadt-Lautlingen gerade ganz extrem […] – jetzt geht man hin und sagt: Man hat zwar keine Tradition und kein Brauchtum – aber jetzt! Jetzt machen wir eines […], zum ersten Mal und in zwanzig Jahren ist das Tradition. […] Auf der anderen Seite: Fasnet entwickelt sich immer weiter. Die Schömberger haben auch erst seit 100 Jahren ihre Polonaise. Heute sagt auch jeder: Es ist Tradition. Es ist auch zu einem Termin eingefügt worden, wo gesagt wurde: ›So, jetzt machen wir das.‹ Also von dem her … sie sollen es machen. Wenn sie Spaß dran haben … ich glaube, das ist das Wichtigste an der Fasnet.«

REAKTIONEN DER GESCHÄFTSWELT

Die Balinger Geschäftswelt steht dem Narrenverein wohlwollend gegenüber. In einer derart belebten Innenstadt finden auch die Auslagen des Einzelhandels erhöhte Beachtung. Wie bereits erwähnt finanzieren drei Unternehmen ein Umzugs-Plakat, außerdem stellte 1998 das größte Kaufhaus der Innenstadt ein »Loable«-Häs aus. Im folgenden Jahr war es Balingens größter Elektrofachbetrieb, der die Figur im Verkaufsraum platzierte. Wie es dazu kam und was sich die Firma davon versprach, erklärt die zuständige Verkäuferin:

»Wir haben jedes Jahr, äh, eine andere Maske da gehabt, und dann bin ich auf die Balinger zugegangen, auf Frau [Müller] – sie ist eine Kundin, und sie hat dann gesagt: Ja, sie wären bereit, das aufzustellen und dann ist das Ganze losgegangen. Für uns ist es halt gleichzeitig Reklame gewesen, weil wir ja auch Fastnachtsartikel verkauft haben. Ja, und durch das, dass die erst angefangen haben, haben die es natürlich ziemlich schwer gehabt [...]. Und dann habe ich gesagt: ›Also, wir geben euch die Chance‹, und der Chef hat auch gleich mitgemacht ...«

Die Reaktion der Kunden erstaunt. Sämtliche Miniaturmasken sowie kleine »Loable«-Puppen, die von der Bastelabteilung des Unternehmens im Auftrag des Narrenvereins angeboten wurden, waren im Nu ausverkauft. Ein Indiz dafür, dass es unter den Balingern auch Befürworter der neuen Fastnacht gibt. Allerdings existiert mittlerweile im schwäbisch-alemannischen Raum eine regelrechte Sammlerszene, die sich auf Miniaturmasken und andere närrische Utensilien spezialisiert hat. Lediglich die T-Shirts der Fastnachtsgruppe fanden wenige Abnehmer. Das Geschäft mit »Merchandising«, sprich: Fan-Artikeln, bekannt vor allem aus dem Sport-, Film- und Musikgeschäft, macht auch vor der schwäbisch-alemannischen Fastnacht nicht Halt. Ob Krawattennadel, Flaschenöffner oder Schlüsselanhänger – eine Zunft aus Oberschwaben bietet sogar Armbanduhren mit dem Zunft-Emblem an – Mitglieder und Sympathisanten können ihre fastnächtliche Gesinnung sichtbar zur Schau tragen. Sie sind durch diese kleinen Dinge in der Lage, ihre Gruppenzugehörigkeit zu demonstrieren, was gerade in der heutigen Zeit, die von Individualisierung geprägt wird, immer wichtiger zu werden scheint. Die Präsentation des »Loable«-Häs im Elektrofachgeschäft unterstreicht das Bemühen des Vereins, für sich und seine Veranstaltungen zu werben.

Ein anderer Bestandteil der Balinger Geschäftswelt profitiert in höchstem Maße von dem Fackelumzug: die Gastronomie. Als Sabine Müller vor dem ersten Umzug mit ihren Plakaten durch die Geschäfte und Gaststätten zog, verkündete der italienische Inhaber einer Pizzeria: Wenn vermummte Narren in der Stadt unterwegs seien, müsse er sein Lokal leider schließen. Am Abend des Umzugs fand die Balinger »Narrenmutter« das Restaurant hell erleuchtet und bis zum letzten Platz gefüllt. Die rund 5000 Besucher, die sich anlässlich des Spektakels in die Innenstadt aufmachten, sorgten bis zur Sperrstunde für eine volle Auslastung aller gastronomischen Betriebe, also auch für einen dementsprechend hohen Umsatz. Ein Steak-House nahm den Erfolg des Narrenvereins sogar zum Anlass, beim zweiten Umzug 1999 die Geschichte der Balinger »Loable« auf eigens angefertigten Speisekarten abzudrucken.

Reaktionen der Pfarrer

Der katholische Pfarrer war erstaunt und gespannt zugleich, als er von der Gründung des Narrenvereins erfuhr. Franz Nagler empfindet jedoch bis heute die Einführung einer Fastnacht schwäbisch-alemannischer Prägung als starken Verfremdungseffekt, da es in Balingen nie Ansätze gegeben habe, diese Art Fastnacht zu feiern:

»Man hat im Gegenteil immer gelächelt. Und wenn an Fasching mal so eine Kapelle durchgezogen ist ... so eine Musikkapelle aus dem Nachbardorf, da war niemand auf der Straße. Die sind halt durchgezogen und (lacht) *haben geschaut: ›Was ist da los?‹ Aber es hat keine, gar keine Tradition. Dann war es für mich schon erstaunlich: Erstens, dass überhaupt so etwas gegründet wird, wobei die Leute aber ja teilweise von auswärts sind oder von auswärts diese Impulse bekommen haben, aber immerhin – es ist ihnen gelungen, an Fasching selber Leute auf die Straße zu bringen [...].«*

Die Narrenmesse, so erzählt Nagler, sei auf Wunsch der »Loable«-Mitglieder durchgeführt worden. Er habe sofort zugesagt, da das Pastoralkonzept seiner Pfarrei auf den Schritten »Sehen, Urteilen, Handeln« fuße. Und das heiße automatisch: Was es gibt, gibt es und kann in

Zusammenhang mit der guten Botschaft gebracht werden, je nachdem ob in unterstützender oder korrigierender Form. Eine ähnliche Konzeption liege auch der Segnung der Masken zugrunde. Jede Segnung bedeute letztlich, eine Sache aus ihrem Kontext zu lösen und mit Gott in Verbindung zu bringen. Hier wird deutlich, wie wenig heute die Ursprünge des Fastnachtsfestes, welche ja aufs engste mit der kirchlichen Heilslehre verknüpft waren, innerhalb der Kirche selbst bekannt sind. Der katholische Geistliche würde vielleicht von der Maskensegnung Abstand nehmen, wäre ihm bewusst, wie sehr es in der Fastnacht letztlich um die ganz gezielte Inszenierung der Gottfeindlichkeit ging. Seit dem Mittelalter gehörte die Störung und Parodie religiöser Handlungen zu den Verhaltensmuster der Narren[172]. Auch wenn die damalige Kirche das Fest sozusagen inoffiziell unterstützte, um mit geistlichen Waffen dagegen anzugehen, scheute sie sich nicht, gegen allzu geschmacklose Blasphemie rigoros vorzugehen.

Die konfessionelle Mischung innerhalb der Balinger »Loable« – von den befragten Personen sind sechs evangelisch, fünf katholisch sowie zwei konfessionslos – lösten bei dem Geistlichen keinerlei Bedenken aus:

»Also das spielt auch in anderen Bereichen gar keine Rolle, also sei es bei Taufen, sei es anderswo – ob ein Paar evangelisch oder katholisch ist, das spielt alles keine Rolle mehr. Also es zählt einfach, ob einer sich ... ja, als Christ weiß oder nicht.«

Diese Aussage steht in Widerspruch zu den Reaktionen, die die »Loable« in den umliegenden Gemeinden zu spüren bekamen. Der als Schimpfwort gebrauchte Begriff »Lutherische« zeigt jedenfalls, dass die alten Gräben zwischen den beiden Konfessionen gerade im ländlichen Bereich durchaus noch vorhanden sind und bei solchen Gelegenheiten aufbrechen.

Die Frage nach der heutigen Funktion des Fastnachtsfestes, gerade auch für den gläubigen Menschen, vermag der Geistliche eigenen Angaben zufolge nicht beantworten. Klar ist für ihn lediglich, dass die vierzigtägige Fastenzeit vor Ostern heutzutage für die meisten Menschen nicht mehr als solche wahrgenommen wird:

»Ich denke früher ... die Zäsur zwischen Fastnacht ... äh, und dann die Fastenzeit, die war ja sehr klar. Und diese Zäsur ist ja im Grunde genommen weggefallen, weil ja ein Großteil die Fastenzeit nicht mehr so direkt empfindet und erst wieder Karfreitag oder Ostern als das eigentliche ... ja, von der Fastenzeit empfunden wird. Die Zäsur ist weg.«

Von den dreizehn Balinger Narren gaben mit sechs Personen fast die Hälfte an, nach der Fastnacht nicht zu fasten. Die anderen sieben begründeten den Verzicht auf Alkohol oder üppige Mahlzeiten mit dem eigenen Körpergefühl, nicht aber mit religiösen Motiven:

»Aber bloß wegen den Pfunden. Also ich mache jedes Frühjahr mal eine Fastenkur. Aber jetzt nicht nach dem religiösen Dings.« (Julia Kaspar, 37 Jahre)

»Ja klar muss ich fasten, weil ich so viel Alkohol gehabt habe. Da musst du dann sauren Sprudel trinken.« (Manfred Zussmann, 50 Jahre)

»Ja, doch ja. Vom Alkohol her schon. Also ich trinke nicht wahnsinnig an der Fasnet, ich sage ja, das kann ich auch unterm Jahr. [...] Gell, an der Fasnet ist man eh länger weg, da trinkt man schon fünf, sechs Schorle. [...] Da gehe ich auch wenig fort nach der Fasnet.« (Gaby Kiefer, 42 Jahre)

Der evangelische Pfarrer heißt Jochen Vollmer und ist 60 Jahre alt. Mit dem Fastnachtsfest im Allgemeinen und der Balinger Fastnacht im Besonderen kann er nur wenig anfangen:

»Äh, das geht an mir so gut wie vorüber. Äh, da hab' ich keinen Kontakt, das berührt mich nicht. Wenn Menschen das brauchen, dann sollen sie das kreieren. Ich habe von Haus aus ein distanziertes Verhältnis zur ›fünften Jahreszeit‹. [...] Also, ich bin nicht gegen Humor, aber dieses Erzwungene und dieses Diktierte, das ist mir schlichtweg zuwider. Also, guter Humor würde ich sagen, ist das ganze Jahr über dran und ... äh ... das ist so verzwungen [...].«

Obwohl er die Aktivitäten der »Loable« toleriert, stoßen diese bei ihm persönlich auf Unverständnis:

»[...] Also wenn etwas ... so ein Brauch ... sich etabliert hat über lange Zeit hin ... diese Tradition verfestigt ... ja gut, warum nicht? Obwohl, also auch da würde ich traditionskritisch denken, gell, es muss ja nicht mit Gewalt alles weitergeführt werden, auch wenn man keinen Sinn mehr da sieht, aber das ... das jetzt hier neu ins Leben gerufen worden ist, das kann ich nur schwer nachvollziehen.«

Auch die Gemeinde, erklärt Vollmer, reagiere nach seinen Beobachtungen sehr distanziert auf den Mummenschanz. Der Theologe führt dies teilweise auf die Haltung der evangelische Kirche zurück, die seit jeher eine kritische Haltung gegenüber dem Fastnachtsfest einnehme[173]. Andererseits registriert der evangelische Pfarrer analog zu seinem katholischen Kollegen eine zunehmende Verschmelzung der Konfessionen:

»[...] Sie [Anm. d. Verf.: die evangelische Kirche] ist der Fastnacht gegenüber nicht so aufgeschlossen. Aber das hat sich nach und nach vermischt, gell. Dass also früher die konfessionellen Grenzen wesentlich stärker waren und sich diese konfessionellen Grenzen auch im Blick auf die Offenheit oder Reserviertheit gegenüber der Fastnacht gezeigt hat, das ist wohl schon so. Aber das vermischt sich. Also ... ja ... da kann ich mich noch gut erinnern ... also das war auch eine protestantische Haltung, dass man sich nicht an der Fasnet beteiligt. Das war ein Stück Protest.«

Was die Religiosität der »Loable«-Mitglieder betrifft, so bezeichnen sich lediglich fünf Personen uneingeschränkt als gläubig. Von diesen distanzieren sich alle mehr oder weniger von kirchlichen Institutionen:

»Nicht im Sinne von der Kirche, also, dass ich wegen mir äh, äh, jeden Sonntag in die Kirche gehe ... beim besten Willen nicht [...]. Aber für mich persönlich, also ich glaube an Gott und ich tu auch ... ja, das Beten ist bei mir eher so ein Gespräch zwischen mir und Gott [...]. Das ist für mich dann die Religion, wo ich mich dran festhalten kann, wo ich weiß, hoppla, da ist noch was.« (Dirk Bruns, 30 Jahre)

»Ich glaube an Gott, ich bete jeden Abend [...], sage aber nicht, dass ich unbedingt in die Kirche muss, um christlich zu sein [...]. Ich gehe in die Kirche, ich ehre das alles, aber ich bin nicht total religiös.« (Michael Müller, 39 Jahre)

»Ich bin gläubig. Äh, ich verbinde das jetzt ... sagen wir mal nicht so religiös, dass ich jeden Sonntag in die Kirche gehe, aber gläubig bin ich schon, ja.« (Hilde Baum, 37 Jahre)

Der Terminus Säkularisierte Gesellschaft kann bezüglich der 13 »Loable«-Mitglieder zurecht verwendet werden. Fastnacht hat seine ursprüngliche Bedeutung als Schwellenfest vor der beginnenden vierzigtägigen Fastenzeit längst verloren. Keine überraschende Erkenntnis, dennoch bestand Anlass, auch in dieser Richtung nachzufragen. Nicht vergessen werden darf in diesem Zusammenhang, dass mit der Narrenmesse zumindest ein Element der neuen Balinger Fastnacht im Rahmen der Kirche verankert ist.

Reaktionen der Stadtverwaltung

Oberbürgermeister Edmund Merkel lernte in seiner bisherigen Amtszeit, die Anfang der 1990er-Jahre begann, die Balinger durchaus nicht als »Fastnachtsmuffel« kennen:

»Nun, es war schon immer interessant, dass die Balinger mit Begeisterung Fasnet außerhalb gefeiert haben.«

Das Stadtoberhaupt, bekannt für seine unterstützende Haltung gegenüber der Balinger Vereinswelt, zeigte sich von Anfang an höchst angetan von dem Vorhaben, in der Eyachstadt eine Fastnacht schwäbisch-alemannischer Prägung einzuführen:

»Ich finde das gut, was sie machen. Es entspricht offensichtlich auch einem Bedürfnis. Eine Lücke, die sie erfolgreich nach meinem Dafürhalten versuchen, zu schließen. [...] Ich bin auch unglaublich begeistert über das, mit welchem Elan sie sich nicht nur als kleine Gruppe aufgebaut, sondern

auch erweitert haben. Und mit welchem zeitlichen Engagement sie in die Sache hineingegangen sind und weiter drin sind. Sie haben bei uns jetzt hier in der Stadt auch neue Bräuche entwickelt. Wenn man das Baumaufstellen sieht, wenn man den Fackelumzug sieht. Das ist ein Stück Lebendigkeit, die sie geschafft haben. Schwierigkeiten gibt es vielleicht insoweit, als wir uns als Stadt auch umstellen mussten, und dass wir zum Beispiel – ganz praktische Schwierigkeit: Wir haben in der Turn- und Festhalle Ebertstraße zu wenig Platz. Das bedeutet, in so einem Fackelumzug, da gehen diese ganzen Hästräger dann hinterher dorthin. Der Platz reicht nicht. Die Stadthalle wiederum, das ist ein Problem, die ist zu groß und auch zu feierlich, sage ich mal, für diesen Anlass ... äh, da fehlt uns noch was. Wir sind dran. Wir unterstützen auch in so Kleinigkeiten, aber es sind Kleinigkeiten, die wichtig sind. Wir haben ja einen Wasserlauf, decken wir zu. Bei uns konnten sie dieses Mal, jetzt hier vom kleinen Sitzungssaal aus, eine Besprechung machen, der Gruppen, die vorbeimarschieren. Also wir stellen ... wir machen, ich mache auch speziell mit meiner Person eine großzügige Unterstützung nicht nur des Narrenvereins, sondern der Vereine insgesamt, weil das ehrenamtliche Arbeit ist, weil das die Lebendigkeit auch darstellt einer Stadt und Gemeinde und auch das Gemeinschaftsgefühl stärkt.«

Merkel betont, wie positiv sich der Verein seiner Ansicht nach im gesellschaftlichem Leben der Stadt bemerkbar macht, gerade auch dadurch, dass er seine Aktivitäten nicht nur auf die »tollen Tage« beschränkt:

»Der Narrenverein ist für diesen Bereich ›Närrische Zeit‹ eine wirkliche Bereicherung. Er ist über das ganze Jahr hinaus eine Bereicherung, weil der Narrenverein für die Mitglieder [...] ja ein Treffpunkt der Geselligkeit, der Begegnung ist. Das Miteinander, Zusammenhalt. Man engagiert sich ja nicht nur in der Fasnet, sondern zum Beispiel auch beim Stadtfest. [...] Sehen Sie, das heißt ein Stück Lebendigkeit, das bedeutet das. Und wenn man das nicht unterstützt, das was von eigenem Antrieb kommt, was man selber nicht forcieren muss, dann wird eine Stadt arm.

[...] Nun darf man auch keine bürokratischen Hemmnisse machen. Keine Schranken oder denen sagen: ›Was? Jetzt wollt ihr schon wieder was vom Bauhof?‹, sondern sagen: ›Mensch toll. Ihr setzt eure Energie ein, und ich gebe euch was.‹ Die Stadtwerke sind eingeschaltet. Wir müssen absperren, also es ist relativ viel, wo da läuft, und da kommen wir entgegen ... also da akzeptieren wir auch, dass ein Verein neu ist. Da kommen wir deutlich entgegen. Das wird flexibel gehandhabt. Das ist unser Vorteil.«

Kulturamtsleiter Reinhold Schäfer zeigt sich wie der Oberbürgermeister ebenfalls beeindruckt von den erfolgreichen Anstrengungen des noch jungen Vereins:

»Er musste beginnen mit einer relativ kleinen Mitgliederzahl und deshalb sind alle Aktivitäten nur auf wenige Schultern verteilt. Das hat in manchen Dingen ein Vorteil für den Verein, hat aber dort, wo, ich sage mal, Power gefragt ist, müssen natürlich solche Leute enorm zur Stange halten, ja. Aber nach meinen Einschätzungen hat sich dieser junge Verein relativ schnell in die Balinger Vereinswelt eingefunden. Sie haben bereits zum dritten Mal teilgenommen am Christkindlesmarkt – mit Erfolg! Also nicht nur, sagen wir mal, als Nischenstandbetreiber, sondern man hat sie durchaus an exponierter Stelle machen können und daran sieht man – und ich denke, sie wären nicht mehr wiedergekommen, wenn der Stand gemieden worden wäre – sondern sie haben mit Sicherheit auch entsprechende Umsätze gemacht. Sie haben mit einer ganz tollen Idee das Balinger Stadtfest im Sommer bereichert, und das ist für mich auch ein Anhaltspunkt, dass eigentlich trotz dieses jungen Vereins und damit auch noch von den aktiven Mitgliedern her noch dünnen Decke sehr viel Potential da drin steckt. Wir haben ja Vergleiche mit, sage mal, etablierten, gemachten Vereinen und da unterscheidet sich nicht mal so viel in der Präsentation, ja.«

Die Stadt, so Schäfer, habe ein großes Interesse, gerade auch diesen Verein in besonderer Weise zu fördern:

»[...] Das ist ja immer unser Ziel, das ist ein Ziel des Stadtmarketings, dass wir sagen, wir wollen ja auch, dass sich in der Innenstadt Leute auf-

halten, und der Narrenverein hat eigentlich zum dritten Mal bewiesen, dass er an diesem Samstag vor den eigentlichen Fastnachtstagen, wenn die Witterung auch einigermaßen mitmacht, doch in der Lage ist, mehr als eine Hand voll Leute anzuziehen. [...] Es kommen zu irgendeiner Jahreszeit Leute in die Stadt, wo sonst das seither in früheren Jahren nicht der Fall war.«

Obendrein belebten die Narren nicht nur die verkehrsberuhigte Innenstadt mit ihren Veranstaltungen, durch ihre Präsenz bei vielen auswärtigen Narrentreffen werde auch indirekt für die Stadt geworben[174]:

»Ich denke, wie viele Vereine der Stadt kann und wird der Verein in bestimmten Punkten zu einem Aushängeschild der Stadt. [...] Die Stadt Balingen ist da auch immer recht froh, dass die Vereine, wenn sie ein positives Auftreten haben, außerhalb der Markungsgrenzen der Stadt, da kann auch eine Stadt stolz sein und dementsprechend ist auch unsere Vereinsförderung. [...] Wir fördern unsere Vereine auch dahingehend, weil wir sagen: Wenn dann der Verein XY, sei es sportlich oder kulturell oder in anderer Form extrem positiv auftritt, dann ist das auch gleichzeitig indirekt auch eine gute Werbung für die Stadt.«

Schäfer versuchte deshalb, den »Loable« zu helfen, wo er nur konnte:

»[...] Es war Neuland. Und ich war auch von Anfang an dabei. Man musste hier natürlich auch intern Überzeugungsarbeit leisten, weil es wirken verschiedene Leute mit innerhalb einer Stadtverwaltung. Man braucht Genehmigungen, man braucht Erlaubnisse, man möchte etwas Besonderes haben, das es seither nicht gab, und da kann man natürlich auch verschiedene Antworten erhalten, insofern war auch unsere Aufgabe hier als Kulturamt, dass wir sagen, wir unterstützen positiv dieses Vorhaben und versuchen auch, den Balinger ›Loable‹ da zu helfen, solche in Anführungszeichen etwas bürokratischen Hürden zu überspringen, nachdem dieser Verein ja von der man power her – oder Frauenpower her – doch jetzt noch nicht eine konstante Größe hat wie ein gestandener Verein, ist es auch notwendig, dass die Stadt unterstützt, auch in weiteren Bereichen, weil das ist ein großes Unternehmen so ein Umzug. [...] Wir

konnten natürlich nicht alles kostenlos anbieten, das ist auch klar. Wir haben eigentlich erstens diesen Erlaubnis- oder Genehmigungsbereich mitkoordiniert und haben auch diese technische Hilfestellung eigentlich auch unterstützt und sofern es auch notwendig war, eben auch jetzt auch in Form von finanzieller Förderung. Was einfach das Ereignis, also ereignisbezogen, also das sehen wir immer: Was ist die Gegenleistung für die Stadt? Und ein Verein hat auch dann Förderung, wenn wir sagen, das ist auch eine wertvolle Arbeit für die Stadt [...].«

Vereinsvorsitzende Sabine Müller lobt denn auch die Hilfsbereitschaft der Stadtverwaltung: »Bin eigentlich zufrieden. [...] Also nach meinen Erfahrungen, wo ich bisher machen konnte, werden die Vereine unterstützt hier. Es wird jetzt, seitdem wir die Fußgängerzone haben, wo es sich ja anbietet für Vereine engagiert zu sein, wird sehr groß unterstützt.«

Ein »Loable« in Aktion

Die Mitglieder der Balinger »Loable«

VORBEMERKUNG

In diesem Kapitel werden die 13 befragten Mitglieder der Balinger »Loable« einzeln vorgestellt. Bei den Persönlichkeitsprofilen handelt es sich lediglich um kurz gehaltene Porträts der Hästräger. Detaillierte Psychogramme, die beispielsweise auch Kindheit und Jugend der Probanden berücksichtigen, kann diese Studie allein schon aus Platzgründen nicht liefern. Jeder Vorstellung folgt zunächst eine Interpretation der Daten. Hier wird versucht, die jeweiligen Motive für die Mitgliedschaft im Narrenverein zu bestimmen. An dieser Stelle soll auch die angesprochene Kompensations-These auf ihre Gültigkeit überprüft werden.

Volkskundliche Fastnachtsforscher plädierten im Zusammenhang mit der Motiv-Frage immer wieder für die Verwendung sozialpsychologischer Methoden: »Allein mit soziologischen und volkskundlichen Fragestellungen ist [...] das Phänomen [...] nicht differenziert genug analysierbar.«[175] Bausinger konstatierte Ende der 1970er-Jahre mit Blick auf die Fastnachtsforschung, »[...] daß wir gar nicht darum herum kommen, sozialpsychologische Fragen anzugreifen [...].«[176] Er beschäftigte sich mit dem Problem, wie dilettantisch derartige Untersuchungen sein dürfen und betonte die Notwendigkeit verschiedener theoretischer Ansätze: »Unter Theorie verstehe ich dabei nicht ein globales und exklusives Interpretationssystem, sondern – im Sinne Brechts – die (verschiedenen) Pfeile, die man im Köcher haben muss, um überhaupt ein Stück Wirklichkeit zu erjagen.«[177] Mezger hielt eine fächerübergreifende Perspektive für angemessen: »Wünschenswert wäre also ein sowohl sozial- als auch individualpsychologischer Forschungsansatz, der den momentanen Stand der Fasnacht und das Selbstverständnis ihrer Teilnehmer zu deren gegenwärtigem Alltagsumfeld in Beziehung setzt.«[178] Die Schwierigkeit, sich der Frage nach den Motiven der Ausübenden adäquat zu nähern, drückt sich in der geringen Zahl volkskundlicher Beiträge aus, die sich mit ihr beschäftigten[179]. In der vorliegenden Arbeit kann, wie schon erwähnt, lediglich der Versuch unternommen werden, Tendenzen aufzuzeigen, denn wollte man herausfinden, »[...] welches Segment des Komplexes [Fastnacht] für welche Person mit welcher Intensität welche Bedeutung hat, so kann das nur gelingen, wenn man Fallstudien mit Hilfe von Befragungen und projektiven Tests aufschlüsselt nach sozialstatischen Daten, Lebenslauf und Persönlichkeitsstruktur, Arbeits-, Familien- und Wohnsituation und infrastrukturellen Gegebenheiten des Wohnumfeldes etc.«[180] Diese Vorgaben wurden zwar ansatzweise umgesetzt, für eine tiefer gehende Untersuchung wären jedoch größere Datenmengen erforderlich.

Nach Schulze lassen sich alle Menschen im dimensionalen Raum der Lebensstile verorten. Nähe zu einem Schema bedeutet nicht notwendig auch Distanz zu einem anderen: »Die Menschen behandeln die drei Schemata nicht als Alternativen, sondern als Kombinationsmöglichkeiten, von denen sie auf verschiedene Weise Gebrauch machen, um sich ihren persönlichen Stil zusammenzubasteln.«[181] Soziale Milieus bilden sich als Erlebnisgemeinschaften, in denen gleichartige Erlebnisorientierungen vorherrschen. Die 13 »Loable«-Mitglieder müssten demzufolge zumindest ähnliche Lebensstile aufweisen. Eine Untersuchung der Lebensstile soll klären, welchen alltagsästhetischen Schemata und sozialen Milieus diese besonders nahe stehen. Aufgrund der begrenzten Anzahl von Interviewfragen und den sich daraus ergebenden Informationslücken können die Hästräger – dies sei hiermit nochmals betont – lediglich tendenziell einem Schema, einer Mischform, seltener einem Milieu zugeordnet werden. Mit diesen Zuordnungen verbinden sich keinerlei Wertungen.

Eine abschließende Zusammenfassung soll eventuell vorhandene Gemeinsamkeiten in Motivik und Lebensstil aufzeigen. Der nun folgende

Abschnitt skizziert die von Schulze entwickelten Schemata sowie die fünf Milieus.

Alltagsästhetische Schemata und soziale Milieus

Hochkulturschema (Niveaumilieu)

Typische Zeichen des Hochkulturschemas sind klassische Musik, Dokumentarfilme, politische Magazine, der Museums-, Opern- und Theaterbesuch oder die Lektüre anspruchsvoller Literatur. Höchster Genuss stellt sich im entkörperlichten Zustand konzentrierter Ruhe ein: Es wird betrachtet oder zugehört. Menschen, deren Lebensstil diesem Schema entsprechen, grenzen sich gegen jede Form des Barbarischen ab. Die Lebensphilosophie basiert auf Perfektion: »Nicht die kulturell ausgedrückten Werte interessieren, sondern die Art des Ausdrucks, sei sie im Werk selbst angelegt (in der Komposition, im Theaterstück, im schriftlichen Text) oder in seiner Präsentation (im Konzert, in der Aufführung, in der Edition).«[182] Das Ich wird an Ansprüchen gemessen. Es muss sich in einer als hierarchisch empfundenen Gesellschaft behaupten. Die Merkmale des Hochkulturschemas entsprechen stark vergröbert denen des Niveaumilieus (Streben nach Rang), das Milieu älterer (über vierzig Jahre) und höher gebildeter Personen mit meist akademischen Berufen.

Trivialschema (Harmoniemilieu und Integrationsmilieu)

Im Trivialschema bündeln sich Tendenzen, die allgemein unter dem Oberbegriff Massengeschmack gefasst werden. Statt konzentrierter Ruhe überwiegen kollektive Bewegungsformen wie Schunkeln oder Mitklatschen. Das schöne Erlebnis strengt nicht an, ist vertraut und meist mit Gemütlichkeit verbunden: »Räumlich begrenzt, sozial auf die Sphäre des Bekannten reduziert, zeitlich gegen die Zukunft abgeschirmt.«[183] Der Einzelne fühlt sich sicher und angenommen, körperliche Bedürfnisse können befriedigt werden. Man vertritt eine Lebensphilosophie der Harmonie und lehnt Konflikthaftes oder Exzentrisches ab. Das Ich wird in eine Ordnung eingegliedert, nimmt diese als gegeben an – es reagiert auf sie.

Gemeinschafts- und Gruppengefühl spielen eine wichtige Rolle. Unbekanntes, Konflikthaftes und die Welt außerhalb des privaten Mikrokosmos flößen Angst ein. Es herrscht eine Perspektive der Bedrohung, das Ich zieht sich in Nischen zurück, die Sicherheit versprechen. Beruflicher Erfolg, materieller Besitz und Liebe bilden die Eckpfeiler irdischen Glücks. Deutscher Schlager, Regenbogenpresse, Volksmusik, außerdem hoher Fernsehkonsum (Talk- und Spielshows, volkstümliche Unterhaltung) sind Zeichen, die das Schema charakterisieren. Die Merkmale des Trivialschemas entsprechen denen des Harmoniemilieus (Streben nach Geborgenheit), das Milieu älterer Personen (über vierzig Jahre) mit niedriger Schulbildung und handwerklich geprägten Berufen.

Das Integrationsmilieu bewegt sich zwischen Hochkultur- und Trivialschema. Es sind in der Regel Angestellte oder Beamte, Angehörige einer mittleren Bildungsschicht, die keine eigenen Stilelemente vorweisen, sondern sich durch eine besondere Durchschnittlichkeit auszeichnen. Sowohl Hoch- als auch Trivialkultur werden in Maßen konsumiert. Sehnsucht nach Eingebundensein, Streben nach Anpassung, Konformität und Normalität bestimmen die Handlungsmuster. Das Regelrechte und Wertebewahrende wird geschätzt.

Spannungsschema (Unterhaltungsmilieu und Selbstverwirklichungsmilieu)

Ende der 1960er-Jahre brach das von Trivial- und Hochkulturschema geprägte vertikale System auf. Die Pluralisierung sozialer Lagen, Bildungsexplosion und zunehmende Orientierung am eigenen ästhetischen Erleben sorgte für die Entstehung eines neuen kulturellen Schemas: dem Spannungsschema. Das historisch jüngste der drei kollektiven Hauptmuster des persönlichen Stils betont mehr als die anderen beiden Körperlichkeit. Stimulation durch Erlebnisreize steht im Vordergrund. Spannung, Unruhe und Abwechslung kennzeichnen die Lebenshaltung. Langeweile erscheint als Horrorvision. Das Ich kreist um sich selbst, es agiert und modelliert Gegebenheiten je nach Bedarf für sich zurecht. Aus diesem Grund weist die Lebensphilosophie narzisstische Züge auf. Typische Zeichen sind Rock-, Pop- und Jazzmusik, Thriller, Kriminalfilme und häufiges Ausgehen (Kinobesuch, Kneipen-, Café- und Bistrobesuch, Diskothekenbesuch). Die Merkmale des Spannungsschemas entsprechen grundsätzlich denen des Unterhaltungs- und des Selbstverwirklichungsmilieus. Es sind dies die beiden Milieus jüngerer Menschen (unter 40 Jahre).

Dabei umfasst das Unterhaltungsmilieu (Streben nach Unterhaltung) Personen mit geringer Bildung, die sich selbst mit Erlebnisreizen stimulieren und in Szene setzen. Die Perspektive ist den Bedürfnissen angepasst, die meist erst von äußeren Reizen geweckt werden.

Eine höhere Bildung und damit Berührungspunkte mit dem Hochkulturschema zeichnet die Mitglieder des Selbstverwirklichungsmilieus (Streben nach Selbstverwirklichung) aus. Hier orientiert sich die Perspektive weniger an Reizen, die von außen an das Individuum herangetragen werden, als vielmehr an inneren Grundhaltungen.

DIE PERSÖNLICHKEITSPROFILE

»Irgendwie wird man doch mit Respekt beobachtet.« – Kurt Kraft

Kurt Kraft ist 43 Jahre alt, evangelisch, verheiratet und hat vier Kinder. Er wohnt mit seiner Familie in Geislingen, einer Nachbarstadt von Balingen. Dort besitzen die Krafts ein älteres Häuschen, das direkt an der viel befahrenen Durchgangsstraße des Ortes liegt. Schon im Flur wird der Eintretende mit der Leidenschaft des Familienvaters konfrontiert. Die Wände sind bedeckt mit Miniaturmasken aus Gießharz. Kurt Karft hatte diese von seinen närrischen Ausflügen mitgebracht. Man behandelt mich mit einer gewissen Ehrfurcht. Auf dem Tisch des einfach eingerichteten Wohnzimmers stehen zwei Schälchen mit Salzgebäck und Waffeln. Die Ehefrau, sie kümmert sich um den Haushalt, und zwei Töchter, zehn und 15 Jahre alt, erkundigen sich, ob es möglich sei, das Interview mitzuverfolgen und setzen sich dann dazu.

Kurt Kraft wurde in Starzach bei Bad Imnau geboren. Seine Jugend verbrachte er in Stetten am kalten Markt, wo sein Vater in der dortigen Bundeswehrkaserne als Schreiner beschäftigt war. Auf die Frage nach seinem Beruf antwortet der 43-Jährige: *»Gelernt Mechaniker, Kfz-Mechaniker, momentan arbeitslos. Auf Arbeitssuche. Der letzte ausgeübte Beruf ... äh, Spritzlackierer in der Holzindustrie.«* Die Aussichten auf dem Arbeitsmarkt sind schlecht: *»Ich habe jetzt verschiedene Sachen, gerade Mechaniker, aber gerade da ... altersmäßig komme ich da nicht mehr rein. Weil da ist die angegebene Altersgrenze maximal 38, 35 ... mit 43 ... ich habe jetzt selber eine Annonce drin gehabt als Spritzlackierer. Da habe ich jetzt zwei, drei Angebote. Da wart ich jetzt auf Bescheid.«* Seine Freizeit verbringt Kraft zu Hause: *»[...] Wir kommen kaum fort.«* Er verrichtet Gartenarbeit, zeichnet und bastelt viel: *»Unter anderem habe ich die Tuchhalter für die Balinger ›Loable‹ entworfen, gestaltet und fertige sie auch an.«* Stolz zeigt er ein Exemplar. Der 43-Jährige hört gern alte Schlager und schaut sich gelegentlich auch Volksmusiksendungen im Fernsehen an. Nach fernen Urlaubszielen sehnt sich der Familienvater nicht: *»Bin an für sich zufrieden hier zu Hause. Ist o.k. so.«*

Kurt Kraft gehörte vor seiner Mitgliedschaft bei den Balinger »Loable« keiner Gruppierung an: *»Ich wollte in einen Verein gehen, allein schon, weil wir sonst in keinem Verein sind und irgendwie auch die Kinder dazu ... irgendwie in einen Verein reinbringen.«* Der Versuch, sich der Narrenzunft in Geislingen anzuschließen, scheiterte. Kurt Kraft nimmt weder Bier noch Wein zu sich, was ihn seiner Ansicht nach zum Außenseiter stempelt: *»Ich ... wir trinken keinen Alkohol, also, wenn man schon mal keinen Alkohol trinkt und so weiter: ›Da ... der!‹ Irgend-*

wie wird man schon einmal auf die Seite geschoben. Und das war bei den Balinger ›Loable‹ nicht der Fall. Da wird man akzeptiert, so wie man ist.« Dieses Zusammengehörigkeitsgefühl vermisste Kraft in der Geislinger Zunft. Bei den Balinger Narren hingegen fühlt er sich gut aufgehoben: *»Weil wir sind im Verein verschiedene Alter, also Ältere, Jüngere, Mittlere – also jede Altersgruppe ist praktisch vertreten, dennoch wird man respektiert, obwohl ich keinen Alkohol trinke, da bin ich wahrscheinlich der Einzige.«*

Auf die »Loable« stieß der Kfz-Mechaniker beim Einkaufen. Ein Balinger Kaufhaus hatte das Häs im Schaufenster ausgestellt: *»Dann haben wir uns schon entschieden: Also da wollen wir unbedingt mitmachen!«* Nach dem Besuch des Informationsabends im Frühjahr 1998 und der anschließenden Teilnahme an den verschiedenen Vereinsaktivitäten waren Kurt Kraft und seine jüngere Tochter 1999 zum ersten Mal mit von der Partie. Die Begeisterung für die »fünfte Jahreszeit« liegt der Familie schon lange im Blut: *»Wir sind fast jeden Sonntag, so wenn Umzüge gewesen sind, zu Umzügen gegangen. Also schon ... ja, x Jahre.«* Kurt Kraft kam schon früh mit schwäbisch-alemannischer Fastnacht in Berührung: *»Damals, wo ich in Stetten noch gewohnt habe, da wo ... meine Jugend praktisch, da haben wir auch einen Narrenbaum gesetzt und zwar immer die, ein Jahrgang, der anschließende Jahrgang, wo praktisch 18 oder 19 war, hat den Narrenbaum gestellt.«* Hinter der Maske fühlt sich der 43-Jährige zwar nicht als anderer Mensch, doch ein Unterschied zum Alltag besteht sehr wohl:

»Bei mir sind ... irgendwie als Stolz. [...] Und ich habe jetzt auch bemerkt, bei den Umzügen, irgendwie wird man doch mit Respekt beobachtet. Unter der Maske sieht man das ja, wenn man vorbeiläuft: Man hält doch ein bisschen Abstand, weil die wissen ja nicht, wie wir darauf reagieren. [...] Man gibt sich stolz, also man schreitet mehr dahin, vielleicht dichter an den Leuten vorbei, dass die Achtung doch irgendwie so rüberkommt.«

Mögliche Motive für Kurt Krafts Mitgliedschaft in einem Narrenverein

Kurt Kraft schien vor Vereinsbeitritt nur über wenige Sozialkontakte zu verfügen. Er gehörte keiner Gruppe an und schlechte Erfahrungen hielten ihn davon ab, der Narrenzunft seines Wohnorts beizutreten. Er wollte sich und seiner fastnachtsbegeisterten Familie neue Kontaktmöglichkeiten erschließen. Mit den Balinger »Loable« fand der 43-Jährige eine Gruppe, die ihn akzeptiert, respektiert und seine Eigenheiten toleriert. Durch den Entwurf und die Fertigung der hölzernen Tuchhalter ist Kraft in die Häs-Herstellung eingebunden. Jedes Balinger Narrenkleid besitzt ein von ihm geschaffenes Requisit. Eine Tatsache, die die Identifikation mit Gruppe und Häs verstärkt. Die Gruppenzugehörigkeit hebt das Selbstbewusstsein des arbeitslosen Kfz-Mechanikers. Als Hästräger genießt er stolz den Respekt der Menschen am Straßenrand. Hier wird ihm offenbar die Achtung entgegengebracht, welche ihm im Alltag aufgrund beruflicher Schwierigkeiten und privater Eigenheiten versagt bleibt. Es stellt sich bei ihm »wohl unbewußt das Gefühl einer gewissen Macht über seine Umwelt ein, deren Respekt vor ihm wächst.«[184] Der 43-Jährige genießt im Häs Ansehen: »[Maske und Kostüm] geben dem Träger ein Überlegenheitsgefühl im Prestige dem Nichtmaskierten gegenüber.«[185] Bezeichnenderweise könnte für Kurt Kraft die Fastnacht nicht nur länger dauern, er wäre auch nicht abgeneigt, zwei Mal pro Jahr sein Narrenkleid zu tragen, fühlt er sich doch als Vermummter sicherer, selbstbewusster und anerkannter als ohne Maske. Hier ist es also durchaus angezeigt, von Kompensation zu sprechen.

Verortung in der Erlebnisgesellschaft

Kurt Krafts Lebensstil vermittelt eine Nähe zum Trivialschema. Neben Alter und Bildung finden sich weitere Kennzeichen, die sich mit denen des Harmoniemilieus, das dem Trivialschema am nächsten steht, decken. So wird die äußere Welt als bedrohlich empfunden: »*Wenn man das so alles mitkriegt, was überall passiert, selbst vor der Haustür [...].*« Kurt Kraft verbringt viel Zeit zu Hause und fühlt sich dort geborgen. Fernweh kennt er nicht. Die Freude am Praktischen ist ebenfalls ein milieutypisches Zeichen. Seine berufliche Tätigkeit – ob als Spritzlackierer oder Kfz-Mechaniker – ist mit körperlicher Anstrengung und Umweltbelastungen verbunden. Sie zählt damit ebenso wie sein Musikgeschmack und der geringe Wohnkomfort zu den Merkmalen des Harmoniemilieus.

»Im Sarg trage ich kein Totenhemd, sondern mein Narrenhäs.« – Gaby Küfer

Die 42-jährige Gaby Küfer sieht meinem Kommen aufgeregt entgegen. Sie telefonierte sogar mit der Interviewpartnerin, die ich vor ihr besuche, um zu erfahren, ob ich denn nun wirklich in Balingen bin. Noch vor Beginn des Interviews meint sie mit unsicherem Gesichtsausdruck: *»Hoffentlich kann ich Ihre Fragen alle beantworten.«* Sie scheint eine Art Prüfungssituation zu erwarten. Diese Vorstellung bereitet ihr sichtlich Unbehagen. Es gilt deshalb zunächst, die nervöse Frau zu beruhigen. Im Eingangsbereich der Wohnung hängen eine »Loable«-Maske und zwei Schellenriemen an der Wand. Das Gespräch findet im Wohnzimmer statt, der anwesende Ehemann zieht sich auf den Balkon zurück. Er teilt die Fastnachtsbegeisterung seiner Frau nicht. Gaby Küfer ist katholisch, in zweiter Ehe mit einem Finanzbeamten verheiratet und hat zwei Kinder, einen zwölfjährigen Sohn und eine 23-jährige Tochter, die nicht mehr bei ihrer Mutter lebt. Die Familie bewohnt eine Eigentumswohnung in einem neueren Mehrfamilienhaus in Balingen. Seit zehn Jahren ist Gaby Küfer selbständig. Sie bügelt und mangelt in Heimarbeit Wäsche von Privatkunden. Geboren und aufgewachsen ist die 42-Jährige in Albstadt-Onstmettingen. Nach der Schule zwangen sie die Eltern, den Beruf der Friseurin zu erlernen. Da ihr diese Tätigkeit nicht gefiel, arbeitete sie anschließend als Metzgereiverkäuferin. Sie resümiert: *»Schule, Beruf ... ja, zu schnell geheiratet.«* Seit der Geburt ihres zweiten Kindes bügelt sie, eine Tätigkeit, die ihr zusagt. Im Alter von 19 Jahren zog Gaby Küfer nach Balingen. Die Vereinsaktivitäten der »Loable«, die sie alle mitmacht, füllen den überwiegenden Teil ihrer Freizeit. Sie hält außerdem einer erfolgreichen Fernsehserie des Südwestrundfunks die Treue: *»Ja also, ich schaue schon seit es ›Fallers‹ gibt, jeden Sonntagabend ›Fallers‹ an. Wenn ich das versäume, bin ich bitter enttäuscht und traurig.«* Erzählt wird die Geschichte einer Familie, die auf einem Bauernhof im Schwarzwald lebt. Außerdem schätzt sie Sendungen, die regionales Brauchtum thematisieren. Eine besondere Verbundenheit mit ihrer Lebenswelt offenbart sich auch bei der Frage nach Auswanderungsgedanken. Sichtlich entsetzt antwortet die 42-Jährige: *»Gar nie! Gar nie! Nie würde ich das machen, gar nie!«* Selbst im Urlaub verlässt Gaby Küfer ihr Herkunftsland nicht: *»Bevor ich ins Ausland gehe, schaue ich mir erst Deutschland an.«*

In ihrem evangelisch geprägten Geburtsort auf der Schwäbischen Alb wurde nur in den Gaststätten Fastnacht gefeiert. Einzig die jungen Burschen des jeweiligen Rekrutenjahrgangs veranstalten bis heute einen kleinen Umzug, bei dem sie mit einem Fastnachtswagen das Dorf- und Weltgeschehen karikieren. Dieses Gefährt faszinierte Gaby Küfer schon als Kind: *»Es war so, irgendwie muss das mir im Blut gesteckt sein. Die schlimmste Strafe für mich als Kind war, wenn meine Mutter gesagt hat: ›Du darfst nicht den Fastnachtswagen anschauen.‹«* Mit 17 Jahren kam sie als Zuschauerin in Obernheim zum ersten Mal mit schwäbisch-alemannischer Fastnacht in Berührung. Zwei Jahre später kaufte sie sich dann vom ersten gesparten Geld das Narrenkleid von Geislingen bei Balingen und nahm mit ihrer kleinen Tochter an den dortigen Umzügen teil. Ein Arbeitskollege lud sie später ein, bei den Hästrägern in Weildorf bei Haigerloch mitzumachen. Gaby Küfer folgte der Einladung und feierte dort viele Jahre Fastnacht. Sie übernahm die Durchführung der Narrentaufe, bis ihr zwei Vermummte den Eis-Eimer, der das Taufwasser enthielt, ins Gesicht schlugen und den Kiefer brachen. Doch selbst dieser schockierende Zwischenfall vergällte ihr nicht die Freude an den »tollen Tagen«: *»Wo ich damals krank war mit meinem Kieferbruch, also das war schlimm. Wo ich die Umzüge im Fernsehen angeschaut habe ...*

ich, ich bin dagesessen, ich habe geweint.« Der nächste Narrenverein, dieses Mal in Albstadt-Tailfingen, war schnell gefunden: *»Von den Menschen her war es sehr schön, aber es ... es war ein karnevalistischer Verein, und der passt zu uns nicht.«* Gaby Küfer wechselte zum dritten Mal die Zunft, ging nach Albstadt-Ebingen und schaffte sich ihr bisher teuerstes Häs an. Die Anschaffungskosten beliefen sich auf 4000 Mark. Doch schon bald fühlte sie sich auch dort nicht mehr wohl: *»Es war eine wahnsinnige Strenge dahinter.«* Mittlerweile gab es in Balingen einen Narrenverein und die 42-Jährige wurde 1998 Mitglied. Besonders gut gefällt ihr der monatliche Stammtisch. Sie hat Geschmack am Vereinsleben gefunden: Durch die Balinger Fastnacht kam sie zufällig in Kontakt mit den Naturfreunden, denen sie heute ebenfalls als aktives Mitglied angehört.

Mögliche Motive für Gaby Küfers Mitgliedschaft in einem Narrenverein

Für die 42-Jährige scheint die Fastnachtszeit eine Art Lebenselixier, ein Fix- und Höhepunkt im Jahreslauf zu sein, den sie ungeduldig erwartet: *»Also für mich vergeht kein Jahr ohne Fasnet!«* Im Auto hört sie auch im Sommer Narrenmärsche, und die Aktivitäten der »Loable« füllen ihre freie Zeit. Die zahlreichen Zunftwechsel zeigen, dass es ihr nicht auf die Örtlichkeit ankommt. Entscheidend scheint für Gaby Küfer nur zu sein, mit einer schwäbisch-alemannischen Fastnachtsgruppe unterwegs sein zu können. Während sie vom Absägen des Balinger Narrenbaums erzählt, der symbolisch das Ende der Balinger Fastnacht markiert, werden ihre Augen feucht: *»Ich muss weinen, wenn Fasnet rum ist«* (weint tatsächlich). Das Fest verändert ihre Lebensgewohnheiten: *»Ich finde, das ganze Jahr über ist es oft sehr ernst im Leben ... oft. [...] Fasnet ist einfach Fasnet, da ist man einfach anders. Ich mache zum Beispiel an der Fasnet, ab dem ›Schmotzigen‹ bis Aschermittwoch mache ich keinen Brief auf, gell. Ich hole die Post raus und lege sie hin und fertig. Ich mache absolut keinen Brief auf. Da gehe ich meiner Fasnet nach. Da bringt mich auch so schnell nichts aus dem Gleis. Unterm Jahr eher vielleicht einmal. Aber an* *der Fasnet denke ich: Ach, das mache ich dann am Aschermittwoch, dann kann ich auch mal was im Haushalt liegen lassen. Da gehe ich zu meinen Umzügen. Das ist ganz wichtig.«*[186] Auch hier liegt demnach ein kompensatives Bedürfnis vor.

Für Bausinger nimmt die Rolle des Fastnachtsnarren innerhalb aller anderen denkbaren Rollen eine Sonderstellung ein. Sie beinhaltet nicht nur im Gegensatz zu den anderen Rollen keine vorgegebenen Zwänge, sondern eliminiert auch die Zwänge des Alltags. Zweckhaftigkeit, Aufgaben und Verplanung wird mit (zumindest kleinen Dosen) Irrationalität, Anarchie und Gefühligkeit begegnet: »Man stürzt sich, so gut es geht, in eine Spielwelt, in der es auch Regeln gibt, Spiel-Regeln, aber zu diesen Regeln gehört, daß möglichst viel anders sein soll als sonst.«[187] Dies trifft auch auf Gaby Küfer zu. Sie fasziniert nicht so sehr der Reiz des Maskierens. Die 42-Jährige gibt an, sich im Häs weder anders zu verhalten noch anders zu fühlen: *»Gut, ich habe da mal meinen Arzt gesehen, und den habe ich in den Arm genommen. Vielleicht ... doch! Ohne Maske hätte ich das auch gemacht ... bestimmt. [...] Man geht auch mal raus, wenn man jemanden Bekannten sieht, nimmt den in den Arm und juckt mit dem geschwind ein bisschen rum, gell, aber wie gesagt, dass kann ich auch ohne Maske, da brauche keine Maske dazu.«* Während der Fastnacht 1999 verzichtete sie sogar freiwillig auf ihre Maske und verkaufte am Straßenrand Miniaturmasken. Übermäßiger Alkoholkonsum oder sexuelle Freizügigkeit sind ihr zuwider: *»Manche nehmen halt die Fasnet dafür, und das finde ich schade, das finde ich traurig.«*

Es scheint in der Tat jene oben erwähnte Spielwelt zu sein, eine Zeit, in der alles anders sein darf, die für sie eine so überaus verlockende Alternative darstellt. Den Drang nach einem »kurzfristigen Ausbruch [...] aus den Ordnungen und Normen des Alltags«[188] verspürte sie schon von Jugend an: *»[...] Ich bin mit 16 daheim ausgezogen und bin sofort immer auf die Fasnet gegangen. Wie es auch ging, ich bin auf die Fasnet gegangen.«* Damit symbolisierte die Beteiligung am Fastnachtsfest offenbar die ersehnte Ablösung vom Elternhaus und damit ein Stück Freiheit.

Nachdem das Interview beendet ist, erklärt Gaby Küfer: *»Wenn ich mal sterbe ... ich will kein Totenhemd im Sarg, ich will mein Narrenhäs tragen.«* Die Befragte scheint sich in ihrem bisherigen Leben am glücklichsten während der närrischen Zeit gefühlt zu haben.

Verortung in der Erlebnisgesellschaft
Gaby Küfer repräsentiert ebenso wie Kurt Kraft das dem Trivialschema nahe stehende Harmoniemilieu. Nicht nur Alter, Bildung und berufliche Tätigkeit sprechen dafür: Die ehemalige Friseurin hält sich viel zu Hause auf, denn die Wohnung ist gleichzeitig ihr Arbeitsplatz. Angst vor Unbekanntem und Ungewohntem zeigt sich an ihrer großen Nervosität, die das Interview auslöste. Typisch für das Harmoniemilieu schaut sich die 42-Jährige gerne Fernsehsendungen an, die Regionales thematisieren. Die Welt außerhalb der eigenen privaten Umgebung wird als bedrohlich empfunden: Vorstellungen von Urlaub im Ausland oder gar Auswanderung lösen Unbehagen aus. Geborgenheit, Harmonie und das Gefühl des Dazugehörens findet Gaby Küfer im Kreise ihrer Vereinskameraden: *»Zum ›Loable‹-Stammtisch, da fehle ich also nicht, das ist schon für mich [...], das ist einfach ›verhocken‹.«* Das schöne Erlebnis ist mit dem Begriff Gemütlichkeit verknüpft: »Es gibt keine Gemütlichkeit unter freiem Himmel allein oder mit völlig Fremden, aufgewühlt durch etwas Unerwartetes.«[189]

»Das interessiert mich eigentlich nicht, das Brauchtum.« – Waldemar Sall

Bevor das Interview mit Waldemar Sall beginnen kann, muss ich mich noch ein wenig gedulden. Da seine Frau noch arbeitet, kümmert er sich um das Abendessen für die fünfjährige Tochter. Der Fernseher läuft unbeachtet. Während die Pizza im Ofen ist, setzen sich beide zu mir an den Esstisch. Waldemar Sall bewohnt mit Frau und Kind eine moderne Eigentumswohnung in einem Mehrfamilienhaus in Balingen. Seine Partnerin ist als Verwaltungsangestellte in einem Supermarkt tätig. Er selbst hat den

Beruf des Automechanikers gelernt, arbeitet nun aber bereits seit 20 Jahren als Straßenbauer bei einer Baufirma. Der 38-Jährige muss Kanalisation verlegen, teeren, den Randstein setzen und pflastern. Aufgrund der hohen körperlichen Belastung möchte er sich bald eine andere Arbeit suchen, welcher Art weiß er noch nicht: *»Ein direktes Ziel habe ich noch keines. [...] Aber vom Straßenbau weg, das sind 20 Jahre jetzt.«* Auf die Frage nach seinen Freizeitbeschäftigungen fällt ihm fast nichts ein: *»In meiner Freizeit? Ab und zu noch Motorrad fahren ... mmmh, Freizeit ... was mach ich denn? Nix mehr. Nicht mehr so ...«* Waldemar Sall ist evangelisch, in Balingen geboren und hat bis auf die Zeit bei der Bundeswehr die Stadt nie für längere Zeit verlassen. Er könnte sich nicht vorstellen, als Aussteiger auf einer Insel in der Südsee zu leben. Der 38-Jährige hängt an seinem Geburtsort: *»Es zieht einfach wieder her. Ich bin einfach ... wo ich irgendwann mal fort war, Bundeswehr oder so, wenn man mal drei, vier Wochen mal fort war, dann war man doch wieder froh, dass man ... es zieht einen irgendwie.«* Was er in Balingen als Einziges vermisst, ist ein Biergarten. Waldemar Sall hört mit Vorliebe Hardrock aus den 1970er-Jahren und schaut sich im Fernsehen regelmäßig volkstümliche Theaterstücke an. Seit vielen Jahren ist Spanien sein bevorzugtes Urlaubsziel. Außer bei den »Loable« ist er in keinem anderen Verein aktiv.

Bevor es in Balingen einen Narrenverein gab, hat der Straßenbauer die »fünfte Jahreszeit« größtenteils zu Hause verbracht: *»Also echt, da war tote Hose bei mir.«* Ganz selten besuchte er zusammen mit seiner Tochter Umzüge in der Umgebung: *»Da bin ich mal mit ihr nach Schömberg zur Polonaise oder Dotternhausen bei den Mondstupfer ... aber sonst war ich ...«* Mit schwäbisch-alemannischer Fastnacht hatte sich Waldemar Sall vor Vereinsbeitritt nie beschäftigt: *»Normal war ich ja nicht so ein Narren-Fan, so, so Fasnets-Fan oder so, aber damals hat es dann einen Rucker gegeben.«* Der Balinger las in der Zeitung vom neu gegründeten Narrenverein und beschloss, sich das Setzen des Narrenbaumes anzuschauen: *»Und dann hat mir das Häs gefallen, Maske und so, dann bin ich dann gleich an den Stand hin ... Information, meine Adresse angege-*

ben und dann … also kurze Zeit später bin ich angeschrieben worden … so und so … sei mal ein Informationsabend in vier Wochen, dann bin ich dorthin und also …«

Trotz seiner jahrelangen Nichtteilnahme am Fastnachtsfest hatte der 38-Jährige immer wieder mit dem Gedanken gespielt, einem Narrenverein beizutreten: *»Ich habe schon länger mal in einen Verein wollen. Aber bei uns hier herum waren es ein bisschen komische Vereine, so ein bisschen … […] die haben alle so Traditionen, das liegt mir einfach nicht […].«* Ihm gefallen andere Aspekte der Fastnacht: *»Einfach … aaah, einfach treffen … Leute mit Häs und das Drumherum einfach. Das ist für mich Brauchtum oder so. Ich bin ja nicht religiös. Also das interessiert mich eigentlich nicht, das Brauchtum. Für mich ist das halt … seit ich dabei bin: treffen und Kontakte und einfach drum herum.«* Besonders schätzt Waldemar Sall die Art der Beziehung, die die »Loable«-Mitglieder untereinander pflegen: *»Kameradschaft, Kameradschaft … das, das ist es, nicht Hobby, sondern Kameradschaft, und das ist sehr gut bei den ›Loable‹ […]. Da ist auch fast jeder für jeden da. Das finde ich echt gut. […] Geburtstage oder so, […] da geht man zu einem jeden hin.«* Der Straßenbauer beteiligt sich an fast allen Veranstaltungen des Vereins.

Im Häs fühlt sich der 38-Jährige selbstbewusster: *»Man ist freier mit Maske. […] Man geht die Leute einfach anders an. […] Irgendwie, dass man – erschrecken will man ja niemand, gell – aber irgendwie, man ist lockerer darunter. Man geht auf die Leute zu, tut sie ein bisschen … wie sagt man … nicht direkt reizen, aber immer so ein bisschen … […] das ist schwer zu beschreiben, aber nicht, dass man da irgendwie Macht hat … finde ich es nicht.«* Waldemar Sall bejaht die Frage, ob er im Häs ein anderer Mensch sei: *»Ja, auf alle Fälle. Man ist ganz anders.«* Das beziehe sich auch auf die Bewegungsabläufe: *»Viel freier, viel freier. Man sieht nicht, wer es ist unter der Maske. Also, wenn ich keine Maske aufhätte, würde ich wahrscheinlich nicht so springen.«* Es fällt ihm schwer, nach der Fastnacht ins Alltagsleben zurückzufinden: *»Das Freie, das Freie fehlt dann, gell. Du kommst dann wieder in deinen Trott rein. So ist es.«*

Mögliche Motive für Waldemar Salls Mitgliedschaft in einem Narrenverein

Waldemar Sall erfüllte sich ganz offensichtlich zwei Bedürfnisse: zum einen das nach Gemeinschaft, zum anderen das des kurzzeitigen Sich-Selber-Aufgebens. Zum Erstgenannten ist zu sagen, dass der Balinger mit Fastnacht vor allem eines verbindet – Kameradschaft: »Über die Familien- und Berufssphäre hinaus gilt die Teilnahme an Vereinsgeselligkeiten als probates Mittel, zusätzliche Bezugspersonen kennen zu lernen.«[190] Was der Balinger suchte, war gerade nicht nur fastnächtliche Geselligkeit, zu deren Stil es gehört, »daß nicht allzu Ernstes, daß keine Probleme den Austausch belasten«[191], sondern eine Gemeinschaft, in der »jeder für jeden da ist«. Das »Brauchtum« selbst interessiert ihn nicht: »In seiner Funktion als Stätte zwischenmenschlichen Umgangs wird [der Verein] allgemein höher eingeschätzt als das spezifische Sachanliegen.«[192] Das zweite zweifellos kompensative Bedürfnis, die »vorübergehende Auslöschung [der] Identität«[193], wird durch die Vollvermummung in nahezu idealer Weise befriedigt. Hier ist der Straßenbauer ein anderer Mensch. Er fühlt sich frei. Der eher zurückhaltende und rhetorisch etwas ungelenke 38-Jährige bestimmt sein Kommunikationsverhalten selbst, nicht mehr die gesellschaftliche Etikette: So bohrt er beispielsweise symbolisch in der Nase, streicht den »Dreck« an den Arm des Gegenübers und liefert sinnlose Redebeiträge (»Kennst du mich nicht? Siehst du, ich habe halt eine Maske auf«). Er hüpft in die Luft, dreht sich um sich selbst und vollführt weitere ungewöhnliche Bewegungen. Diese Leichtigkeit steht der schweren körperlichen Arbeit gegenüber, die Waldemar Sall die restliche Zeit des Jahres in Beschlag nimmt, ihn auslaugt und die er nicht mehr länger machen will.

Verortung in der Erlebnisgesellschaft

Bei Waldemar Sall fällt eine eindeutige Zuordnung aufgrund der vorhandenen Daten schwerer als in den beiden vorangegangenen Fällen. Es gilt deshalb, sich auf die alltagsästhetischen Schemata zu beschränken.

Nichts spricht für eine Verbundenheit mit dem Hochkulturschema, nur wenig deutet auf das Spannungsschema. Zwar lassen die Vorliebe für harte Rockmusik und Motorradtouren auf den ersten Blick eine Nähe zu letzterem vermuten, die wesentlichen Merkmale jedoch sucht man im Lebensstil des 38-Jährigen vergeblich: Ausgehen, unterwegs sein bis spät in die Nacht, Abwechslung von Szenen und Personen, Betonung der äußeren Erscheinung, das Bedürfnis nach immer neuen Reizen, erhöhtes Aktionspotential, Ich-Bezogenheit. Waldemar Sall ist in seiner Freizeit vielmehr auffallend passiv. Nicht Abwechslung, sondern Konstanz prägt seinen Lebensstil: Er wohnt seit Geburt im gleichen Ort und wählt bis heute das Land zum Urlaubsziel, welches er schon als kleines Kind bereiste: »Man sucht nicht das Neue, sondern das Altgewohnte.«[194] Der Straßenbauer schätzt überdies Kameradschaft, Geselligkeit sowie leichte Unterhaltung. Der Gegenstand des Erlebens ist einfach und strengt nicht an. Damit lässt sich eine Verbindung zum Trivialschema feststellen.

»Sobald man das Häs anhat, kann man sich anders geben.« – Hilde Baum

Hilde Baum betreibt in Balingen eine kleine Schneiderei. Da die 37-Jährige täglich sehr lange arbeitet, verabreden wir uns in ihrer Werkstatt. Die beiden Schwestern der Unternehmerin sind ebenfalls aktive »Loable«-Mitglieder. Auch sie erklären sich bereit, bei der Befragung mitzumachen und kommen ebenfalls. Die Gespräche finden nacheinander in einem Nebenzimmer der Nähstube statt. Hilde Baum, evangelisch, ist in Balingen geboren und aufgewachsen. Nach dem Hauptschulabschluss absolvierte sie eine dreijährige Schneiderlehre, sammelte anschließend sieben Jahre lang Berufserfahrung und ließ sich dann auf einer speziellen Schule zur Bekleidungstechnikerin ausbilden. 1997 wagte die 37-Jährige den Schritt in die Selbständigkeit. Sie beschäftigt keine Angestellten. Die Schneiderin erfüllt die unterschiedlichsten Wünsche ihrer Kunden: *»Ich mache überwiegend Änderungen und auch Neuanfertigungen oder Re-*

paraturen. Ich nähe Vorhänge, ich mache eigentlich so ziemlich alles, was anfällt.« Hilde Baum ist ledig und lebt in einer Mietwohnung in der Nähe ihrer Werkstatt.

Die Freizeit beschränkt sich in der Regel auf den Sonntag, da die Bekleidungstechnikerin auch Samstags arbeitet: *»In meiner Freizeit, da beschäftige ich mich mit meinem Beruf* (lacht). *Ich habe relativ wenig Freizeit und ... ja ... und dann mit dem Narrenverein, wenn wir da irgendwelche Veranstaltungen haben ... und dann habe ich einen sehr großen Bekanntenkreis. Ich bin eigentlich wenig daheim, ich bin sehr viel auf Achse.«* Neben dem Narrenverein gehört die Selbständige noch einer Gymnastikgruppe an, allerdings bekleidet sie dort kein Amt: *»Das würde mir dann zu viel.«* Sie verfügt über einen breiten Musikgeschmack: *»Ich höre eigentlich von Pop bis ... ja, Rock weniger, Schlager ... und ja ... volkstümlich, aber nicht am laufenden Band, aber ich bin nicht abgeneigt.«* Besondere Wünsche, Ziele oder Pläne für die Zukunft hegt sie keine: *»Also momentan bin ich eigentlich so zufrieden, wie es bei mir ist. Ob privat oder auch beruflich.«* Dennoch würde sie ein Ausstieg aus der hiesigen Gesellschaft reizen: *»Also, ich habe das manchmal ... habe ich mir das echt auch schon überlegt, weil ich ja, wie gesagt, ungebunden bin und so. Ich könnte das eventuell auch machen, weil ... man ... irgendwo anfangen. Bloß, ob es weitergeht, weiß man halt nicht. Aber ich bin ... ich bin auch arg heimatverbunden. Das habe ich bemerkt, wo ich meinen Techniker gemacht habe. Also ich wüsste nicht, ob ich das schaffen würde von ... von der Einstellung her.«* Obwohl Hilde Baum ihren Geburts- und Wohnort als provinziell empfindet, würde sie ihn nicht verlassen.

Die Fastnacht spielte schon früh eine wichtige Rolle im Leben der Balingerin: *»Närrisch bin ich schon immer gewesen. Seit ich ... schon von Kind an. Wir sind aufgewachsen mit Fasching [...], weil, äh, ja, mein Onkel ist Alleinunterhalter. Und der hat früher immer zur Fasnet gespielt in Balingen-Frommern. Und da ist man dann halt immer hin. Und dann ist man mit dem aufgewachsen und ja ... und ich bin, seit ich dann 18 war und selber Auto fahren konnte, bin ich auch immer auf die Fasnet gegan-*

gen.« Die 37-Jährige besuchte regelmäßig Umzüge und Saalveranstaltungen. Als sie in der Zeitung las, dass sich in Balingen ein Narrenverein gegründet hatte, informierte sie ihre Schwestern. Die drei konnten sich jedoch zu keiner Entscheidung durchringen. Auf der Suche nach einer Häs-Schneiderin stieß die Vereinsvorsitzende Sabine Müller dann zufälligerweise auf Hilde Baum. Diese nahm die Aufträge der »Loable« an und entschloss sich gleichzeitig, dem Verein beizutreten. Ihre Schwestern folgten. Im Narrenverein gehört die 37-Jährige heute als Beisitzerin dem Vorstand an.

Die Bekleidungstechnikerin genießt die Anonymität des Häs. Sie erzählt, dass sie aufgrund ihrer Tätigkeit in Balingen einen gewissen Bekanntheitsgrad erreicht habe, ein Zustand, der zwar gut fürs Geschäft sei, aber auch unangenehme Seiten beinhalte: *»Das ist für mich ein Problem, wenn man da so beobachtet wird und so. [...] Ich meine, ich kann es mir nicht vorstellen, in der Großstadt zu leben, aber mir gefällt es jetzt zum Beispiel, wenn ich mal irgendwie bummeln gehe, und ich kann mich wirklich mal ... sagen wir mal, wenn du in Balingen mit einem Hut rum läufst oder so, dann schaut gleich jeder und dort interessiert das keinen Menschen oder schon in Tübingen nicht, interessiert das niemanden, wie man rumläuft.«* Durch die Vollvermummung kann die Geschäftsfrau, von der die Öffentlichkeit ein angemessenes Verhalten erwartet, zumindest einmal pro Jahr geltende Konventionen brechen: *»Ich verhalte mich schon ein bisschen anders. Ja, ich würde ja, wenn ich unmaskiert wäre, nicht da jetzt auf jemand zugehen und dem da in den Haaren rum wurschteln oder so. Das macht man halt dann, wenn man die Maske aufhat. [...] Sobald man das Häs anhat, dann kann man sich ein bisschen, sagen wir mal, nicht die Sau raus lassen (lacht), sich einfach anders geben, als wenn man normal unmaskiert ist. [...] Ich hüpfe auch umeinander, das mache ich ja nicht im Normalfall unbedingt.«* Ihr gefällt es, die unterschiedlichen Reaktionen der Unmaskierten zu beobachten. Allerdings führt sie ihr verändertes Befinden während der Fastnachtstage nicht nur auf die Maskierung zurück: *»Fasnet ist ja sowieso anders wie im Alltag.*

Da bin ich schon ganz anders, ob ich jetzt eine Maske aufhabe oder nicht. [...] Man ist ausgelassener einfach. Das bringt halt dann die Stimmung.« Sie fühlt sich auch dann stolz, der Gruppe anzugehören, wenn sie die Maske nicht trägt und ohne Gruppe unterwegs ist: *»Da kann ich auch alleine stolz sein, weil man wird da auch öfters mal: ›Ja wie? Von welchem Verein kommt ihr?‹ und ›Schönes Häs!‹ und so. Irgendwo sind es halt auch Farben, wo schon ansprechen, wo wir haben, gell.«*

Mögliche Motive für Hilde Baums Mitgliedschaft in einem Narrenverein

Während die Balinger außerhalb der Fastnacht den modischen Hut von Hilde Baum argwöhnisch beäugen, erntet die Bekleidungstechnikerin mit dem farbenfrohen, fast schon schrillen Häs reichlich Lob und Anerkennung. Die Möglichkeit, sich extravagant zu kleiden, besteht für die 37-Jährige nur während der Fastnachtstage. Das Fest erfüllt für sie gerade in dieser Hinsicht eine Art »Ventilfunktion« und besitzt damit sicherlich kompensativen Charakter. In der übrigen Zeit des Jahres fühlt sie sich beobachtet und spürt, dass es in der schwäbischen Kleinstadt eben nicht egal ist, »wie man rumläuft«. Ganz im Gegenteil: Die Leute reden. Selbst kleine Abweichungen von der üblichen unauffälligen Kleidernorm werden registriert. Nicht von ungefähr zieht Hilde Baum mit ihren Freundinnen, einer Gruppe von rund zehn Frauen, in jährlich wechselnden selbst geschneiderten Kostümen nicht durch Balingen und Umgebung, sondern fährt in die Fastnachtshochburg Villingen.

Verortung in der Erlebnisgesellschaft

Hilde Baum lässt sich aufgrund ihrer Angaben zwischen Spannungs- und Trivialschema verorten. Eine Affinität zum Spannungsschema ergibt sich nicht nur durch ihren großen Bekanntenkreis, auch die Tatsache, dass sie nur wenig Zeit in ihren eigenen vier Wänden verbringt und stattdessen »immer auf Achse« ist, kann als Beleg angeführt werden. Alter, Bildung, Wohnsituation und handwerkliche Tätigkeit verweisen ebenfalls auf dieses Schema. Typisch ist auch das Bestreben, der äußeren Erscheinung besondere Bedeutung zuzumessen. Als sie von dem neu gegründeten Verein zum ersten Mal erfuhr, freute sie sich weniger für Balingen, als vielmehr über ein neues, für sie passendes Erlebnisangebot: *»Ich habe die Anzeige in der Zeitung gelesen, und dann habe ich gedacht, ha, das wäre gar nicht schlecht, wenn jetzt Balingen ... wenn es da jetzt auch was gibt. Dann braucht man gar nicht mehr so weit außerhalb. Weil ... in Geislingen gibt es zwar auch Fasnet, aber da bin ich dann schon ein bisschen zu alt dafür, da sind mehr die Jüngeren und dann, dann wieder weiter weg.«* Diese Ich-Bezogenheit deutet ebenfalls auf das Spannungsschema. Ein Berührungspunkt zum Trivialschema entsteht dagegen durch Hilde Baums Verbundenheit mit dem Herkunftsort, der »Sehnsucht nach Sicherheit, Anlehnung, Heimat«[195]. Seit Geburt lebt die 37-Jährige am gleichen Ort. Zwar würde sie der Gedanke auszuwandern durchaus reizen, die Angst vor den Risiken überwiegt jedoch.

»Man freut sich, wenn man sieht, man gehört zu einer Gruppe dazu.« – Hans Kaspar

Hans und Julia Kaspar leben mit ihren drei Kindern seit fünfeinhalb Jahren in Balingen. Sie bewohnen ein Reihenhaus mit Garten, das ihnen gehört. Das Ehepaar, er ist 39, sie 37 Jahre alt, gibt sich im Gespräch unkompliziert und bietet mir gleich das Du an. Sie zeigen sich sehr interessiert an der Arbeit und sind sichtlich bemüht, zu helfen. Zunächst interviewe ich Julia Kaspar. Sie bleibt anschließend während der Befragung ihres Mannes im Raum. Es fällt der 37-Jährigen schwer, ruhig zu bleiben. An einigen wenigen Stellen kann sie nicht an sich halten und ruft ihrem Mann etwas zu. Dieser bleibt davon unbeeindruckt. Während sie sehr impulsiv wirkt, erscheint er ruhig und gelassen.

Hans Kaspar, konfessionslos, stammt aus Zwiefaltendorf in Oberschwaben. Nach dem Abitur studierte er in Stuttgart Elektrotechnik. In dieser Zeit sorgte seine Frau für den Lebensunterhalt des Paares. Anschließend war der 39-Jährige sechs Jahre in der Landeshauptstadt tätig.

Seit fünfeinhalb Jahren ist er als Entwicklungsingenieur bei einer Firma, die Alarmanlagen herstellt, angestellt. Hans Kaspar ist zuständig für die Hard- und Software und arbeitet deshalb ausschließlich am Computer. Er möchte sich allerdings, sobald das Haus einmal abbezahlt ist, selbständig machen, da ihm seine jetzige Tätigkeit zu anstrengend ist, und er obendrein im Dauerclinch mit seinem Chef liegt: *»Ein Leben lang will ich das eigentlich nicht machen. Also, so schaffen wie jetzt. Ich muss richtig hart ran. Zwar nur acht Stunden pro Tag, aber volle Pulle. Vor allem muss ich halt viel delegieren und dort sein und dort und hier ... Software-Änderung ... und da wieder ein Kunde am Telefon, wo nicht weiter weiß und so weiter. Das ist einfach totaler Stress den ganzen Tag.«* In seiner Freizeit fährt der Ingenieur Motorrad und macht Musik. Als Gitarrist hat er sich auf Partymusik und Oldies spezialisiert. Allein, zu zweit oder mit seiner Band tritt er regelmäßig bei privaten Feiern auf: *»Fast jeden Samstag spiele ich Hochzeiten.«*

In die Ferne zieht es ihn nicht, weder im Urlaub noch sonst: *»Wenn ich wirklich finanziell ungebunden wäre, würde ich mich einfach hier auf die ... würde ich es mir hier gut gehen lassen. Hier in Baden-Württemberg.«* Hans Kaspar ist nicht nur Mitglied des Narrenvereins, sondern auch noch in einem Balinger Fußballverein. Als der 39-Jährige noch in Zwiefaltendorf lebte, war er ins Dorfleben voll integriert: *»Früher war ich in Vereinen noch und nöcher, also: Landjugend, da war ich Vorstand einige Jahre lang, Radfahrerverein, Frühschoppenverein, Sportverein [...], also früher war ich da schon engagiert.«* Durch das Studium in Stuttgart musste sich der Hobbymusiker sehr zu seinem Leidwesen von diesen Gruppierungen zurückziehen. Offensichtlich vermisste er das Vereinsleben, denn kaum war die Familie in Balingen eingetroffen, machte sich Hans Kaspar auf die Suche: *»Wo wir das Haus gekauft haben, haben wir vorher gewusst, wenn wir uns das nächste Mal wo niederlassen, die Kinder kommen in die Schule, dann müssen wir was Festes machen. Also haben wir auch hier gleich das Haus gekauft. Und dann habe ich auch meine Fühler ausgestreckt: Was könnte man hier machen?«* War das eine

Anliegen, einen Fußballverein zu finden, bestand das andere darin, sich wieder einer Fastnachtsgruppe anzuschließen.

Der Oberschwabe wuchs mit schwäbisch-alemannischer Fastnacht auf: *»Ich bin früher mitgejuckt bei den Zwiefalter ›Rälle‹. [...] Zwiefaltendorf hat auch eine Fasnet gehabt, natürlich keinen Narrenverein damals. Wir waren damals immer auf Umzügen. Das war ganz klar, überall ist man gewesen. Wir waren fünf Brüder. Wir haben immer das ganze Programm der Landjugend-Fasnet gemacht, den ganzen Ball haben wir eigentlich organisiert und auch durchgeführt [...].«* Während der Zeit in Stuttgart beteiligte sich das Paar immer weniger an der heimischen Fastnacht, erst mit der Ansiedlung in Balingen, erwachte des Interesse neu: *»Und jetzt ist es uns eigentlich wieder gekommen: Hier machen wir Fasnet. [...] Wir wollten auf jeden Fall irgendwo dazu, möglichst nicht so weit weg.«* Zwar waren die beiden mit dem neuen Balinger Häs nicht ganz glücklich, aber der Standortvorteil gab letztlich den Ausschlag: *»Durch das, dass es einfach Balingen ist, haben wir gesagt, da machen wir mit. [...] Wir sind Balinger. Also helfen wir Balingen auf die Füße. Also nutzen wir das, wenn in Balingen was geht.«* Dabei nehmen die Kaspars auch in Kauf, dass dieser junge Verein noch nicht über einen großen und zuverlässigen Mitgliederstamm verfügt: *»Es ist ein halt ein zusammengewürfelter Haufen, wo einfach noch nichts richtig Standhaftes ist.«* Vielleicht deshalb fühlt sich der 39-Jährige im etablierten Fußballklub wohler: *»Mir ist natürlich der Sportverein sehr wichtig. Da bin ich auch sehr engagiert. [...] Durch das, dass ich Gitarre spiele ... überall ... sobald ein kleines Fest ist, bin ich natürlich dabei. Und ich komme natürlich mit Gitarre, ist klar, deshalb bin ich auch ein gern gesehener Gast und mir gefällt es auch dort sehr gut.«*

Hans Kaspar muss nicht lange überlegen, was ihn an Fastnacht fasziniert: *»Spaß! Das ist mal der erste Grund. Spaß, weil es einfach Spaß macht, mache ich gern Fasnet. Und das ist eine triste Jahreszeit auf jeden Fall, da kann man eigentlich nur so was machen.«* Dabei gerät für ihn die Maskierung zur Nebensache: *»So großartig fühlt man sich nicht. Man* *freut sich vor allem, wenn man sieht, man gehört zu einer Gruppe dazu. Und wenn man sich umschaut und sieht lauter gleiche Häs, dass ist das, was einen eigentlich mehr freut. Das ist ein gutes Gefühl. [...] Durch das, dass es ein einheitliches Bild gibt, ist es schon was Tolles. [...] Ich kann auch, wenn die Maske unten ist ... gut ja, dann habe ich das Häs auch noch an, aber ich kann dann trotzdem auch noch lustig sein und Rabatz machen und Gaude machen. Also, da brauche ich kein Häs dafür.«*

Er verhalte und bewege sich auch nicht anders als ohne Häs: *»So durch die Haare fahren, da bin ich eigentlich nicht der Typ, also richtig wild tun, das kann ich auch erstens nicht mit meiner Montur, mit meinem Korb hinten drauf. Und da bin ich auch nicht der Typ dazu, dass ich da richtig so Rabatz mache. Manche, die können ja richtig auf dem Boden rumwälzen. Das ist nicht meine Art.«*

Selbst wenn der ungeliebte Chef am Straßenrand stünde, würde er vorbeilaufen. Ihn freut es, seine Kinder zu beobachten: *»Wenn ich sehe, die haben eine Freude. Vor allem der Dirk. Wenn der verteilt, da geht einem das Herz auf, wenn man sieht, wie er da mit Freude dabei ist.«* Wenn Hans Kaspar »Loable« verteilt, dann ausschließlich an Kinder: *»Ich weiß auch nicht, die sprechen mich einfach mehr an in dem Augenblick. Und das gefällt mir, wenn die dann lachen und sich freuen, wenn sie so ein ›Loable‹ bekommen.«* Das gemeinsame Vergnügen mit seinen eigenen drei Kindern schätzt der Ingenieur besonders bei den Ausfahrten zu den zahlreichen Narrentreffen: *»Im Bus kann man schwätzen. Zwischendrin kann man auch ein Bier trinken. Letzthin haben wir ein Spielchen gemacht mit den Kindern. [...] Das ist einfach das Tolle daran.«*

Mögliche Motive für Hans Kaspars Mitgliedschaft in einem Narrenverein

Hans Kaspar ist ein geselliger Mensch. Er engagierte sich bereits in vielen Vereinen und nach der Ansiedlung in Balingen war der 39-Jährige bestrebt, möglichst rasch wieder mehreren Gruppierungen anzugehören. Bei der Auswahl des Narrenvereins gab der Standort den Ausschlag, nicht das Häs oder die Leute. Spaß ist ein Wort, das Hans Kaspar oft gebraucht. Laut Bausinger hängen die Ausdrücke Spaß und Geselligkeit eng zusammen: »Sucht man den Spaß zu erklären, dann drängt sich eben jenes Stichwort Geselligkeit auf. Der Spaß besteht offenbar vor allem darin, daß man etwas miteinander anfängt, und es hat den Anschein, daß das Gefühl des Miteinander umso stärker ist, je weniger die Tätigkeit durch die üblichen Alltagskanäle gesteuert ist.«[196] Nachdem der Ingenieur an seiner jetzigen Arbeitsstelle nur in unzureichendem Maße Erfüllung und Anerkennung findet, sich im Gegenteil täglich mit viel Stress und Ärger konfrontiert sieht, nehmen Freizeitbeschäftigungen für ihn einen kompensativen Stellenwert ein. Hier allerdings weniger zu Hause im Kreis der Familie als vielmehr durch wöchentliche Auftritte, außerdem im Fußball- und Narrenverein. In diesen drei Bereichen scheinen es jeweils herausgehobene Positionen zu sein, die der 39-Jährige bevorzugt.

So trägt er bei den »Loable« den großen Korb, aus dem sich alle Hästräger während eines Umzuges bedienen. Diese gewichtige Rolle wird von ihm auf eine ganz spezielle Art interpretiert: *»Ich tu immer ein bisschen ... quasi markieren: Die schwere Last trage ich. Da laufe ich so ein bisschen behäbig.«* Die mit der Maskierung verbundenen neuen Verhaltens- und Kommunikationsmöglichkeiten nutzt der dreifache Familienvater nicht. Er schätzt dafür die Gruppenzugehörigkeit. Im Fußballverein wird der Entwicklungsingenieur vor allem als Fest- und Partybarde geschätzt, der durch seine Musik für Stimmung und Gemeinschaftsgefühl sorgt. Ähnliches gilt für sein Engagement als Tanzmusiker. Er sei gerade durch sein Gitarrenspiel, wie der 39-Jährige oft betont, überall ein *»gern gesehener Gast«*. Dieser Zuspruch und die Anerkennung weit ab vom hektischen Berufsalltag, an dem Kaspars Herz ganz offensichtlich nicht hängt, scheinen ihn zufrieden zu stellen.

Verortung in der Erlebnisgesellschaft

Obwohl Hans Kaspar die Rockband Rolling Stones verehrt, und – typisch für das Spannungsschema – als Mitglied einer Band seinen Idolen nacheifert: »Das Publikum dieser Musik läßt sich Dynamik nicht nur von anderen vormachen, sondern praktiziert sie auch selbst«[197], scheint der Ingenieur dennoch dem Trivialschema näher zu stehen. Als Stimmungsmacher bei Hochzeiten, Vereinsfesten oder im privaten Kreis zeichnet sich der 39-Jährige für die Aufführungskultur des Trivialschemas verantwortlich: »Schunkeln, Stampfen, Mitklatschen, Zuprosten. [...] Die Wiederholung des Schlichten.«[198] Er ist es, der versucht, für jene Gemütlichkeit und Geborgenheit zu sorgen, die von einer bestimmten Gruppe Menschen so geschätzt wird. Trivialkultur ist laut Schulze Kultur der schönen Illusion. Hans Kaspar hat sich dieser Kultur verschrieben. Sie steht in krassem Gegensatz zum Berufsalltag, der ihn mehr frustriert als erfüllt. Er genießt im Narrenverein, wie auch in den vielen anderen Vereinen, denen er bereits angehörte, das Gruppengefühl. In Baden-Württemberg, so gibt er an, liegen seine Wurzeln, Aufenthalte im Ausland reizen ihn wenig. Die prestigeträchtige Rolle des musikalischen Entertainers weist aber auch in Richtung Spannungsschema, dessen Lebensphilosophie sich als narzisstisch beschreiben lässt. Hans Kaspar scheint zwischen diesen beiden Schemata zu stehen.

»Für die Kinder ist es einfach toll, in einem Häs zu laufen.« – Julia Kaspar

Julia Kaspar ist katholisch und stammt aus Bad Buchau in Oberschwaben. Im Alter von 21 Jahren heiratete die Industriekauffrau. Während ihr Mann in Stuttgart studierte, arbeitete sie bei einer Karosseriebaufirma in der Einkaufsabteilung. Stolz erzählt die 37-Jährige, beim Kauf des ersten Laserschnittroboters im Raum Stuttgart beteiligt gewesen zu sein. Als dann die drei Kinder kamen, heute elf, neun und sieben Jahre alt, zog sie sich aus dem Berufsleben zurück. Nach elfjähriger Pause möchte sich Julia Kaspar nun wieder langsam der Arbeitswelt annähern: *»Ich habe letztes Jahr übers Arbeitsamt gerade wieder Computerkurse gemacht, dass ich mit dem ›Office‹ auf dem neuesten Stand bin und mache jetzt auf 630 Mark Basis ... schaffe ich ein bisschen was [...]. Ich sehe es wie jetzt noch* *einmal eine Ausbildung [...], und es reicht mir vollkommen, wenn ich da morgens meine zweieinhalb Stunden absitze. Bis ich dann wieder heimkomme, kochen und dann die Jungen mit Hausaufgaben, bin ich vollauf ausgelastet.«*

Julia Kaspar bezeichnet sich selbst als Familienmanagerin: *»Das ist ein Management, wirklich wahr, bei den Terminen, das ist absolut der Hammer.«* Genau dies wäre für sie auch ein Grund, auszuwandern: *»Also, der Alltag erschlägt uns manchmal schon, muss ich sagen.«* Die meisten ihrer Freizeitbeschäftigungen stehen im Zusammenhang mit den drei Kindern. So ist die 37-Jährige Mitglied in einer Marionettenspielgruppe, sie näht Kinderkleidung, fertigt Naturpuppen aus Schafwolle und strickt. Außerdem fühlt sie sich für die gemeinsamen Unternehmungen der Familie verantwortlich und unternimmt große Anstrengungen, um ihren Sprösslingen hochkarätige Erlebnisse zu ermöglichen. Die Kaspars besuchten beispielsweise geschlossen ein Konzert der Rockband Rolling Stones: *»Das ist super gegangen. Wir hatten aufblasbare Würfel dabei [...], dann haben die alles bestens gesehen.«* Auch Museumstouren stehen auf dem Programm: *»Jetzt kann man Museum machen, vorher war es halt zu langweilig, da hat es sie noch nicht interessiert [...].«*

Bevor es in der Eyachstadt Fastnacht gab, besuchte die Familie ab Dreikönig jeden Sonntag einen Umzug: *»In Balingen war halt nichts los. Das war halt für die Kinder schade, weil wenn die hier aufwachsen ... die sollen ja hier mal verwurzelt sein [...].«* Julia Kaspar übernimmt die für Mütter in größeren Familien typische »ständige Anreger-Rolle«[199]. Hierbei fühlt sie sich von der Stadtverwaltung im Stich gelassen: Für Kinder gebe es in Balingen keine *»vernünftigen Angebote«*. Es gefällt ihr generell nicht so gut in ihrem neuen Wohnort, den sie als provinziell bezeichnet: *»Ich könnte jederzeit hier wieder wegziehen. [...] Ich fühle mich hier nicht besonders wohl. Ich weiß nicht warum. Wenn ich es wüsste, könnte ich es vielleicht in Griff bekommen. Also mir hat [...] es im Stuttgarter Raum schon besser gefallen. Ich habe die Leute offener gefunden [...]. Das war schon eher meine Welt.«* Sie selbst fühlt sich nach drei Umzügen *»heimatlos«*: *»Und das fehlt schon. Also, wenn man mal weggezogen ist, man bemerkt erst später ... so die Jahrgänger, die Klassenkameraden ... einfach das, was einen an den Ort gebunden hat, das fehlt einem schon. Wenn man immer wieder neu starten muss, und unsere Bekannten sind jetzt maximal fünf Jahre alt hier ... und es ist immer schon noch ein ziemliches Auf und Ab, gell.«*

Der Eintritt der Familie in den neu gegründeten Narrenverein hatte für Julia Kaspar ganz praktische Gründe: *»Weil einfach in den Monaten, wo sonst nichts los ist, wo ich mit drei Kindern im Haus sitze, wo ich da was vor habe, wo die Zeit einfach ausgebucht ist ... und: Man sitzt nicht bloß im Haus, weil wer geht freiwillig mal drei, vier Stunden im Winter raus an die frische Luft?«* Beteiligten sich die »Loable« also an keinen Narrentreffen, wären sie für die dreifache Mutter weitaus weniger attraktiv. Schwäbisch-alemannische Fastnacht kannte die Oberschwäbin von Kindheit auf, denn Bad Buchau verfügt mittlerweile sogar über zwei Narrenzünfte. Wie ihr Mann engagierte auch sie sich als Jugendliche im Bereich der Fastnachtsorganisation: *»Wir haben schon Schulbefreiung gehabt und Kinderumzug, und ich habe einmal als Schulsprecher den Kinderball mit organisiert und gesprochen [...].«* Sie selbst fühlt sich heute im Häs anders als in jungen Jahren: *»Ich tue mich jetzt schon schwerer, das merke ich. Und ich weiß nicht, ob ich es ohne Kinder jetzt auch noch so mitmachen würde. Aber für die Kinder ist es einfach toll, in einem Häs zu laufen. Ich spüre bei den Kindern, dass die das spüren, was ich damals gespürt habe. [...] Man ist ja jemand anders drunter, gell. Das brauche ich jetzt nicht mehr. Früher hat man das eher gebraucht. [...] Man hat was anstellen können, ohne dass man erkannt worden ist. [...] Und ich merke halt: Für die Kinder ist das einfach toll.«*

Dennoch fühlt sie sich im Häs als anderer Mensch und gibt sich entsprechend: *»Man verhält sich ja anders, wenn man beguckt wird, wie wenn man mit der Masse läuft. Ha ja, man spielt dann schon eine Rolle. Man versucht schon, das ›Loable‹ ein bisschen darzustellen.«* Allerdings empfindet sie im Gegensatz zu den meisten anderen Mitgliedern keinen

Stolz. Sie würde innerhalb des Vereins manche Dinge anders machen. Die 37-Jährige gibt an, ihre »Loable«-Mitgliedschaft nicht jedermann zu offenbaren: *»Ha, zum Beispiel jetzt unsere Nachbarn, die haben mit der Fastnacht gar nichts am Hut. Die belächeln so was. Und das muss ich ja nicht haben, dass ich es solchen gerade auf die Nase binde oder so, gell.«* Für Julia Kaspar bedeuten die vom Narrenverein organisierten Veranstaltungen während der Fastnachtszeit doppelten Arbeitsaufwand: *»Bis ich meine vier alle angezogen und gerichtet habe, dann bin ich dann sowieso so gestresst (lacht). Und dann noch die ganze Schafferei ... also, da muss man dann halt einfach durch.«* Was das Vereinsleben betrifft, so ist die 37-Jährige zwar durchaus gewillt, ihren Beitrag zu leisten: *»Der Verein, der ist noch so klein, die brauchen halt jeden [...]«*. Doch sie überlegt sich genau, wie viel Zeit sie investiert: *»Ich wäge das ab. Man muss ja auch was zurückbekommen. [...] Ich habe schon mehr gemacht. Im Moment mache ich weniger [...]. Ja, halt immer mit welchen Leuten du Kontakt hast. Und wenn das nicht passt, dann machst du halt weniger und wenn jemand anderer wieder dran ist, [...] dann läuft es halt wieder besser. Also, da bin ich ganz frei. Ich sage da nicht: Bloß weil ich dabei bin, muss ich alles machen, sondern dann habe ich schon meine Hoheit, wo ich dann auswähle.«*

Mögliche Motive für Julia Kaspars Mitgliedschaft in einem Narrenverein

Der Narrenverein stellt für Julia Kaspar nur eine kleine Facette ihres Lebens dar. Fastnacht bedeutet für sie *»eine tolle Zeit in einer trostlosen Jahreszeit«*. Im Gegensatz zu vielen anderen Mitgliedern, die sich stark mit dem Verein identifizieren und das ganze Jahr dessen Aktivitäten entgegen fiebern, hat die 37-Jährige weder Zeit noch Lust, sich ausschließlich über die Balinger »Loable« zu definieren. Sie betreibt nicht nur konsequent die Rückkehr in den Beruf, führt einen Fünf-Personen-Haushalt und geht verschiedenen Hobbys nach, sondern gestaltet auch noch das Familienleben in einer Weise, die an professionelles Erlebnismanagement erinnert. Die Mitgliedschaft in einem Narrenverein bietet aus ihrer Sicht gleich mehrere Vorteile: Zum einen kommen die drei Kinder in der kalten Jahreszeit an die frische Luft, zum anderen wird freie Zeit sinnvoll genutzt, sie ist »ausgebucht« und damit hat die Anregerin sich wenigstens kurzfristig der Aufgabe entledigt, ständig ihre Familie zu beschäftigen.

Die Möglichkeit einer »Verwurzelung« der Kinder an den Ort ihres Aufwachsens spricht außerdem für den Narrenverein. Schwäbisch-alemannische Fastnacht dient nach Ansicht der Industriekauffrau in besonderem Maße einem nicht näher bezeichneten Verwurzelungs- oder Beheimatungsprozess. Offenbar plagt die Oberschwäbin ein schlechtes Gewissen: Durch die Umzüge erleben ihre drei Kinder eine andere Kindheit wie sie, die ja bis zum 21. Lebensjahr in einem Ort aufgewachsen ist, an dem scheinbar genügend Angebote für Heranwachsende bestanden. Da dies ihrer Ansicht nach in Balingen nicht der Fall ist, fühlt sie sich verstärkt für die Produktion positiver Kindheitserinnerungen zuständig. Die 37-Jährige selbst vermisst den alten Freundeskreis und ihre Klassenkameraden. Sie bezeichnet sich als »heimatlos« und die Beziehungen zu den neuen Bekannten oder Freunden sind noch unstet. Ein ähnliches Schicksal will sie wohl ihren Kindern ersparen, deshalb nimmt sie den Stress, den die Umzüge und Veranstaltungen für sie bedeuten, klaglos auf sich. Sie möchte ihren Kindern ähnliche Erlebnisse ermöglichen, die sie selbst in ihrer Jugend als schön empfunden hatte. Im Gegensatz zu ihrem Mann ist ihr Leben stark auf die drei Kinder fixiert. Hans Kaspar hingegen ging im Gespräch kaum auf seine Sprösslinge ein.

Der Narrenverein wird im Fall Julia Kaspars als reines Erlebnisangebot genutzt, ohne dass die 37-Jährige selbst emotional betroffen scheint. Es ist in diesem Fall nicht angezeigt, von Kompensation zu sprechen. Die Industriekauffrau bezweifelt, ob sie ohne ihre Kinder überhaupt noch aktiv an der Fastnacht teilnehmen würde. Sie fühlt sich nicht nur in der schwäbischen Kleinstadt, sondern auch unter der Maske unwohl. Die dreifache Mutter streift sich das »Loable«-Häs in erster Linie über, um ihren Kindern etwas zu bieten und freut sich dann über deren Gefühle, die sie wiederum an ihre eigene Kindheit erinnern.

Verortung in der Erlebnisgesellschaft

Die Einzige der 13 Interviewpartner, die den »Loable« etwas kritisch gegenüber steht und dies auch nicht verhehlt, ist Julia Kaspar. Der Lebensstil der 37-Jährigen deckt sich in vielen Punkten mit dem des Selbstverwirklichungsmilieus. In Abgrenzung zum Harmoniemilieu und damit zum Trivialschema zeichnet sich das Milieu durch »Mobilität, seinen Drang nach außen und seine Neigung zur Selbstdarstellung«[200] aus. Man möchte originell sein und ist daher offen für alles Neue. Das Ich will sich abseits der Masse selbst verwirklichen: »Höchste Autorität ist das Subjekt selbst. [...] Das Selbstverwirklichungsmilieu [ist] skeptisch gegenüber Autoritäten und hierarchischen Strukturen.«[201] Kopfarbeit und besonders die Arbeit am Bildschirm überwiegt. Julia Kaspar ist ein kritischer Geist. Sie übt im Verlauf des kurzen Gesprächs viel Kritik: unter anderem an städtischen Einrichtungen, Fastnachtsfunktionären und dem Vereinsvorstand der »Loable«. Daheim hält sie es nicht lange aus: berufliche Fortbildung, Halbtagsjob, Auftritte und Proben mit der Marionettengruppe sowie die Aktivitäten mit den drei Kindern führen die 37-Jährige aus dem häuslichen Bereich. Für sie steht fest: *»Heutzutage fährst du dahin, wo was los ist.«* Ihr Traumreiseziel ist Grönland oder die Antarktis (*»Fordert mehr von einem ab«*), ihre Lieblingsband sind die Rolling Stones. In der schwäbischen Kleinstadt fühlt sie sich unwohl und sehnt sich zurück in die Stuttgarter Gegend, wo ihr die Menschen offener erschienen.

»Ich fühl mich freier mit Maske.« – Dirk Bruns

Um mir die Befragung zu erleichtern, lud das Ehepaar Müller anlässlich des Interviewtermins mit Vereinssprecher Michael Müller zwei weitere Gesprächspartner zu sich nach Hause ein. Ich führte dort also nacheinander drei Gespräche. Eines davon mit Dirk Bruns. Dieser ist 30 Jahre alt, katholisch, gebürtiger Balinger und arbeitet in seinem Herkunftsort als Industriemechaniker. Nach dem Besuch der Hauptschule trat er im Alter von 14 Jahren eine Lehrstelle an. Der 30-Jährige wird heute in der Produktion eingesetzt: *»Das ist mehr oder weniger ... ja ... Fließbandarbeit. Fast gar ... also es ist nicht vollautomatisch. Da werden ... wir montieren Aktenvernichter. Und da gibt es dann einzelne Takte, wo die gesamte Maschine im Endeffekt dann fertig ist.«* Mit seiner Tätigkeit ist Dirk Bruns zufrieden. Er ist ledig und bewohnt in Balingen eine Mietwohnung. In der Freizeit bastelt der 30-Jährige gerne mit Holz, renoviert Möbel, außerdem jobbt er noch nebenher. Ihm gefällt es in der Eyachstadt, er bezeichnet sich selbst als *»eingefleischten Balinger«*. Vom Auswandern hält der Mechaniker nichts, ein Abenteuer-Trip würde ihn eher reizen: *»Ich könnte mir so Sachen vorstellen wie ... da habe ich jetzt auch Berichte angeschaut von Leuten, wo aussteigen im Urlaub. Wo ... was weiß ich ... Doktoren sind oder so was, wo dann sagen: O. k., jetzt mache ich drei Monate auf Penner oder so. [...] Was ... was ... was mir gefallen hätte, war früher Kanada, wo ich gerne eine Blockhütte gebaut hätte oder so, und das mal versucht [...]. So eher so abenteuerlich, so was könnte ich mir schon eher vorstellen.«*

Der Narrenverein ist die einzig organisierte Gruppe, der Dirk Bruns angehört. Er bekleidet dort das Amt des zweiten Vorsitzenden. Schwäbisch-alemannische Fastnacht kannte der Balinger nicht. Erst seine Bekannte, die heutige Vereinsvorsitzende Sabine Müller, brachte ihn mit diesem Phänomen in Berührung: *»Ich bin früher ... bin ich auf die Fasnet gegangen ... also so Koma abtanken. Und das war es dann irgendwann nicht mehr. Das hat mir absolut nicht zugesagt und ... ja ... dann habe ich das eigentlich, wo da ... von der Sabine kennen gelernt ... sind wir mal auf Umzüge gegangen. Und das ist dann schon was anderes.«* Mittlerweile bedauert es der 30-Jährige, dass die Balinger nicht schon früher auf diese Weise Fastnacht feierten. Noch heute schwärmt er von dem *»Riesen-Gefühl«*, als allen kritischen Stimmen zum Trotz Tausende beim ersten Fackelumzug die Straßen säumten. Dirk Bruns zählt schon lange zum

Freundeskreis der Familie Müller und war deshalb in alle Überlegungen, die zur Gründung des Narrenvereins führten, miteinbezogen: *»Da wächst du eigentlich auch mit und da ist ... das Häs an sich ist schon wichtig für mich, also es könnte nicht irgendein anderes Häs sein [...].«*

Sein Gesicht mit einer Maske zu bedecken, war ungewohnt für den Mechaniker und ist bis heute mit ambivalenten Gefühlen verbunden: *»Es ist meistens heiß* (lacht). *Nee, das kommt darauf an, wie sie passt. Ab und zu, wenn sie drückt, dann kommst du dir richtig scheiße vor. Also, bei mir sitzt sie auch nicht immer gleich, irgendwie. Ich weiß es nicht. Und dann ... ansonsten ... ja ... für mich müsste es nicht einmal eine Maske sein ... mal so. Ich finde es schön, wenn ... durch das, dass wir so ein nettes Gesicht haben, dass du da den meisten Kindern keinen Schrecken einjagst.«* Der Balinger beobachtet dennoch an sich andere Verhaltensmuster: *»Ich fühl mich freier mit Maske. Aber das Häs an sich macht für mich nicht viel aus. [...] Freier, also, äh, ... durch das, dass du mehr oder weniger unerkannt bist für andere Leute. Aber jetzt nicht irgendwie so ... das hat halt mit meiner Schüchternheit ein bisschen zu tun, gell. Wo du leichter aus dir raus kannst, wenn du mal wegen mir einem alten Herrn mal über die Haare fährst, wo ich ohne Maske mit Sicherheit nie machen würde. Also nicht irgendwie was Böswilliges, sondern schon irgendwie eine liebe Geste, aber wo ich nie machen würde ohne Maske.«* Er ist stolz, im »Loable«-Häs zu stecken. Als anderen Menschen würde er sich dabei nicht bezeichnen. Auch seine Bewegungsabläufe ändern sich nicht. Der Sinn des Fastnachtsfestes besteht für Dirk Bruns darin, *»eine super Zeit zu haben. Viel Spaß, viel fort und viel mit deinen Bekannten, deinen Freunden fort.«*

Mögliche Motive für Dirk Bruns Mitgliedschaft in einem Narrenverein

Dirk Bruns ist ein zurückhaltender junge Mann. Obwohl der 30-Jährige spürt, welche Möglichkeiten die Anonymität eines Häs gerade für einen schüchternen Menschen wie ihn bereithält, macht er davon, wenn überhaupt, nur sehr zögerlich Gebrauch. Es sind ausschließlich »liebe Gesten«, die er den Zuschauern zuteil werden lässt. Er empfindet im Häs kein Bedürfnis nach groben Späßen oder verbalen Attacken. Der Mechaniker flüchtet sich auch nicht bedingungslos in den fastnächtlichen Mummenschanz. Im Gegenteil: Auf die Maske könnte er auch verzichten. Fastnacht wird in diesem Fall also nur auf den ersten Blick »[...] zu einer Zufluchtsstätte befreiender Demaskierung, zu einem der letzten großen Angebote überhaupt, in einer Umwelt voller falscher Vorspiegelungen wenigstens für Augenblicke kein Maskierter, sondern [man] selbst zu sein.«[202] Dirk Bruns hängt deshalb an dem Narrenverein, da dieser von seinem Freundeskreis und ihm initiiert wurde. Der Erfolg des Vereins erfüllt ihn mit Stolz, da er ihn selbst mit aufgebaut hat. Es ist sein Verein, das gemeinsame Projekt seiner Clique. Hätte diese Gruppe statt eines Narrenvereins eine Laienspielgruppe gegründet, wäre Dirk Bruns vermutlich mit der gleichen Begeisterung bei der Sache. Im Gegensatz zu den vielen »Loable«-Mitgliedern, die schon in anderen Zünften aktiv waren, kommt für ihn nur dieses eine Häs in Frage. Ohne seine Freunde wäre Dirk Bruns nie mit schwäbisch-alemannischer Fastnacht in Berührung gekommen. Er hätte sich nicht dafür interessiert. Das gemeinsame Erlebnis zählt für ihn wesentlich mehr als Maskierung oder Rollenwechsel. Diesen Dingen steht er noch unbeholfen und skeptisch gegenüber. Von Kompensation kann hier also nicht gesprochen werden.

Verortung in der Erlebnisgesellschaft

Dirk Bruns Äußerungen lassen auf eine Verortung in das im Zeichen des Spannungsschemas stehenden Unterhaltungsmilieu schließen. Hier bilden jüngere Personen mit niedrigem Schulabschluss und unauffälligen Berufen den Kern. Im Unterschied zum Harmoniemilieu passt sich das Ich nicht den Gegebenheiten an, sondern schafft die Bedingungen selbst, die es zur Befriedigung seiner Bedürfnisse benötigt. Im Unterschied zum Selbstverwirklichungsmilieu reduziert sich dieses Ich-Modell auf die Gegenwart: »Ich bin das, was ich gerade will.«[203] Es geht darum, sich mit dem zu versorgen, was man gerne möchte, um das Konsumieren von Unterhaltung. Bedürfnisse entstehen oft erst durch die Stimulation des Erlebnismarktes, werden also nicht gesucht, sondern geweckt. Dirk Bruns ist fremden Ländern gegenüber aufgeschlossen, sogar Urlaub unter extremen Bedingungen würde ihn reizen. Die milieutypische Beteiligung an der Sportszene manifestiert sich in einer langjährigen Mitgliedschaft im Handballverein. Der Industriemechaniker hört gerne Heavy-Metal und Deutschrock. An bestimmten Orten – so etwa im Bierzelt – findet er auch Volksmusik passend: *»Da kann ich mir das schon gut reinziehen, da ist das kein Problem.«* Hier wird die milieutypische Tendenz zur Volksfestszene deutlich. Ebenfalls milieutypisch sind bestimmte Parallelen zum Trivialschema. So etwa der Hang zum Praktischen und die Art der beruflichen Tätigkeit. Mit dem Erlebnisangebot in Balingen ist der 30-Jährige zufrieden: *»Du kannst auch da bestimmte Sachen erleben. Du kannst auch recht viel machen, wo was abgeht, wegen mir.«* Auch Fastnacht übt auf ihn einen starken Erlebnisreiz aus.

»An der Fasnet bin ich anders als normal.« – Cordula Baum

Cordula Baum ist eine der beiden Schwestern von Hilde Baum, die schon vorgestellt wurde. Alle drei Schwestern, wurden wie oben bereits erwähnt, nacheinander in einem Nebenraum der Schneiderwerkstatt befragt. Cordula Baum ist 33 Jahre alt, evangelisch, ledig und arbeitet seit ihrem Hauptschulabschluss bei einem großen Textilienhersteller als Näherin. Sie ist ungelernte Arbeitskraft. An der so genannten Besetzmaschine näht die gebürtige Balingerin Freizeit- und Sportbekleidung. Zufrieden stellt sie diese Tätigkeit allerdings nicht, deshalb erwägt Cordula Baum einen beruflichen Neuanfang: *»Floristik tät mir gefallen, so mit Blumen.«* Bis jetzt hat sie jedoch noch nichts unternommen.

In ihrer Freizeit pflegt sie ihre Pflanzen, hört Musik, treibt ein wenig Sport und geht gerne aus. Die 33-Jährige bewohnt in Balingen eine Mietwohnung. Weder der Gedanke ans Aussteigen noch das fiktive Angebot einer kostenlosen Urlaubsreise stoßen bei ihr auf Begeisterung: *»Das* *wäre nicht mein Ding [...]. Ich bin kein Urlauber, überhaupt nicht so.«* Cordula Baum bleibt lieber zu Hause: *»Ich bin hier geboren, und ich kenn mich ... ich kenn alles [...].«* Der Narrenverein Balinger »Loable« ist der einzige Verein, dem die 33-Jährige angehört. Schon als Kind besuchte die Näherin regelmäßig mit ihren Schwestern Fastnachtsveranstaltungen, da ihr Onkel dort als Alleinunterhalter für die Musik sorgte. Mit zunehmenden Alter bedauerten es die Geschwister immer mehr, dass es in ihrer Geburtsstadt keine Fastnacht gab. Sie spielten sogar mit dem Gedanken, selbst etwas aufzubauen: *»Wir haben schon früher miteinander geredet. Wir wollten selber mal was aufziehen hier in Balingen. [...]. Irgendwie haben wir den Mumm nicht gehabt. Und wir haben auch nicht richtig gewusst, was für ein Häs wir nehmen sollen.«* Teilweise verwirklichten sich die drei diesen Traum, indem sie seit fast zehn Jahren zusammen mit einem Dutzend weiterer Frauen Saalveranstaltungen in der schwäbisch-alemannischen Fastnachtshochburg Villingen besuchen. Dabei werden die aufwendigen und jährlich wechselnden Kostüme von den Frauen selbst hergestellt. Cordula Baums Versuche, sich den Narrenzünften der Umgebung anzuschließen, scheiterten: *»Andere Vereine, die nehmen einen ja nicht so gern auf, wenn du von auswärtig bist oder so.«* Bis zum Beitritt in den Balinger Narrenverein blieb ihr nur die Zuschauerrolle. Die 33-Jährige besuchte Umzüge in der Umgebung. Ebenso wie ihre Schwestern stieß Cordula Baum relativ bald nach Gründung zum Balinger Narrenverein.

Maske und Häs verwandeln die Näherin, wie sie angibt, in einen anderen Menschen: *»Da fühlt man sich freier irgendwie. Auf jeden Fall unerkannt auf eine Art und irgendwie anders, ja. [...] Man ist halt ... ja ... wie soll ich sagen ... ausgelassener und ... ja. [...] An der Fasnet, da bin ich anders wie normal, sagen wir so. [...] Man ist halt irgendwie lockerer drauf.«* Das Gefühl im »Loable«-Häs könne man nicht mit dem in anderen Verkleidungen vergleichen: *»Als ›Loable‹ fühlst du dich schon irgendwie anders. Du bist auch ein richtiger Verein und so. Und wenn du privat gehst, [...] ist schon ein bisschen Unterschied dabei.«* Sie ist stolz, das »Loable«-Häs zu tragen. Aus einem ganz bestimmten Grund gefallen ihr die auswärtigen Narrentreffen besser als die Veranstaltungen in Balingen: *»Da können wir andere Leute kennen lernen [...].«* Es fällt ihr schwer, nach der Fastnacht wieder in den Alltag einzufinden. Die Zeit bis zu den nächsten »tollen Tagen« sei zu lang: *»Die Fasnet sollte vielleicht zwei Mal im Jahr sein. Dann vielleicht im Herbst nochmal, oder so ...«* Die 33-Jährige beteiligt sich an fast allen Aktivitäten, die der Narrenverein für seine Mitglieder das Jahr über anbietet.

Mögliche Motive für Cordula Baums Mitgliedschaft in einem Narrenverein

In Cordula Baums Leben dreht sich vieles um Fastnacht. Jener Zeitraum also, in der die »Pole Ausgelassenheit und Entrückung«[204] dominieren. Sie fühlt sich freier, ausgelassener, lockerer – offenbar besser als in der restlichen Zeit des Jahres. Die 33-Jährige sehnt sich derart nach den »tollen Tagen«, dass sie sich eine Wiederholung des Festes im Herbst wünscht. Das kompensative Bedürfnis nach Verkleidung und Maskierung, nach einem Ausbruch aus dem ungeliebten Berufsalltag scheint groß zu sein. Schon bevor der Balinger Narrenverein existierte, begab sie sich zusammen mit Schwestern und Freundinnen auf fastnächtliche Erlebnistour: Um das Fest dort zu erleben, wo es (vermeintlich) am schönsten ist, reist die weibliche Kostümgruppe bis heute ins relativ weit entfernte Villingen. Auch sonst fehlte es in der Vergangenheit nicht an Ideen und Initiativen, den Tagen zwischen »Schmotzigem« und Aschermittwoch ein besonderes Flair zu verleihen. Der Eintritt in eine Zunft aus der Umgebung wurde ebenso erwogen wie die Gründung einer Balinger Fastnachtsgruppe. Dies alles belegt, welch hohen Stellenwert das Fest für die ledigen Schwestern hat. Hier werden sie in einer Weise aktiv, die während des Jahres wohl einmalig bleibt. Für die Herstellung der Kostüme setzen sich die Frauen schon lange vor Fastnacht zusammen. Es lassen sich hier Parallelen zu den Ergebnissen einer Studie von Peter Tokofsky ziehen, der das Elzacher Maschkele untersuchte: »Hier werden natürlich Gedanken zum Kostüm diskutiert, und Näh- und Bastelarbeit wird geleistet, aber solche Abende sind auch gesellig. Wie Bausinger für die Vereinsforschung angedeutet hat, sind sowohl die Gründe für eine Sitzung als auch die damit verbundene Geselligkeit von volkskundlichem Interesse.«[205]

An dieser Stelle sei darauf verwiesen, dass es innerhalb der volkskundlichen Fastnachtsforschung vermehrt Stimmen gibt, die fordern, der bisher wissenschaftlich vernachlässigten Frauenfastnacht mehr Beachtung zu schenken: »[...] Fastnachtsforschung im Allgemeinen [interessiert] sich fast ausschließlich für männliches Brauchtum, oder [hat] sich mit Zunftfastnacht, was wiederum Männerfastnacht bedeutet, beschäftigt.«[206] So scheinen die Fastnachtstage nicht zuletzt für Frauen in einer nach wie vor von Männern dominierten Welt eine wichtige Ausbruchschance zu bieten. Es würde jedoch die Fragestellung dieser Arbeit zu sehr ausweiten, wollte man diesen sicherlich lohnenden Aspekt weiter vertiefen. Eines fällt jedenfalls auf: Während ledige Frauen in früheren Jahrhunderten während der Fastnacht Zielscheibe des Spottes und Objekt derber Späße wurden[207], scheint es heutzutage gerade umgekehrt zu sein: Die Ledigen engagieren sich in hohem Maße, ob im Verein oder privat.

Narrentreffen bieten, so Cordula Baum, den Vorteil andere Leute kennen zu lernen. Diese Aussage berührt möglicherweise den der Fastnacht seit jeher zugeschriebenen Raum sexueller Freizügigkeit. Viele der im Alltag vorherrschenden Barrieren existieren während des Festes nicht. Das fastnächtliche Du beispielsweise »[...] zwischen wenig Bekannten, ja Unbekannten trägt [...] zu einer vorübergehenden Öffnung bei [...].«[208] Auch körperliche Annäherungen in Form von Umarmungen, Küsschen oder Schunkeln stoßen auf weit weniger Widerstand als sonst. Die Folgen sind bekannt: »Man denke nur an die zahllosen Fastnachtsbekanntschaften, die später zu dauerhaften Partnerschaften im Alltag geworden sind.«[209]

Verortung in der Erlebnisgesellschaft
Zwischen Trivial- und Spannungsschema scheint der Platz zu liegen, den Cordula Baum im dimensionalen Raum der Lebensstile einnimmt. Sie geht gerne aus, nimmt Erlebnisangebote an. Bestes Beispiel: Um selber eine Narrenzunft zu gründen, fehlten Mut und Einfallsreichtum. Als dann aber die Möglichkeit bestand, sich einer neu gegründeten Gruppe anzuschließen, wurde die Näherin aktiv. Diese Verhaltensweise deutet auf das Spannungsschema. Ihr Unbehagen angesichts fremder Welten und die Sehnsucht nach Sicherheit innerhalb der eigenen geordneten Lebenswelt sind dagegen typische Merkmale des Trivialschemas.

»Ein bisschen das ›umtreiben‹ schon, einfach mal mitmachen.« – Burkhart Doll

Der 51-jährige Burkhart Doll stammt aus Rengetsweiler bei Meßkirch. Er ist verheiratet, katholisch und technischer Angestellter bei einer großen Balinger Waagenfabrik. Seine Frau führt den Haushalt und kümmert sich um die vier Kinder, von denen jedoch nicht mehr alle zu Hause wohnen. Nach dem Hauptschulabschluss absolvierte Burkhart Doll eine Ausbildung zum Industriemechaniker. In diesem Beruf legte der 51-Jährige auch die Meisterprüfung ab. Berufsbegleitend ließ er sich noch im Bereich Zeitwesen ausbilden. An seinem derzeitigen Arbeitsplatz plant der Familienvater die Montage von Ladewaagen. In seiner Freizeit engagiert sich der Mechanikermeister seit über 25 Jahren als ehrenamtlicher Funktionär beim Württembergischen Fußballverband. Ambitionen welcher Art auch immer hegt er keine mehr: *»Dem Alter entsprechend keine großen Ziele mehr (lacht). Ha ja ... also ... ja. Es tut es also.«* Nach Balingen kam Burkhart Doll 1966 aus beruflichen Gründen. Er fühlt sich wohl in der Eyachstadt. Mittlerweile besitzt die Familie eine Doppelhaushälfte in einem Stadtteil. Das Interview findet auf der Terrasse statt. Die jüngste Tochter, 13 Jahre alt und ebenfalls »Loable«-Mitglied, sitzt am Tisch und hört zu. Zum Haus gehört ein großer Garten, der zum überwiegenden Teil aus Beeten und

Gewächshäusern besteht. Auf dem Dach des Eigenheims befindet sich eine Solaranlage.

Das Fastnachtsfest übte auf den 51-Jährigen schon immer einen besonderen Reiz aus: *»Aah, Fasnet hat mich schon immer interessiert. Ein bisschen das ›umtreiben‹ schon, einfach einmal mitmachen. Das war schon gut in Rengetsweiler. Damals hat man keinen Narrenverein gehabt ... damals ... heute haben sie in der Zwischenzeit einen ... und hauptsächlich ist es dazu gekommen, weil sie* (deutet auf seine 13-jährige Tochter) *hat es in der Zeitung gelesen: ›Da will ich mitmachen!‹ Und dann habe ich gesagt: ›Dann ist es mir gerade recht‹.«* Burkhart Doll wollte schon lange einem Narrenverein beitreten: *»Die ›Brennesseln‹ in Frommern, die ... da habe ich mich auch schon so ein bisschen dafür ... aber da wäre ich der Einzige im Haus gewesen. Und meine Frau hat immer gesagt, sie macht da nicht mit, sie interessiert das nicht. Das hat mich gewundert, dass sie jetzt plötzlich aufspringt. Und dann, wo sie* [Anm. d. Verf.: die 13-jährige Tochter] *gekommen ist, dann habe ich gesagt: ›Dann ist es gut.‹ Und fahren muss man sie eh. Sie hat ja ... sie kann ja nicht Auto fahren. Also muss man eh zu zweit gehen. Und dann hat es sich gleich mit meinem Ziel gedeckt.«*

In den Jahren vor Vereinsbeitritt besuchte der 51-Jährige während der Fastnacht Umzüge und jährlich bis zu fünf Saalveranstaltungen. Letztere *»teils maskiert, teils weniger maskiert«*. Burkhart Doll ist stolz darauf, sein »Loable«-Häs zu tragen. Veränderungen an sich stellt er allerdings keine fest: *»Ich glaube, dass man mich wohl nicht erkennt, aber ich gebe mich da ganz normal und habe da kein ... also ... besonders freies Gefühl oder ... aber auch kein eingezwängtes ... also ... normal ... also kein ... weiß nicht.«* Er fühle sich weder als anderer Mensch noch weiche er von seinem sonstigen Verhalten ab. Der 51-Jährige legt großen Wert darauf, nicht mit den Hexengruppen und deren teilweise rüdem und ungestümen Gebaren in Verbindung gebracht zu werden: *»Wenn ich mich so verhalten wollte wie eine Hexe oder ein Clown, dann wäre ich nicht zu den ›Loable‹ gegangen. Dann [...] hätte ich mir eine andere Zunft ausge-*

sucht.« Gegenüber dem Zuschauer am Straßenrand ist der technische Angestellte die Liebenswürdigkeit in Person: *»Dem biete ich gerade so ein ›Loable‹ an. Er kennt mich nicht, streichle ihn ein bisschen, also nicht übermütig oder werf ihn in den Schnee, sondern biete ihm das ganz vornehm an.«* Burkhart Doll würde nicht für eine Verlängerung oder Wiederholung der Fastnacht plädieren: *»Irgendwo ist es gut, dass es beschränkt ist. Effektiv läuft sie ja von Dreikönig bis ... ja. [...] Das ist in Ordnung so.«* Der 51-Jährige hat sich seine eigenen Gedanken zum Fastnachtsboom der 1990er-Jahre gemacht: *»Die, die den Verein gegründet haben, sind alle keine gebürtigen Balinger größtenteils. [...] Und Balingen war eben evangelisch. [...] Durch das, dass man keine reine katholische und keine evangelische Flecken* [Anm. d. Verf.: schwäbischer Ausdruck für ›Ort‹, ›Dorf‹] *mehr hat, dadurch wird das eben jetzt gemischter und bunter.«*

Mögliche Motive für Burkhart Dolls Mitgliedschaft in einem Narrenverein

Der Arbeitsplatz stellt hohe Anforderungen an den 51-Jährigen. Er hat dafür zu sorgen, dass Maschinen ausgelastet, Arbeitskräfte sinnvoll beschäftigt und Zeitvorgaben eingehalten werden. Präzision und Effizienz müssen also täglich gewährleistet sein. Burkhart Doll macht im Gespräch nicht unbedingt den Eindruck, Stress gut zu verarbeiten. Als die Rede aufs Fasten kommt, erklärt er: *»Ich darf nicht fasten, sonst nehme ich noch viel mehr ab. [...] Im Gegenteil, ich muss schauen, dass ich mein Gewicht halte.«* Sein Engagement während der Fastnacht kontrastiert speziell diese berufliche Tätigkeit in höchstem Maße. Ist es doch eine Zeit, die gerade die »Zweckhaftigkeit des Daseins«[210] verneint und in der »gegen die kalten Statuten der Bürokratie und gegen die Verplanung [...] ein Stück heilsame Anarchie gestellt [wird], gegen das durchrationalisierte Dasein ein Stück betonter Irrationalität und Gefühligkeit.«[211] Der technische Angestellte möchte einmal im Jahr nicht zuverlässig, verantwortungsbewusst und sozusagen »wie ein Uhrwerk« funktionieren, sondern, wie er sagt, *»ein bisschen umtreiben«*. ›Umtreiben‹ hat im schwäbischen Dialekt die Bedeutung von sich »laut und unordentlich benehmen«[212].

Schon seit seiner Jugend beteiligt er sich gerne am Fastnachtsfest. Der Wunsch, selbst bei einem Narrenverein mitzumachen, wurde immer stärker, aber seine Familie zog nicht mit, bis ihm schließlich das Interesse der jüngsten Tochter den Vorwand lieferte, endlich einem Verein beizutreten. Im Häs verhält sich Burkhart Doll äußerst höflich, liebenswürdig und zurückhaltend. Ihn reizt weder die Möglichkeit, sich anders zu bewegen, noch die Aussicht, unerkannt zu kommunizieren. Doch schon allein die Vermummung sorgt für grundlegende Änderungen: »Wer maskiert ist, hat keine andere Wahl als abzuweichen von den sonst geläufigen Rollen – selbst, wenn er versuchen wollte, bei seinem normalen Ausruck zu bleiben, entstünde durch den Kontrast mit seiner Maske doch ein gänzlich anderer Eindruck.«[213] Vielleicht beschreibt statt »umtreiben« der Ausdruck des Sich-Treiben-Lassens besser das kompensative Verlangen des 51-Jährigen, denn »wo sich Menschen unter normalen Umständen treiben lassen, laufen sie ständig in Gefahr, geradezu an existentielle Schranken zu stoßen.«[214] An der Fastnacht kann er, wie er sagt, *»einfach mal mitmachen«*, ziellos, planlos und nicht effizient. Dies scheint ihm zu genügen, um sich im Häs wohl zu fühlen.

Verortung in der Erlebnisgesellschaft

Alter, Bildung und berufliche Tätigkeit verweisen auf das Integrationsmilieu. Es ist das Milieu der Angestellten mittlerer und unterer Ebene. Kopfarbeit überwiegt. Viele bewohnen wie der 51-Jährige ein eigenes Haus und befinden sich in der »sozioökonomischen Endstation«[215]. Sie haben sich mit ihrer sozialen Lage arrangiert. Beruflicher Alltag, Wohnsituation sowie materielle Umstände können so bleiben, wie sie sind. In diesem Sinn äußert sich auch Burkhart Doll. Man passt sich an, will normal sein, kein Aufsehen erregen und bewegt sich in allen Lebenslagen möglichst konform mit scheinbar bestehenden gesellschaftlichen Standards. Was die Angehörigen des Integrationsmilieus in besonderem Maße von anderen Milieus unterscheidet, ist der hohe Stellenwert von Gartenarbeit. Das Integrationsmilieu ähnelt in vielem dem Harmoniemilieu und steht demnach dem Trivialschema nahe. So wird viel Wert auf die Pflege der Häuslichkeit gelegt. Der Mechanikermeister »werkelt« viel in Haus und Garten. Wichtigster Lebensbereich ist das Eigenheim und die soziale Umgebung wie beispielsweise lokale Vereine. Im Fall des 51-Jährigen kann die Funktionärstätigkeit beim Württembergischen Fußballverband angeführt werden. Ein weiterer Berührungspunkt stellt die Betonung des Regionalen dar. Burkhart Doll zeigt Interesse für Lokalgeschichte. Er macht sich auch über den Fastnachtsboom seine eigenen Gedanken. Der technische Angestellte bevorzugt Volksmusik und deutschen Schlager. Auch dies ist typisch für das Milieu. Eine Distanz zur so genannten neuen Kulturszene (alternative Kulturformen wie beispielsweise Rock- und Popmusik) findet sich im Harmonie- als auch im Integrationsmilieu.

»Die ganze Gruppe ist halt schön. [...] So ein bisschen auch Clique.« – Mascha Baum

Mascha Baum ist wie ihre beiden Schwestern evangelisch und unverheiratet. Die 32-Jährige bewohnt eine Eigentumswohnung in einem Dorf zwischen Balingen und Hechingen. Nach der Mittleren Reife besuchte sie das kaufmännische Berufskolleg und ließ sich anschließend zur Einzelhandelskauffrau ausbilden. Heute arbeitet die Balingerin als kaufmännische Angestellte in der EDV-Abteilung einer Glasfirma. Die Arbeit gefällt ihr: *»Aufträge erfassen ... ja ... komplett bearbeiten, berechnen ... Fakturierung, Optimierung ... ja* (lacht). *Sehr abwechslungsreich eigentlich.«* In ihrer Freizeit besucht sie regelmäßig ein Fitness-Studio, fährt Inlines, geht gerne aus und jobbt als Bedienung in einem Balinger Bistro. Für gewisse Zeit könnte es sich die 32-Jährige durchaus vorstellen, als Aussteigerin auf einer Insel zu leben, *»aber ganz würde ich es, glaube ich, nicht packen. So alles zurücklassen ... nee.«* Gegenüber fernen

Urlaubszielen zeigt sie sich sehr aufgeschlossen. Mascha Baum bereiste Asien, auch die USA oder Mexiko würden sie reizen.

Fastnachtsbegeistert, so erklärt die kaufmännische Angestellte, sei sie schon als Kind gewesen. Aufgrund der Auftritte des Onkels besuchte die Familie regelmäßig Fastnachtsveranstaltungen. Bevor die Balinger »Loable« existierten, gehörte die 32-Jährige acht Jahre der Narrenzunft Geislingen an. Eine Freundin hatte sich das dortige Häs anfertigen lassen, konnte es aber nicht mehr bezahlen, und Mascha Baum erwarb das Narrenkleid. Es stellte sich bald heraus, dass sie als Auswärtige keinen Anschluss fand. Aktivitäten außerhalb der Fastnacht bot diese Zunft nicht an, sodass die Balingerin nur mit wenigen Vereinsmitgliedern in Kontakt kam: *»Das war furchtbar, sage ich mal. [...] Also, wenn man nicht vom Ort gekommen ist, von daher, da kennt man auch die Leute nicht, dann ist das an der Fasnet einfach halb so schön.«* Als sich dann in ihrem Herkunftsort die Möglichkeit ergab, Fastnacht zu feiern, verkaufte sie das Häs und trat zusammen mit ihren Schwestern dem neuen Narrenverein bei: *»Dann habe ich gedacht: Mensch, ich bin ja eigentlich ein Balinger ›Loable‹, wenn die was machen, da war das eigentlich klar, dass ich da dazu gehe.«*

Unter der »Loable«-Maske fühlt sie sich wohl: *»Einfach gut, ja. Es kennt einen niemand. Da kannst du vielleicht einmal tun, wie du sonst vielleicht nicht so tust. Jetzt bei einem Umzug oder so, sonst hast du ja die Maske sowieso nicht auf. Es ist halt schön, zu irgendwelchen Leuten hinzugehen, und die dann kurz zu erschrecken oder so ... ja ... oder irgendwie, wenn die einen nicht gleich erkennen.«* Dennoch bleibe sie auch im vermummten Zustand sie selbst. Noch mehr als die Maskierung aber genießt Mascha Baum das Bewusstsein, einer Gruppe anzugehören: *»Einfach, dass man halt weiß, man gehört zu einem Verein und ist da nicht irgend so ein Clown, wo da allein so rum juckt oder so. Die ganze Gruppe ist halt schön. [...] Verein, so Zusammengehörigkeit oder ... ja. Einfach schön. So ein bisschen auch Clique. Darum war das vorher gar nichts, weil das verstehe ich nicht unter einem Narrenverein, dass man sich nur* *an der Fasnet sieht und mit irgendwelchen wildfremden Menschen irgendwie feiern soll oder so ...«*

Das äußerst rege Vereinsleben der »Loable« findet aus diesem Grund ihre Zustimmung, wenngleich sich die 32-Jährige nicht an allen der ungewöhnlich vielen Veranstaltungen beteiligt: *»Also, das ist hier schon extrem. Das ist also schon eine richtige Clique, der Kern, wo sich ziemlich oft trifft. [...] Also mindestens einmal im Monat haben wir einen Stammtisch praktisch und dann schon auch jeden zweiten Monat oder so hat man Veranstaltungen oder plant irgendwas. [...] Ich habe nicht immer Zeit, aber ich finde es gut, dass man es macht.«* Der Sinn des Fastnachtsfestes besteht für Mascha Baum darin, das Leben zu genießen und in andere Rollen zu schlüpfen: *»Einfach Spaß haben. Ja, die Verkleidungen finde ich auch witzig einfach. Jetzt nicht speziell die Narrenvereine, auch sonst.«* Das Ende der »tollen Tage« bereitet ihr keine Schwierigkeiten: *»Man ist da gleich wieder drin, so im normalen Alltag ... oder ... ja.«* Auch eine Verlängerung der Fastnachtszeit würde sie nicht begrüßen: *»Nö, das ist dann immer ganz gut, dass ... wenn es vorbei ist. Dann lieber so zwei Mal im Jahr oder so. Aber die Zeit, das reicht dann, weil man ist wirklich tagtäglich am Schluss unterwegs. Und das ist dann wirklich Stress. Man ist dann einfach fertig.«*

Mögliche Motive für Mascha Baums Mitgliedschaft in einem Narrenverein

Mascha Baum schätzt weniger die Möglichkeit, sich durch die Anonymität des Häs anders verhalten zu können, als vielmehr das Gefühl, einer Gruppe anzugehören. Sie nahm acht Jahre lang maskiert an Umzügen teil, die rechte Freude wollte aber trotzdem nicht aufkommen, da sie nur wenige Hästräger kannte. Kein spezifisch fastnächtliches Phänomen: Die meisten Menschen können dem Alleinsein nicht viel abgewinnen und sehnen sich nach dem Miteinander einer Gruppe. Mascha Baum bezeichnet die Zeit damals deshalb auch sehr drastisch: *»Das war furchtbar.«* Im Gegensatz zu dieser Außenseiterexistenz fühlt sich die 32-Jährige im neuen Narrenverein integriert. Sie betont, wie wichtig das Zusammengehörigkeitsgefühl für sie sei, denn nur dann könne man zusammen feiern. Der Kontakt zu anderen Menschen scheint ihr generell sehr wichtig zu sein. Ihre Nebentätigkeit als Bedienung setzt die Bereitschaft voraus, mit Menschen umzugehen. Die von ihr häufig verwendeten Ausdrücke Clique, Verein oder Gruppe stehen synonym für Zusammengehörigkeit, Vertrautheit und gegenseitige Sympathie. Sie will nicht mit »wildfremden Menschen« feiern. Auch hier findet sich nichts von der Unverbindlichkeit, die Bausinger fastnächtlicher Geselligkeit zuschreibt. Im Gegenteil steht für die Balingerin das Bedürfnis im Vordergrund, in einer Gruppe Halt zu finden, sich dort geborgen und zugehörig zu fühlen.

Verortung in der Erlebnisgesellschaft
Die 32-Jährige tendiert zum Spannungsschema. Dafür spricht ein Freizeitverhalten, das von ständiger Abwechslung sowie hohem Aktionspotential geprägt ist. Szenen und Personen wechseln häufig, Kneipen- und Sportszene dominieren. Die zentrale Rolle des Körpers und damit die besondere Betonung von Äußerlichkeit offenbart sich durch den regelmäßigen Besuch im Fitness-Studio. Die milieutypische Vorliebe für schnelle, dynamische Musik wird von Mascha Baum ebenfalls geteilt. Urlaubsziele auf der ganzen Welt reizen die kaufmännische Angestellte. Der hohe Stellenwert, den sie einer Gruppenzugehörigkeit beimisst, lassen aber auch Verbindungen zum Trivialschema erkennen.

»Ich gehe auf die Leute zu, [...] mit Maske oder ohne Maske.« – Manfred Zussmann

Das Interview mit Manfred Zussmann fand im Wohnzimmer der Familie Müller statt. Dieser ist 50 Jahre alt, konfessionslos und verheiratet. Seine Frau brachte vier Kinder in die Ehe mit. Er selbst ist Vater eines Kindes. Alle fünf leben nicht mehr bei den Eltern. Das Ehepaar bewohnt seit über zwanzig Jahren in Balingen eine Mietwohnung. Der 50-Jährige stammt aus Hornberg im Schwarzwald. Dort besuchte er die Hauptschule, lernte anschließend den Beruf des Installateurs und nahm mit 19 Jahren eine Stelle als Lüftungsmonteur an, eine Tätigkeit, die ihn neun Jahre lang auf Baustellen in ganz Deutschland führte. Während dieser Zeit verbrachte Manfred Zussmann lediglich die Wochenenden zu Hause. Danach arbeitete der Schwarzwälder wieder als Installateur. Heute lässt er es ruhig angehen: *»So zwischen halb Rentner, halb Flaschner – so kann man sagen. Bisschen nebenverdienen, ja.«* Seine Frau ist Hausfrau und für wenige Stunden pro Woche in einer Lotto-Annahmestelle beschäftigt. In seiner Freizeit widmet sich der Flaschner dem Narrenverein oder fährt Motorrad. Außerdem ist er gerade dabei, sich einen lang gehegten Traum zu erfüllen: *»Ich gehe, wie soll ich sagen, seit fast 28 Jahren nach Kroatien. Jetzt haben wir da eine Ferienwohnung, da müssen wir zwar Miete zahlen, aber irgendwann ist mein Ziel, ein Grundstück zu kaufen. In nächster Zeit, das ist am laufen. Ein kleines Häuschen, so zwei, drei Zimmer, da aufzustellen, dass ich dann meinen Lebensabend mit meiner Frau dort verbringen kann und ein kleines Boot noch und das wäre eigentlich das Ziel, wo ich eigentlich noch in den nächsten fünf, sechs Jahren anstrebe. Und wenn ich das dann habe, dann bin ich zufrieden.«* Bei ausreichenden finanziellen Mitteln würde der 50-Jährige *»sofort nach Kroatien. Von heute auf morgen.«* Ihn fasziniert diese Gegend: *»Die Landschaft ist gigantisch. Mittelmeer ist also ... und gerade die Ecke da, wo wir hingehen, ist also sagenhaft.«*

Manfred Zussmann ist in Hornberg mit Fastnacht groß geworden: *»Ich habe die Fasnet praktisch mitgemacht von der Kindheit auf, vom Kinderwagen her [...].«* Allerdings war er nie Mitglied in einer der fünf Hornberger Narrenvereine: *»Durch das, dass ich mit 19 auf Montage war und immer bloß wochenends nach Hause kam, dann war das irgendwie vereinsmäßig ... bei der Feuerwehr war ich noch. Das habe ich auch aufgegeben. Wenn du unter der Woche nicht da bist, dann lässt du es. Vereinsleben läuft da nicht.«* Die Fastnachtsbegeisterung ließ den Flaschner jedoch nie los. Da es in Balingen und Umgebung während den »tollen Tagen« ruhig blieb, besuchte er jahrelang seine Schulfreunde, von denen einige in Gutach bei Hornberg leben: »*Und irgendwann habe ich gesagt, da waren halt auch ein paar Kumpels da, dann haben wir andere Kumpels kennen gelernt und so ... dann sind wir halt mal am Stammtisch gehockt und haben gesagt: ›Weißt du was, wir könnten doch einmal ... komm, wir machen selber was auf ... scheißegal ...‹ Und so ist das eigentlich aus einer Bierlaune heraus mehr oder weniger entstanden.*« 1993 gründete Manfred Zussmann zusammen mit drei Freunden in Gutach, einem evangelischen Dorf, in dem es bislang keine Fastnacht gab, die Zunft der Bühlersteiner »Erdmale«. Die Idee zum Häs lieferte eine örtliche Sage: »*Wir haben auch nachgeblättert in so einem Sagenheft, was könnten wir, was ... und dann ist Gutach ... da sind ... drei, vier Stück waren zur Verfügung. Dann haben wir gesagt: ›Gut, dann machen wir das Bühlersteiner ›Erdmale‹. [...] Meine Frau hat das Häs aufgezeichnet. Das erste Häs hat sie selbst genäht. [...] Es ist also, wie soll ich sagen, eine grüne Kutte mit lauter Flicken drauf und so eine Spitze noch dran und eine schöne Holzmaske auch mit Rosshaar bestückt, ja ... es ist also eine freundliche Maske und so.*« Der 50-Jährige leitete als Vorstand die Geschicke des jungen Vereins, der in den ersten beiden Jahren lediglich acht Hästräger stellte. Heute sind es 25. Nachdem ein Mitglied Geld aus der Vereinskasse veruntreute, musste Manfred Zussmann, der ja weder Gutacher war noch dort wohnte, schließlich die Verantwortung übernehmen. Er wurde abgewählt, zog sich langsam zurück und entschloss sich, fortan die neue Fastnacht seines Wohnortes zu unterstützen, zumal ausgerechnet Mitglieder seines Balinger Bekanntenkreises den dortigen Narrenverein gegründet hatten: »*Das war mit ein Grund, dass ich gesagt habe: ›So jetzt lege ich das andere ein wenig beiseite und steige da voll ein‹.*«

Befragt nach Verhalten und Gefühl im Häs macht Manfred Zussmann widersprechende Angaben. Er beschreibt zunächst die Verwandlung, die sich bei ihm vollzieht: »*Da bist du ein anderer Mensch da drunter, finde ich – ein total anderer Mensch*«, um aber dann diese Aussage wieder zu revidieren: »*Es ist schwierig. Nee, ein anderer Mensch kann man nicht sagen. Weil ich gehe auf die Leute zu, [...] ob das jetzt auf der Fasnet ist ... mit Maske oder ohne Maske ist, mir ... also mir geht das am Arsch vorbei. Ob das jetzt ein großer ist oder ein kleiner ist ... ich bin sowieso ein Du-Mensch mehr oder weniger wohlgemerkt ... ich habe da sowieso keine Schwierigkeiten. Bloß mit dem Häs, da kann ich, wie soll ich sagen, die Leute mehr veräppeln, oder kann sie über den Tisch ziehen oder irgendwas, wo ... weil sie nicht wissen, wer drunter ist. [...] Man kann halt Leuten, äh, etwas sagen, ohne dass man ihnen wehtut. Was man im normalen Leben nicht so kann.«* Der Flaschner kennt gegenüber den Zuschauern am Straßenrand keinerlei Berührungsängste: *»Der wird halt vernudelt. [...] Dem verstrubbel ich halt die Haare. [...] Dem nehme ich vielleicht den Hut weg oder sonst was, also setze ihn jemand anderes auf oder so.«* Seine Bewegungen im Häs sind anders: *»Auf die Maske zugeschnitten. Ein bisschen deutlicher.«* Er ist stolz, das Narrenkleid zu tragen.

Dem Vereinsleben misst Manfred Zussmann große Bedeutung bei: *»Weil Verein als solcher ... ich sage ja, wir sind eine gute Clique im Prinzip, und da sind jetzt praktisch viele andere dazu gekommen. Wenn wir uns treffen, umarmen wir uns, geben uns Küsschen – und das verstehe ich eigentlich unter Vereinsleben. Da werden manchmal Probleme gewälzt [...]. Und das verstehe ich eigentlich auch unter Verein. Dass man sich mal aussprechen kann über das oder jenes. Und dass man mal bastelt oder da was macht. [...] Ich finde das super.«* Das Ende der Fastnacht trifft den Flaschner hart: *»Da holt dich die Welt wieder ein.«* Andererseits ist er froh, wenn der Erlebnisstress zu Ende geht: *»Wenn man so eine Saison hinter sich hat, und man ist tagtäglich im Einsatz [...], dann sagt man: ›Gott sei Dank, es war jetzt schön.‹ Man freut sich das ganze Jahr drauf, aber jetzt ist ... jetzt kehrt irgendwie eine gewisse Ruhe ein. Da setzt dann das Erholen wieder ein. Man ist schon im Stress irgendwie gell. Man ist lange auf. Man trinkt vielleicht doch einmal ein Viertel Wein mehr wie normal. [...] Die Welt holt dich schon ein, weil du musst wieder arbeiten gehen, dann musst du das wieder machen und das und das. Und so hast du halt Muße gehabt und hast mehr Spaß im Prinzip.«*

Einer Verlängerung der Fastnacht würde er deshalb nur dann zustimmen, wenn die Veranstaltungen auf die Wochenenden beschränkt blieben. In diesem Fall: *»Keine Frage, zwei, drei Monate …«*

Mögliche Motive für Manfred Zussmanns Mitgliedschaft in einem Narrenverein

Der Handwerker träumt von einem Haus am Meer. In Kroatien möchte er mit seiner Frau den Lebensabend verbringen. Manfred Zussmann hängt also weder am Schwarzwald noch an Balingen, weder an den Menschen hier noch dort in einem Maße, das ein Fortgehen unmöglich machen würde. Die neunjährige Montagetätigkeit in ganz Deutschland scheint diese lockere lokale Bindung geprägt zu haben. Während dieser Zeit war es dem 50-Jährigen nur in sehr begrenztem Umfang möglich, in seinem Herkunftsort soziale Bindungen aufrechtzuerhalten. Die Mitgliedschaft in einem Verein beispielsweise blieb ihm eben aus beruflichen Gründen verwehrt. Obwohl seit Kindesbeinen mit der Fastnacht seiner Geburtsstadt vertraut, nahm er schon als junger Mann nicht mehr daran teil. Die Antwort auf die Frage, warum der Installateur dann Jahrzehnte später eine Narrenzunft gründete, beginnt mit den Worten: *»Ja, mein Traum eigentlich war …«* Hier wird deutlich, dass an dem Handwerker die damalige Isolation nicht spurlos vorübergegangen war. Möglicherweise wollte er sich durch die Gründung einer Narrenzunft die Erlebnisse zurückholen, auf die er als junger Mann verzichten musste. Diese Annahme könnte auch den hohen Stellenwert erklären, den das Vereinsleben heute für den Flaschner einnimmt. Nach seiner Darstellung mutet der Narrenverein wie eine große Familie an, deren Mitglieder in einer fast schon perfekten Eintracht leben. Die Aussage, er sei im Häs ein völlig anderer Mensch, revidiert der 50-Jährige. Er bezeichnet sich als Du-Mensch, der mit oder ohne Häs auf Menschen zugeht. Die Anonymität ermöglicht also für Manfred Zussmann lediglich noch direktere Redebeiträge sowie »[…] weit über die Familie hinaus […] Kontakte und zwar durchaus robuste Kontakte in einem erweiterten Feld sozialer Beziehungen [...].«[216] Ein Sich-Selber-Aufgeben ist in diesem Fall wohl nicht angezeigt, vielmehr aber eine kulminative Entfaltung bereits vorhandener Anlagen, die das Jahr über in dieser Form nicht möglich ist. Als kompensative Reaktion auf den Alltag kann das fastnächtliche Engagement des Schwarzwälders deshalb gleichwohl verstanden werden. So verbindet er mit Fastnacht Muße und Spaß, die übrige Zeit des Jahres hingegen mit Arbeit und Zwängen. Nicht von ungefähr würde er unter bestimmten Voraussetzungen für eine zeitliche Verlängerung der fastnächtlichen Aktivitäten plädieren.

Verortung in der Erlebnisgesellschaft

Manfred Zussmanns Lebensstil kann eine Nähe zum Trivialschema bescheinigt werden. Er hält sich bevorzugt in geselligen Runden auf: Die Clique, der Verein oder die Stammtischbrüder sind Foren, die ihm Geborgenheit vermitteln. Er legt großen Wert auf »[...] die Beschwörung der Gemeinschaft wenigstens in der symbolischen Praxis«[217], so beispielsweise in Form des Küsschengebens oder durch die Gründung einer Narrenzunft in einem Ort, mit dem den Schwarzwälder im Grunde gar nichts verbindet. Das schöne Erlebnis ist demnach einfach strukturiert, es beruht auf Gemütlichkeit. Der Installateur hört am liebsten Volksmusik. Auf den ersten Blick erscheint der Traum vom Haus am Meer untypisch für das Trivialschema: überwiegt hier doch ein Urmisstrauen vor allem, was sich außerhalb der Sphäre des Bekannten befindet. Da der 50-Jährige jedoch seit 28 Jahren den gleichen Ort in Kroatien bereist, zeigt sich im Gegenteil der typische Hang zu Altgewohntem. Das Haus am Meer kann darüber hinaus als Teil einer Kultur der schönen Illusion gesehen werden. Es symbolisiert ein Leben ohne Zwänge.

»Dass sich da was entwickelt wie eine Freundschaft, wie eine Ehe [...].« – Michael Müller

Vereinssprecher Michael Müller ist 39 Jahre alt, evangelisch und Produktionsleiter einer kleinen Zahnradfabrik. Er ist in Balingen geboren, seine Eltern stammen jedoch aus Schlesien und Ostpreußen. Nach Erwerb der mittleren, dann der Fachhochschulreife absolvierte der zweifache Familienvater eine Lehre und begann anschließend mit dem Studium der Fächer Maschinenbau und Feinwerktechnik. Doch schon bald zog es ihn zurück in die Praxis. Er brach das Studium ab und legte stattdessen die Meisterprüfung im Bereich Feinmechanik ab. Als Produktionsleiter obliegt ihm heute die Leitung des Ein- sowie Verkaufs, außerdem ist er für Kundenbetreuung und Arbeitsorganisation zuständig: *»Es ist fast zu viel. Meine Kinder sehen mich selten. Ich gehe morgens um sechs ins Geschäft und komme abends sieben, acht.«* Michael Müller hofft deshalb, dass sich sein Chef bald dazu durchringt, neue Mitarbeiter einzustellen.

In seiner Freizeit gibt sich der Feinmechanikermeister sehr naturverbunden. Er geht regelmäßig in den Wald, um Brennmaterial für seine Holzheizung zu schlagen. Gartenarbeit, Wandern und Radfahren sind weitere Hobbys. Ein Ausstieg aus der Gesellschaft würde ihm nicht zusagen: *»Ich meine, der Mensch ist dazu geschaffen, irgendwo mit anderen Menschen zusammenzuleben, Neuerungen zu erkennen, zu machen und irgendwo ein Ziel vor Augen zu haben. Und auf so einer Insel, meine ich, hat man keine Ziele.«* Der 39-Jährige engagierte sich viele Jahre sowohl als aktiver Handballspieler wie auch auf Funktionärsebene beim größten Balinger Sportverein. Nach Gründung der Narrenzunft durch seine Frau zog er sich aus der Lokalsportszene zurück und konzentriert sich seitdem ausschließlich auf die Narretei. Unter seinen Mitbürgern vermisst Michael Müller das Gefühl der Zusammengehörigkeit: *»Die Balinger selber sind, meine ich, keine schlechten Bewohner. Es ist aber so, wenn irgendwas in Balingen selber ist, sind sie meistens weg. Das heißt, auswärtige Vereine, die ziehen die Leute mehr an. Also, ich meine, man sollte [...] den Wir-Gedanken ein bisschen fördern, weil der in Balingen nicht ist.«* Er plädiert zudem für mehr Offenheit: *»Ich finde die Leute verbesserungswürdig. Sie sind nicht so aufgeschlossen, wie ich mir das eigentlich vorstellen könnte.«*

Mit der Fastnacht, wie sie Michael Müller in seiner Jugend in Balingen und Umgebung kennen gelernt hatte, konnte er nicht viel anfangen: *»Das war sehr oft von der Jugend her … zack … jetzt dürfen wir mal raus, jetzt dürfen wir hier mal Party machen. […] Meistens wussten die Leute nicht, wann sie aufhören müssen, […] viel Alkoholkonsum. Es gab auch viel Schlägereien […]. Und vor allem war das immer so ein Frauen und Männer … hier ein Betatschen und irgendwie Sachen machen. Hier irgendwo ranlangen, irgendwelche Körperteile, wo man das ganze Jahr nicht macht – da darf man's ja.«* Erst durch Besuche in Saulgau, dem Herkunftsort seiner Frau, wurde dem Mechanikermeister bewusst, wie schön Fastnacht sein kann: *»Nicht bloß sich einen reinkippen und irgendwie Dummheiten machen, Extremsachen: Weil heute kenne ich dich, und morgen kenne ich dich nicht mehr, weil es ist ja keine Fasnet mehr.«*

Er fand in dieser Fastnachtshochburg ein anderes Lebensgefühl vor: *»90 Prozent der Leute lebt da anders. Die sind […] das ganze Jahr freundlich und lustig und alles und tun sich nicht dann irgendwas rausnehmen, bloß weil jetzt wegen mir heute Fasnet ist.«* Dies faszinierte ihn, und er fragte sich, warum so etwas in Balingen nicht funktioniert: *»Es ist hier halt nicht gewachsen. Vor allem waren keine Reglements da und deswegen ist das ausgeufert – so kannte ich die Fasnet. Und von dem her habe ich gesagt, wenn so was nach Balingen zu bringen ist, wenn man da irgendwelche Hilfe braucht, ist meine Hilfe da […].«* Als Vorstandsmitglied des Balinger Narrenvereins möchte der 39-Jährige dafür sorgen, dass *»noch mehr Menschen diese schöne Fasnet erleben können. Dass es eine Richtung gibt und dass man einen Halt hat an diesem Verein […].«* Ausschweifungen sollen so unterbunden werden, Regeln den ungehemmten Alkoholkonsum bremsen. Den Mitgliedern müsse bewusst sein, dass sie den Verein repräsentieren und ungebührliches Verhalten der ganzen Gruppe schadet. Der Anonymität des Häs kann Michael Müller nichts abgewinnen: *»Es ist so, dass ich mich eigentlich nicht verstecken will, wie viele sagen: ›O. k., ich möchte mich verstecken, ich* *möchte eigentlich Blödsinn machen [...]‹, sondern ich, äh, beobachte die Leute, wie sie einen anschauen, wie sie sich freuen [...], wie sie es bewundern, wie sie es toll finden. [...] Gefällt mir, wie wir eigentlich friedlich durchlaufen und diesen Menschen ein bisschen Freude in ihren Alltagsstress bringen. [...] Also ich könnte ... die erste Zeit wollte ich eigentlich gar keine Maske haben, weil ich wollte so laufen.«* Ohne Maske könne man sich besser mit den Zuschauern unterhalten, repräsentieren und Adressen austauschen. Deshalb verhalte er sich – bis auf seine Bewegungen – mit Häs nicht anders als ohne: *»Also wenn ich jetzt durch die Stadt schlender, äh, ich möchte uns da irgendwo ins gute Licht drehen, [...] ich möchte uns ein kleines bisschen repräsentieren, und das tut man eigentlich nur dann, wenn man wirklich bewusst läuft und auch dann entsprechend sich zeigt.«*

Michael Müller versteht seine fastnächtliche Aktivität, wie er sagt, als eine Art Heimatpflege: *»Zu gewissen Jahreszeiten machen sie gewisse Sachen: jetzt* (Anm. d. Verf.: im Sommer) *grillen sie, im Winter fahren sie Schlitten, im Herbst tut man irgendwelche Mostfeste besuchen. Heimatpflege ist das eigentlich. Die Fastnachtszeit ist eine ruhige Zeit. Man geht überall hin, weil die irgendwas machen, was einem gefällt. Es ist schade: Man macht es nicht in Balingen. Und da würde ich sagen: Wir pflegen das, dass die Leute nicht, wegen mir, nach Stuttgart oder nach Rottweil müssen. Wir wollen ja dort keine Leute abziehen, aber sie können hier in Balingen das genauso genießen.«* Die Fastnacht bietet seiner Ansicht nach die Möglichkeit, sich ohne Konsequenzen fürchten zu müssen, jenseits der alltäglichen Norm zu bewegen: *»Dass man sich mal verkleidet, in ein Gewand gibt, wo man nicht alltäglich rumläuft. Man zieht was an, wo in anderen Jahreszeiten verpönt wird oder belächelt oder als verrückt deklariert.«*

Einen hohen Anspruch stellt Michael Müller an das Vereinsleben. Ihm schwebt vor, dass sich aus dem Narrenverein eine große glückliche Gemeinschaft entwickelt, wo jeder jedem hilft: *»Es ist mir sehr wichtig, dass man sich außerhalb der Fasnet kennen lernt, die Freundschaft ver-*

tieft [...], dass sich da was entwickelt wie eine Freundschaft, wie eine Ehe, wie ein Freundeskreis, wo dadurch, dass öfters Leute zusammen sind, dass es in guten wie in schlechten Zeiten, dass die Leute zusammenwachsen und dadurch auch vielmehr ... ja ... verschweißt werden.« Der 39-Jährige plant außer den bereits durchgeführten Radtouren, Grillfesten, Ausflügen und Stammtischtreffen Aktionen, die dem Umweltschutz dienen wie beispielsweise eine Waldsäuberung: *»Aber es geht erst dann, wenn wir genug Leute sind. In einer kleinen Gruppe [...]: Man bewirkt nichts. Und das hat erst dann Sinn, wenn man so ein Haufen ist, dass man repräsentiert und dass es heißt: ›Au, schau mal, die machen was‹ [...].«* Dass dieser Traum von einer großen Gruppe auch Risiken birgt, ist dem Mechanikermeister bewusst: *»Je größer man wird, umso oberflächlicher wird alles. Das ist der Nachteil. Ich meine aber [...], dass wir auch mit 100 oder 150 noch den gleichen Gedanken haben und vor allem auch das gleiche Engagement, die Freundschaft untereinander.«* Michael Müller empfindet die Fastnacht nicht als eine Zeit, in der er mit seinem Alltag vollständig bricht. Aus diesem Grund bereitet ihm das Ende der närrischen Zeit keinerlei Schwierigkeiten: *»Es ist wie Urlaub. Der Urlaub ist rum, es war schön, es war toll. Und ich freue mich wieder auf den nächsten Urlaub. Aber es ist kein so totaler Cut. [...] Alles was schön ist, [...] ein tolles Erlebnis [...], egal was, es ist leider rum, aber das Leben geht weiter, realistisch weiter, ändert sich nicht. Und ich pass mich den Menschen drum herum wieder an, relativ schnell [...]. Es kann sein, ich bin im Häs und gehe morgens zum Schaffen und mittags da irgendwo auf einen Umzug – kein Problem.«*

Mögliche Motive für Michael Müllers Mitgliedschaft in einem Narrenverein

Michael Müller ist ein zielgerichteter Mensch. Dies zeigt sich im familiären Bereich mit dem Kauf eines Hauses zu einem relativ frühen Zeitpunkt *(»Das war unser großes Ziel«)*, im Beruf *(»Dass ich einen gewissen Bereich mache und gut mache«)* und im Narrenverein *(»Mir ist es sehr wichtig, dass man sich außerhalb der Fasnet kennen lernt«).* Gleichzeitig verspürt er einen starken Drang, anderen zu helfen: *»Das ist sogar mein Problem, dass ich zu viel helfen möchte.«* In Balingen eine Fastnacht zu etablieren, erscheint ihm aus mehreren Gründen sinnvoll. Zum einen propagiert er ein anderes Lebensgefühl als das, was seiner Ansicht nach unter den Balingern herrscht: mehr Zusammengehörigkeitsgefühl, mehr Offenheit, mehr Freundlichkeit untereinander. In schwäbisch-alemannischen Fastnachtshochburgen meint der 39-Jährige, dies alles vorgefunden zu haben. Zum anderen verfolgt der Familienvater die Absicht, durch den Narrenverein dem in seinen Augen primitiven Fastnachtsgebaren in Balingen und Umgebung eine andere Richtung zu geben. Schließlich möchte er den Balingern ein Erlebnisangebot unterbreiten, das seit den frühen 1980er-Jahren nicht mehr bestand.

Michael Müller verfolgt das ehrgeizige und alles andere als spezifisch fastnächtliche Ziel, aus den Mitgliedern des Narrenvereins eine Gruppe zu formen, die das ganze Jahr über mit öffentlichkeitswirksamen Aktionen ein Wir-Gefühl und positiv besetzte Werte zur Schau trägt. Diesem Ziel ordnet er sich persönlich vollkommen unter, mit der Konsequenz, dass für ihn die Zeit im Häs im Gegensatz zu den anderen Mitgliedern nicht der willkommene Abschied von den Zwängen des Alltags oder Kompensation in welcher Form auch immer bedeutet, sondern allein der Repräsentation seines Anliegens dient. Aus diesem Grund bereitet es ihm auch keine Schwierigkeiten, morgens zu arbeiten und mittags maskiert an einem Umzug teilzunehmen. Ein Ziel verfolgt der 39-Jährige in dem einen wie dem anderen Zustand. Das Verkaufsgespräch mit dem Kunden und das mit dem Zuschauer am Straßenrand wird von ein- und demselben Motiv geleitet: zu überzeugen. Die Maske ist dabei nur hinderlich. Als »Loable« möchte er beim Publikum gut ankommen, die Zuschauer von dieser Sache begeistern und ihnen Freude bereiten. Die Volkskundlerin Gabriele Dürkop wurde während ihrer Untersuchung der Kasseler Karnvalsvereine mit ähnlichen Aussagen konfrontiert. Sie weist daraufhin, dass in solchen Fällen möglicherweise, um eigene

Handlungsweisen unangreifbar zu machen, von der Gesellschaft positiv sanktionierte Verhaltensdefinitionen gesucht werden: »Der öffentlich proklamierte Altruismus nützt den Betreffenden in zweifacher Hinsicht – er verschafft ihnen die Sympathien ihrer Umgebung und gibt ihnen als Resonanz das Gefühl, eine wichtige Funktion auszuüben [...].«[218] Michael Müller jedenfalls hat für sich in der Fastnacht einen ganz eigenen Sinn entdeckt, der ihn mit einem fast schon missionarischen Eifer weniger erlebnis- als vielmehr ergebnisorientiert erscheinen lässt. Dabei ist ein derartiges Engagement bei jeder Art von Gruppierung denkbar. Ohne seine Frau wäre er mit hoher Wahrscheinlichkeit nie mit Fastnacht in Berührung gekommen.

Verortung in der Erlebnisgesellschaft

Dem Vereinssprecher kommt wohl ein Platz im Selbstverwirklichungsmilieu zu. Alter und Bildung deuten darauf hin. Zudem ist Michael Müller ein ungemein aktiver und zielgerichteter Mensch. Ob beruflich, im Verein oder innerhalb der Familie – der 39-Jährige agiert stets mit höchstmöglichem Engagement. Unproduktive Entspannungsphasen in den eigenen vier Wänden scheint es nicht zu geben. Ein längerer urlaubsähnlicher Aufenthalt auf einer Insel wäre undenkbar. Die milieutypischen Komponenten Mobilität, Spannung, Abwechslung, Drang nach außen sowie seine Neigung zur Selbstdarstellung sind in diesem Fall besonders augenfällig. Ebenso wie das Bedürfnis nach Selbstverwirklichung, nach Originalität und Vervollkommnung des Ichs. Trotz dieser narzisstisch anmutenden Lebensphilosophie kann Michael Müller nicht als Egoist bezeichnet werden. Er strebt vielmehr danach, gemeinschaftsbildend zu wirken und innerhalb der Gruppe eine führende Rolle einzunehmen. Der Produktionsleiter gibt sich offen für jede Art von neuen Einflüssen, Ideen und Reformen. Sich selbst verwirklichen heißt in diesem Fall, mit dem Narrenverein eines Tages auch außerhalb der Fastnacht gesellschaftliche Breitenwirkung zu erzielen und Vorbildfunktionen zu übernehmen. Typisch ist auch der große Freundeskreis sowie eine kritische Haltung gegenüber seinen Mitbürgern. Dies alles ergibt eine deutliche Distanz zum Trivialschema.

»Wie lang muss ich machen, dass er zum Beispiel fröhlich ist oder lacht?« – Sabine Müller

Da eine Nennung der biographischen Daten Sabine Müllers schon an anderer Stelle (siehe Kapitel »Die Initiativperson«) erfolgte, kann hier auf eine Wiederholung verzichtet werden. Die 35-Jährige liebt Natur und hält sich daher in ihrer Freizeit oft im Freien auf: *»Natur, draußen sein in der Natur, überhaupt zu allen Jahreszeiten.«* Basteln, Stricken, Modellieren oder auch Renovieren sind Hobbys, denen sie ebenfalls gerne nachgeht. Die Oberschwäbin legt großen Wert darauf, ihrer häuslichen Umgebung eine auf die jeweilige Jahreszeit abgestimmte Atmosphäre zu verleihen. So steht im Hausgang ein so genannter Jahreszeitentisch, der im Sommer mit Sand und Muscheln, im Herbst mit Früchten und bunten Blättern, aber auch an Weihnachten, Fastnacht oder Ostern mit passenden Gegenständen dekoriert wird: *»Er begleitet uns das ganze Jahr durch.«* Kerzenständer gestaltet sie auf die gleiche Weise. Ein Ausstieg aus der Gesellschaft käme für die Mutter zweier Kinder nicht in Frage. Bei der freien Wahl eines Urlaubszieles würde die 35-Jährige Gegenden fernab der westeuropäischen Zivilisation bevorzugen, beispielsweise Australien: *»Ich glaube, das ist nicht ganz so, wie wenn man jetzt nach ... nach ... äh ... mmh ... Las Vegas oder so ginge, wo tausende von Lichter auf einen zukommen und Gehupe und Tüt-Tüt. Also Australien, da würde ich mir auch einen ganz, ganz ruhigen Platz aussuchen. Eigentlich einfach irgendwo hinreisen, wo noch die Ruhe herrscht und ... und keine Computerwelt oder ... oder ... ja ... so irgendwohin.«*

Mit dem Fastnachtsfest verbindet Sabine Müller Heiterkeit und gute Laune: *»Die Fasnet ist da. Und das ist für mich was besonderes, was fröhliches, was ... äh, ja ... die Leute können einfach fröhlich sein. Sicher, äh, ich bin ein Mensch, ich brauche nicht unbedingt jetzt Fasnet, um fröhlich zu sein. Oder ich brauche sie gar nicht, um fröhlich zu sein. Aber ich den-*

ke mir ... äh, ... dass diese Jahreszeit, wo man eigentlich fröhlich ist und in die triste Zeit ja Farbe und Leben reinbringt, wenn wir das jetzt auch nicht hätten, dann wäre es für manche Leute doch ... äh ... nur trist oft. Und das ist der Punkt, wo mir eigentlich auch sehr, sehr gut gefällt dabei.« Die 35-Jährige möchte die Zuschauer am Straßenrand in eine gute Stimmung versetzen: *»[...] Die Fröhlichkeit reinbringen durch unsere Farben vom Häs, durch das Lachen, den Leuten zurufen und hopsen ... ja ... die Fröhlichkeit.«* Sie fühlt sich unter der Maske nicht als ein anderer Mensch: *»Ich fühl mich trotzdem als ›Ich‹ [...], ich möchte trotzdem mich selber sein. [...] Deswegen war das für mich auch wichtig, eine fröhliche Maske zu machen, weil ich niemand da irgendwo grausam erscheinen möchte oder ... mich sein, wie ich bin, fröhlich und ... ja. [...] Man kann die Leute beobachten. [...] Man kann auf die Leute zugehen, man kann sie eigentlich mehr oder weniger herausfordern, man kann sie testen: ... Äh, ... wie lang muss ich jetzt machen, dass er zum Beispiel fröhlich ist oder lacht?«*

Mögliche Motive für Sabine Müllers Mitgliedschaft in einem Narrenverein

An anderer Stelle der Arbeit wurde bereits versucht, Sabine Müllers Initiative zu begründen (siehe Kapitel »Die Initiativperson«). Folgende Ausführungen seien deshalb als Ergänzung verstanden. Die Oberschwäbin, die mit Fastnacht aufgewachsen ist, war es leid, während den »tollen Tagen« ihren Wohnort verlassen zu müssen, um an fastnächtlichen Veranstaltungen teilzunehmen: *»Man muss ins Auto steigen, man muss wegfahren von Balingen, um wirklich diese tolle Tradition zu erleben und warum hier nicht? Das war immer die Frage und ... deswegen.«* Zudem liebt die 35-Jährige Natur über alles. Den Errungenschaften einer mittlerweile hoch technisierten Zivilisation steht sie sehr skeptisch gegenüber. Lichtermeere, Autokarawanen, Großstadtlärm und virtuelle Welten stoßen die Familienfrau ab. Fastnacht scheint deshalb für Sabine Müller eine Zeit zu sein, die eine kompensative »[...]

Reaktion auf die Desorientierung als Folge fortschreitender Zivilisationszustände [...]«[219] ermöglicht. Ein weiterer Reiz besteht für sie darin, den Zuschauern am Straßenrand Freude zu bereiten, sie fröhlich zu stimmen: *»Man möchte das ja für alle machen.«* Ähnlich wie ihr Mann gibt die 35-Jährige demnach vor, mit dem Narrenverein auch soziale Motive zu verfolgen.

Verortung in der Erlebnisgesellschaft

Die Vereinsgründerin steht mit ihrem Lebensstil dem Trivialschema am nächsten. Sie hält sich mit ihren beiden Kindern am liebsten zu Hause auf. Heim und Garten bilden »eine Welt des Friedens«[220], die liebevoll gestaltet und ständig verschönert wird. Begriffe wie Geborgenheit, Ruhe oder Harmonie beschreiben die angestrebte Atmosphäre. Die Welt außerhalb dieses Refugiums dagegen erscheint Sabine Müller als laut und grell. Ein freiwilliges Verlassen dieses beschaulichen Umfeldes wird von der 35-Jährigen ausgeschlossen: *»[...] Mir gefällt es hier, und ich würde eigentlich auch nie wieder weggehen.«*

GEMEINSAMKEITEN DER BEFRAGTEN »LOABLE«-MITGLIEDER

Neun der 13 Probanden sind zwischen 30 und 40 Jahre alt. Ebenso viele befinden sich im Stand der Ehe, alle Verheirateten haben Kinder. Lediglich vier Hästräger wohnen zur Miete, der Rest besitzt entweder ein Haus oder eine Wohnung. Bei den Frauen überwiegt im beruflichen Bereich Handarbeit: bügeln, schneidern, nähen und Haushaltsführung. Die Tätigkeiten der männlichen »Loable«-Mitglieder lassen sich ausnahmslos dem Bereich Technik zuordnen: Kfz-Mechaniker, Industriemechaniker, Industriemechanikermeister, Feinmechanikermeister, Installateur und Ingenieur. Es ist sicher nicht zu weit hergeholt, davon auszugehen, dass Technik in den verschiedensten Ausprägungen ein deutliches Gegenbild zu der auch in der heutigen Fastnacht noch »vorgenommene[n] Konstruktion von Natürlichkeit, Wildheit und

Fremdheit«[221] darstellt und aus diesem Grund gerade Vertreter technischer Berufe möglicherweise eine besondere Neigung verspüren, sich an diesem Fest zu beteiligen: »Man sieht einerseits in dieser Aktivität einen Kontrast zur Arbeitswelt in ihrer Monotonie und Öde, diese Dinge bringen Farbe ins Spiel; und doch bleibt andererseits der Eindruck und der Anschein des Einfachen, des Natürlichen, [...].«[222] Die Mitgliedschaft im Narrenverein stellt eine Freizeitaktivität dar. Freizeit wiederum kann »[...] nicht unabhängig betrachtet werden von den jeweils vorgegebenen Bedingungen der Arbeit.«[223] Mehr als die Hälfte der befragten Personen ist mit ihrer beruflichen Situation nicht zufrieden und möchte sich bald oder wenigstens langfristig verändern. Dem Bedürfnis nach Beachtung, Bestätigung, Lob und Anerkennung wird oder wurde demnach ganz offensichtlich nicht genügend Rechnung getragen[224]. Bei neun der 13 Probanden deutet vieles daraufhin, dass Freizeitaktivitäten und hier besonders die Mitgliedschaft im Narrenverein kompensative Züge annehmen. Bis auf Vereinssprecher Michael Müller, der eine ganz eigene Fastnachtsphilosophie vertritt, bildet für alle Befragten die Freizeitaktivität Narrenverein zunächst einmal einen starken Gegensatz zur beruflichen Tätigkeit. Wie noch gezeigt werden soll, beeinflusst das Arbeitsleben aber auch diese Freizeitaktivität.

Die Hästräger zeichnet insgesamt gesehen ein ähnlicher Lebensstil aus, was Schulzes These wohl belegen dürfte. Bis auf Michael Müller und Julia Kaspar findet sich mehr oder weniger stark eine Tendenz zum Trivialschema. Während bei über der Hälfte der Interviewten auch – oder in den genannten zwei Fällen ausschließlich – Verbindungen zum Spannungsschema bestehen, lassen sich bei den Vereinsmitgliedern so gut wie keine Berührungspunkte zum Hochkulturschema feststellen. Im Fall der Balinger »Loable« wirkt nicht mehr wie in den 1950er- und 1960er-Jahren die gemeinsame Herkunft gruppenkonstituierend, sondern ähnliche Erlebnisdispositionen.

Wie wichtig der Verein für seine Mitglieder ist, zeigt sich nicht nur daran, dass dieser für acht Probanden die einzige organisierte Gruppierung darstellt, der sie angehören. Von den 13 Befragten gaben immerhin neun an, sich an sämtlichen der überaus zahlreichen Vereinsaktivitäten zu beteiligen. Bis auf Julia Kaspar sind alle Mitglieder stolz, das »Loable«-Häs zu tragen. Aus Balingen selbst stammen dabei nur knapp die Hälfte der befragten Narren. Sechs der 13 Personen wuchsen mit schwäbisch-alemannischer Fastnacht auf. Ebenso viele gehörten bereits einer anderen Narrenzunft an. Fünf Probanden wurden durch einen fastnachtsbegeisterten Partner, Freund oder Verwandten animiert. Lediglich zwei der befragten »Loable«-Mitglieder fühlten sich aus eigenem Antrieb von schwäbisch-alemannischer Fastnacht angezogen. Dies bedeutet, dass auch die Sozialisation eine Beitrittsabsicht beeinflusst: »Entsprechend ihren Voraussetzungen wählt, bzw. bevorzugt eine Person [...] solche Situationen, die sie im Laufe ihrer Entwicklung als stabilisierend und befriedigend empfunden hat.«[225]

Die meistgenannten Gründe, die zur Mitgliedschaft im Narrenverein führten, lassen sich in drei Motivsträngen bündeln:

1. Acht Interviewte betonen die herausragende Bedeutung des **Gruppengefühls**. Als erkennbarer Teil einer **verbindlichen Gemeinschaft**, wo jeder für jeden da ist, sich dem Publikum zu präsentieren, macht die überwiegende Zahl der Mitglieder stolz und glücklich[226]. Wie bereits erwähnt, bildet der Narrenverein für die meisten Befragten die einzige Gruppierung, der sie angehören. Das **gemeinsame Erlebnis in gegenseitiger Verbundenheit** scheint also auch in Zeiten fortschreitender Individualisierung immer noch oder gerade hoch im Kurs zu stehen: Es »[...] deckt auch ein menschliches Grundbedürfnis nach gemeinsamer und gegenseitiger interpersoneller Kommunikation auf in einer immer anonymer werdenden Zeit.«[227] Im Fall der »Loable« behält Dürkops These Gültigkeit, nach der die **Angst vor Isolation** ein wesentliches Kriterium dafür ist, sich geselligen Vereinigungen anzuschließen[228].

2. Im Unterschied zu anderen Vereinen oder Gruppierungen, die sich ebenfalls in der Öffentlichkeit zeigen und ihren Angehörigen ein Wir-Gefühl vermitteln, bietet der Narrenverein darüber hinaus einen ganz

speziellen Reiz. Er stellt an seine Mitglieder keine **Anforderungen**. Es bedarf weder einer besonderen Befähigung noch eines Fachwissens, um Mitglied zu werden. In diesem Forum besteht für jedermann die Möglichkeit, im Häs die **Zwänge des Alltags** hinter sich zu lassen, in eine **Spielwelt** einzutauchen und unbeschwert in geselliger Runde der **Lebenslust** zu frönen. **Genuss** ist für acht Hästräger ein wichtiges Motiv.

3. Über die Hälfte der Probanden betont dagegen ausdrücklich die geringe Bedeutung, der sie einer durch die Vollvermummung vorübergehenden **Auslöschung der Identität** beimessen. Nur fünf »Loable«-Mitglieder geben an, sich im Häs selbstbewusster und sicherer zu fühlen als ohne. Lediglich sechs Befragte genießen es, sich unerkannt und dementsprechend anders zu bewegen als im Alltag. Dürkop begründete diese nur oberflächliche Trennung zwischen Fastnacht und ›normalem‹ Leben mit einem **vom Arbeitsleben bestimmten Freizeitverhalten.** Die spezifische Situation des Arbeitsplatzes und seine besonderen Anforderungen hätten ganz entscheidende Auswirkungen auf die Gestaltung der Freizeit, der die fastnächtlichen Aktivitäten zugerechnet werden müssen. Eine Gegen- oder verkehrte Welt losgelöst von der gesellschaftlichen Realität könne es nicht geben. So sprach Jürgen Habermas schon Ende der 1950er-Jahre davon, dass »Arbeit und Freizeit [...] heute noch so sehr verschränkt [sind], daß die eine nur mit dem Blick auf die andere verstanden werden kann.«[229] Theodor W. Adorno konstatierte ebenfalls eine starke Beeinflussung: »Unter der Hand wird freilich die Konterbande von Verhaltensweisen aus der Arbeit, welche die Menschen nicht losläßt, doch eingeschmuggelt.«[230] Auch Herbert Marcuse stellte die Möglichkeit einer Loslösung des Menschen von der Arbeitswelt in Frage: »Das Subjekt des Arbeitstages ist zugleich das der freien Zeit. In der zeitgenössischen Industriegesellschaft ist der Mensch nicht das Subjekt seines Arbeitstages; wenn er also das Subjekt seiner freien Zeit werden soll, so muß er zu einem solchen werden. Und solange nicht die repressive Organisation des Arbeitstages abgeschafft ist, wird er durch eben dieselben Mächte in ein Subjekt von Freizeit verwandelt, die den Arbeitstag

beherrschen.«[231] Freizeit werde damit zur Scheinfreiheit. Sie verfüge ebenso wie die Arbeitswelt über ein verbindliches **Regelsystem**.

Laut Dürkop werden Prinzipien wie Ordnung, Pünktlichkeit und Genauigkeit aus dem Bereich der Arbeit auf die Freizeit übertragen. Freizeitaktivitäten basierten unbewusst auf diesen internalisierten Normen, die jedoch als freiwillig gewählt empfunden würden. Der Zwangscharakter höre in dem Moment auf zu bestehen, wenn die Normen scheinbar auf eigenem Entschluss gründeten. Dabei speise sich die Bedeutung dieser moralischen Forderungen nicht aus einer bestimmten Funktionalität, sondern aus unreflektierter Verinnerlichung. Ein Festhalten an diesen Prinzipien in der Freizeit werde von der Gesellschaft honoriert: »Die Aufrechterhaltung und Demonstration von gesellschaftlichen anerkannten und weithin als positiv eingestuften Verhaltensrichtlinien sind die besten Mittel für eine erfolgreiche Imagebildung und bieten die sicherste Gewähr für Akklamation und Prestigegewinn.«[232]

Zwar müssen die Menschen heute im Vergleich zu den späten 1970er-Jahren weniger arbeiten, der angesprochene Arbeitscharakter der Freizeit hat sich dagegen umso deutlicher manifestiert: »Arbeit als Symbol für sinnvolle menschliche Tätigkeit wird auch inmitten wachsender freier Zeit ihren Wert behalten. Dies gilt besonders für freiwillige Arbeiten und Eigenleistungen in der Freizeit. [...] Was früher vorwiegend für die Berufsarbeit galt, wird nun auch von der übrigen Lebenszeit gefordert: Produktivität und Nützlichkeit.«[233] Dürkops These hat – zumindest was die gesellschaftlichen Bedingungen betrifft – an Aktualität nichts eingebüßt, eher das Gegenteil ist der Fall.

Fokussiert man unter diesem Aspekt den Balinger Narrenverein, so fallen eine Reihe an Affinitäten zu den erwähnten Verhaltensweisen ins Auge: Die Gruppe legt großen Wert auf eine saubere, einheitliche und ordentliche Erscheinung. Eine Brauchtumsordnung bestimmt Aussehen und Verhalten der Hästräger. Der hohe Stellenwert eines zivilisierten und gebührlichen Benehmens wird betont. Besonders Vereinssprecher

Michael Müller bleibt auch als »Loable« mit seiner beruflichen Tätigkeit eng verhaftet. Die Balinger Fastnacht als »Marktlücke« entdeckt, geht es dem Produktions- und Verkaufsleiter nun darum, dass sich der Verein entsprechend repräsentiert. Er sucht nach den Umzügen das Gespräch mit den Zuschauern und freut sich, wenn die Gruppe Beachtung findet. Ein **ergebnisorientiertes, auf Produktivität und Nützlichkeit angelegtes Freizeitverhalten** lässt sich wohl deutlicher nicht belegen.

4. Die durch einen Narrenverein erleichterten **Kontaktmöglichkeiten** zu anderen Menschen, seien es Mitglieder, Zuschauer oder Hästräger anderer Zünfte werden von sieben Interviewpartnern besonders geschätzt.

Der Narrenverein besitzt für seine Mitglieder ein ganzes Bündel unterschiedlichster Bedeutungen. Diese sind in hohem Maße von den jeweiligen situativen Bedingungen des einzelnen Mitglieds abhängig. Der hier unternommene Versuch, gruppenübergreifende Tendenzen und Gemeinsamkeiten darzustellen, darf demnach den Blick auf die individuellen Motive nicht verstellen.

Schluss

Zusammenfassung der Ergebnisse unter Berücksichtigung des Forschungsstandes

Die Ergebnisse dieser Studie sollen nun zusammengefasst, in einen gesellschaftlichen Kontext gestellt und mit den volkskundlichen Thesen zur Erklärung des anhaltenden Fastnachtsbooms verglichen werden. Die Deutung der untersuchten gesellschaftlichen Ausdrucksform steht dabei im Mittelpunkt: Was verrät die kulturelle Erscheinung über die Befindlichkeiten ihrer Träger?

Zunächst einmal gilt festzuhalten, dass es im reformierten Balingen nie eine Fastnacht schwäbisch-alemannischer Prägung gab. In der Eyachstadt wurde in vergleichsweise bescheidenem Rahmen Karneval gefeiert. Seit der zweiten Hälfte des 19. Jahrhunderts veranstalteten die örtlichen Vereine kleine Umzüge und Maskenbälle. Ab den 1950er-Jahren reduzierte sich das öffentliche Festgebaren im Wesentlichen auf zwei Prunksitzungen, die nach rheinischem Vorbild mit Büttenreden, Ballett, Prinzenpaar sowie einem Sitzungspräsidenten bestritten wurden. Ende der 1970er-Jahre kam dann das Aus für den Karneval.

Ebenso wie viele Narrenzünfte der 1950er- und 1960er-Jahre wurde auch der Narrenverein Balinger »Loable« 1997 von einer Initiativperson gegründet, die aus einer Fastnachtsgegend stammt und diese spezielle Feierform sozusagen importierte. Zwar nimmt Sabine Müller als Frau im Vergleich zu den Initiativpersonen vergangener Jahrzehnte eine Sonderrolle ein, aber auch sie strebt nach sozialem Prestige. Die damals weit verbreitete Praxis, das neue Häs vom ehemaligen Necknamen des Ortes samt dazugehörender Geschichte abzuleiten, hat sich bei dem untersuchten Verein gehalten. Historisierende oder lokalisierende Tendenzen sind somit zwar noch vorhanden, die Mitglieder messen ihnen jedoch nur noch geringe Bedeutung zu. Lokalstolz und die Verklärung von Geschichte haben an Bedeutung verloren. Besonders augenfällig wird diese Entwicklung bei dem szenischen Tanz der »Loable«. Während früher die Narrenzünfte im Rahmen solcher Vorführungen bestrebt waren, Lokalität sowie Historizität ihrer jeweiligen Figur zu betonen, zeugen bei den Balingern zahlreiche Anachronismen und der fehlende Hinweis auf die Örtlichkeit von einem Bedeutungsverlust beider Komponenten. Wichtig ist denn auch weniger der Inhalt der Aufführung als vielmehr die möglichst spektakuläre Form der Präsentation, die das Publikum begeistern soll.

Obwohl die Mitglieder auch mit einer reinen Phantasiefigur gut leben könnten, fehlte ihnen der Mut und das Selbstvertrauen, auf den altertümlichen Anschein zu verzichten[234]. Sie fühlten sich verpflichtet, der Erwartungshaltung von Brauchtumsfunktionären, Medien und älteren Narrenzünften nachzukommen, und das obwohl sich die Hästräger nicht für die Ortsgeschichte interessieren. Der Rückgriff auf (vermeintlich) Altes wird als unverzichtbar empfunden, entspringt aber keinem eigenen Bedürfnis und kann daher auch nicht als Flucht in die Vergangenheit, sprich als Folklorismus bezeichnet werden. Man ist lediglich sorgsam darauf bedacht, das eigene Handeln unangreifbar zu machen. Anvisiert wird vielmehr das besondere Gruppenerlebnis, was drohender Vereinsamung entgegenwirkt und dem Projekt des schönen Lebens dient. Ersten zaghaften Bemühungen in den 1950er- und 1960er-Jahren innerhalb der Narrenzünfte ein ganzjähriges Vereinsleben zu etablieren, steht 40 Jahre später ein Balinger Narrenverein gegenüber, dessen Mitglieder durchschnittlich alle drei bis vier Wochen zusammenfinden. Dies entspricht dem Wunsch der Narren und zeigt, dass über die Fastnacht hinaus ein großer Bedarf an zwischenmenschlichem Kontakt besteht, zumal fast alle Interviewten nur dieser einen Gruppierung angehören. Der Kontakt untereinander soll sich nach Ansicht der Befragten nicht in oberflächlichen Beziehungen erschöpfen, sondern verbindlichen Charakter annehmen: Kameradschaft wird gewünscht, jede/r soll für jede/n da sein. Die Mitglieder verfügen über ähnliche Erlebnisdispositionen, heutzutage das entscheidende Kriterium für die Konstituierung von Gruppen. Die untersuchte Erlebnisgemeinschaft tendiert aufgrund des Alters, der Bildung und dem persönlichen Stil zum Trivialschema.

Das Gruppenbewusstsein manifestiert sich hingegen nicht mehr in einer gemeinsamen Herkunft. Wer sich heutzutage mit der Absicht trägt, einer Narrenzunft beizutreten, wählt offensichtlich aus dem großen Angebot die aus, welche seinen Vorstellungen am meisten entspricht[235]. Zahlreiche Zugezogene, vielfach aus Fastnachtsgegenden stammend, feiern zusammen mit Einheimischen als Balinger »Loable« Fastnacht[236]. Die Mitglieder des Narrenvereins hängen nicht besonders an der Eyachstadt. Ging es den Hästrägern der beiden Nachkriegsjahrzehnte darum, bei Narrentreffen ihren Ort zu repräsentieren und sich der Konkurrenz fremder Zünfte zu stellen, besteht heute die Motivation ausschließlich darin, zusammen Spaß zu haben. Das von Bausinger angesprochene Streben nach lokalem Prestige findet sich zumindest bei diesem Narrenverein nicht.

Der Tübinger Volkskundler sieht gerade in den Narrentreffen ein preisgünstiges Angebot, das viele Menschen reizt. Die Örtlichkeiten wechseln von Jahr zu Jahr. Man reist durch das Umland, trifft auf Gleichgesinnte und fühlt sich überall heimisch. Es kommt zu einer Intensivierung regionalen Zusammengehörigkeitsgefühl, kurz: Man ist stolz auf die Region. Der überlokale Nahraum erhält insgesamt eine neue Bedeutung: »Heute nutzt man Region als Anlass für Erfahrungen, die dem individuellen ›Projekt des schönen Lebens‹ dienen. Wird der viel geschmähte ›touristische Blick‹ auf die Reize einer Region heute nicht genauso von den ›Einheimischen‹ praktiziert? Auch sie suchen ein unverbindlich angenehmes, subjektbezogenes, eben ›schönes‹ Erlebnis, das sich von dem des Urlaubs vor allem dadurch unterscheidet, dass es ›gleich um die Ecke‹, in der Entfernung eines Fahrradausfluges oder einer Autospritztour, zu haben ist.«[237] In Zeiten wachsender Globalisierung und Europäisierung sind regionalisierende Tendenzen auch bei den »Loable« unverkennbar: Fastnacht schwäbisch-alemannischer Prägung gilt innerhalb der jungen Balinger Zunft in Abgrenzung zum rheinischen Karneval als südwestdeutsche Eigenart, die identitätsstiftend wirkt. Trotz der Geringschätzung durch benachbarte Zünfte reklamieren die Narren für sich, eine typisch schwäbisch-alemannische Fastnacht zu feiern. Sie bedienen sich dabei bereits bestehender und mittlerweile überregional ritualisierter Fastnachtsbräuche. Der eigenen Kreativität erwachsene Neuerungen sucht man vergebens. Zwar wird die Kritik der älteren Narrenzünfte erwidert, das hierarchische Verbandssystem als solches aber nicht angezweifelt. Man verspürt wenig Neigung, selbst schöpferisch tätig zu werden, sondern klinkt sich ein, ahmt nach und will die bestehenden Erlebnisangebote wahrnehmen: Langfristiges Ziel bleibt deshalb die Aufnahme in eine Dachorganisation.

Erstaunlicherweise messen eine ganze Reihe der befragten »Loable«-Mitglieder der Maskierung und damit dem von Korff so bezeichneten Gefühl der Ganzheit nur wenig Bedeutung zu. Das Erlebnis mit und in der Gruppe bedeutet für die meisten »Loable« mehr als die vielfältigen Möglichkeiten, welche sich durch die Anonymität ergeben könnten. Die Maske ist für die Balinger Narren sogar lästig und wird sofort nach den Umzügen abgesetzt. In Zeiten fortschreitender Individualisierung, wo die Auswahl von Interaktionspartnern nicht mehr durch Herkunft, Abstammung, Religion oder kulturelle Zugehörigkeit vorgegeben ist und sich dadurch auch die Gefahr der Vereinsamung erhöht, scheint hier das Bedürfnis, sich für jedermann sichtbar als Mitglied einer Gruppe zu **präsentieren**, wichtiger zu sein, als sich zu **maskieren** und damit seine Identität vor der Umwelt zu verbergen[238]. Das Aufsagen, Strählen oder Intrigieren, eine in den alten Narrenstädten liebevoll gepflegte Rügeform, wird von den »Loable« nicht praktiziert, die neuen Kommunikationsmöglichkeiten bleiben ungenutzt. Witzige Dialoge entstehen nicht. Es herrscht offenbar zwischen Unvermummten und Vermummten eine (noch) unüberbrückbare Distanz: **hier** die Hästräger, **dort** die Zuschauer. Die Narren sind noch Fremdkörper, betonen aber stolz ihren Gruppenstatus. Sie wollen, können oder haben nichts zu sagen. Es handelt sich in Balingen bislang um eine reine Kostümschau. Weder auf den Straßen noch in den Gaststätten oder Privathäusern trifft man auf närrisches Treiben. In den alten Narrenstädten scheint es genau umgekehrt zu sein: Hästräger **und** Zuschauer bilden eine Gemeinschaft. Zweifelsohne wäre es reizvoll im Rahmen einer größeren Arbeit, Zusammenleben und Zusammengehörigkeitsgefühl in einem alten Fastnachtsort und einer Stadt wie Balingen ohne närrische Tradition zu vergleichen. Achten die Bürger mehr aufeinander? Entsteht durch das Fest ein besonderes, ein generationenübergreifendes Wir-Gefühl? Nimmt ein von der überwiegenden Mehrheit der Bevölkerung getragenes Fastnachtsfest womöglich Einfluss auf die städtische Lebensqualität?[239]

Schon in den 1950er- und 1960er-Jahren legten die neu gegründeten Narrenzünfte großen Wert auf die Präsentation vor anderen. Der Trend setzte sich bis heute fort und wurde durch die Fernsehübertragungen, die offenbar bei vielen Zuschauern den Wunsch auslösen, selbst am Mummenschanz teilzunehmen, verstärkt. Die Verantwortlichen in Balingen bemühen sich regelrecht, ein möglichst großes Publikum zu ihren närrischen Veranstaltungen zu locken. Die rund 5000 Besucher, die sich anlässlich des Fackelumzuges in der Stadt einfinden, sind jedoch kein Beleg für eine begeisterte Zustimmung der Balinger Bevölkerung. Diese scheint eine eher gleichgültig distanzierte, mitunter kritische, wenn auch nicht unbedingt ablehnende Haltung gegenüber den »Loable« einzunehmen. Eine Mischung aus Neugierde und Pflichtbewusstsein treibt sie, wie es scheint, so zahlreich an den Straßenrand. Die Veranstaltung bietet eindrucksvolle Bilder, kommt bei Kindern gut an und ist, was Termin und Uhrzeit betrifft, äußerst familienfreundlich. Doch mit dem Herzen, so der Lokalredakteur Michael Kaiser, sind die Balinger nicht dabei. Die Stimmung während des Umzuges bleibt verhalten. Viele ältere Einheimische lehnen das fastnächtliche Treiben gänzlich ab. Auf Feindseligkeit stießen die Mitglieder des jungen Narrenvereins teilweise in den katholischen Nachbarorten. Manch einer der dortigen Narren reagierte höchst aggressiv auf die fastnächtlichen Aktivitäten der »Lutherischen«. Die von Bausinger konstatierte Bedeutungslosigkeit der Konfessionszugehörigkeit scheint gerade im ländlichen Raum noch nicht eingetreten zu sein. Bei so viel Kritik genießen die »Loable« den Respekt des katholischen Pfarrers und der Stadtverwaltung. Boten früher die Fastnachtstage die einzige Möglichkeit im Jahr, sich ungestraft gegen die Obrigkeit aufzulehnen und die strengen Regeln der Kirche nicht ganz so ernst zu nehmen, besitzen in Balingen Rathaussturm und Narrenmesse für die Hästräger eine legitimierende Funktion. Ausgerechnet Kirche und Obrigkeit drücken in diesen symbolischen Akten ihre Zustimmung aus und liefern somit eine positiv sanktionierte Verhaltensdefinition, die das Vereinsmitglied ganz offensichtlich »[...] zur Verteidigung seiner eigenen Bedürfnisse [...] braucht.«[240] Im Gegensatz zu anderen jungen Narrenzünften, die sich weder um die eine noch die andere Institution scheren, scheint es den Balingern auch hier etwas an Selbstvertrauen und Zivilcourage zu mangeln. Die Narren selbst waren bestrebt, beide Institutionen für sich einzunehmen, vermutlich nicht zuletzt auch in der Hoffnung, durch die Unterstützung von Pfarrer und Oberbürgermeister »in einer Stadt, in der sie niemand haben will«, Anerkennung zu ernten. Die neu gegründeten Narrenvereine in den ebenfalls evangelischen Stadtteilen haben offenbar aufgrund der dörflichen Strukturen mit weit weniger Schwierigkeiten zu kämpfen, da in der Kernstadt der Zusammenhalt innerhalb und mit der Vereinswelt so gut wie keine Ausprägung erfährt. Auch hier würde es sich sicherlich lohnen, der Frage nachzugehen, wie sich die neu eingeführten Fastnachten in den Stadtteilen von der der Kernstadt unterscheiden. Kommt es hier zu Dialogen zwischen Vermummten und Unvermummten? Wie reagiert die dörflich geprägte Bevölkerung auf die Neuerung?

Vieles deutet daraufhin, dass die fastnächtlichen Aktivitäten kompensative Züge tragen. Zumindest berechtigen die Antworten der befragten

Hästräger zu einer solchen Vermutung. Einen besonderen Reiz bietet dabei offensichtlich der starke Gegensatz zur beruflichen Tätigkeit. Eine ganze Reihe der Probanden findet an ihrem jeweiligen Arbeitsplatz keine Erfüllung. Wie stark die Arbeitswelt dennoch auf das Freizeitverhalten einwirkt, zeigt sich auch beim Balinger Narrenverein. Prinzipien wie Ordnung, Disziplin und Genauigkeit verlieren nicht etwa an Bedeutung, sondern werden mit besonderen Weihen versehen. Ästhetisierung und Uniformierung prägen das Erscheinungsbild, Reglementierung das Verhalten der Hästräger. Man ist sich einig: Das Häs soll schön aussehen und beim Betrachter Bewunderung hervorrufen, die Gruppe einheitlich, sauber und geschlossen auftreten. Selbst der Anspruch, erfolgsorientiert zu handeln, verliert während der Fastnachtszeit nichts von seiner gesellschaftlichen Bedeutung. Von einer verkehrten Welt kann deshalb nicht die Rede sein.

Das »ins Häs gehen« scheint sich hier vielmehr in nahezu idealer Weise dafür zu eignen, sich ein ganz besonderes Erlebnis zu verschaffen und kommt damit dem »Projekt des schönen Lebens« entgegen. Es verspricht ein durch die Uniformierung auch rein äußerlich dokumentiertes Gruppengefühl, das durch die Präsentation vor Publikum und Medien noch verstärkt wird und die Beteiligten stolz macht. Besonderes Talent oder ausgewiesene Fähigkeiten sind nicht erforderlich. Die Kostümierung ermöglicht zwar nur ein durch Regelwerk eingeschränktes Anders-Sein, doch dies reicht aus, um die Voraussetzungen für ein Erlebnisgefühl zu schaffen, das sich vom Alltäglichen nachhaltig abhebt. Man bewegt sich in einer Spielwelt. Die Hästräger können sich lockerer geben, sich ungehemmter bewegen, sie lernen leichter Leute kennen und sind viel unterwegs. Insofern ist Korff beizupflichten, der im Konsumverhalten der Wohlstandsgesellschaft eine Ursache für die närrische Expansion sieht[241]: Der Kampf ums Überleben ist einem Erleben des Lebens gewichen.

EINIGE ABSCHLIESSENDE ÜBERLEGUNGEN AUF BRAUCHTHEORETISCHER GRUNDLAGE

Kann man die 1998 neu eingeführte Balinger Fastnacht, die sich im Wesentlichen aus einem mittlerweile überregional ritualisierten Formenrepertoire bereits bestehender Fastnachtsbräuche zusammensetzt, als neuen Brauch bezeichnen? Um diese Frage zu beantworten, bedarf es zunächst einer Definition des Begriffes Brauch[242]. Josef Dünninger lieferte 1967 eine solche, die wohl bis heute eine Art kleinsten gemeinsamen Nenner darstellt:

»Ein Brauch ist gemeinschaftliches, zu bestimmten Anlässen oder Terminen in regelmäßiger Wiederkehr geübtes Handeln, das wesentlich durch Tradition geprägt wird, in einigermaßen verbindlichen Formen abläuft, sich aus der Alltäglichkeit heraushebt und ein Inneres zeichenhaft ausdrückt.«[243]

Einen weiteren Definitionsversuch unternahm 1985 Hermann Bausinger. Dieser unterscheidet sich nur geringfügig von Dünningers Ansatz:

»Brauch ist sozial bestimmtes, bei bestimmten Anlässen regelmäßig geübtes, verbindliches Handeln, das die materielle Seite der Befriedigung von Bedürfnissen übersteigt und durch die Tradition geprägt ist.«[244]

Anders als ein Arbeitsgerät oder ein Lied bestimmen Bräuche soziales Handeln. Wie alle kulturellen Erscheinungen bewegen auch sie sich innerhalb der drei Kulturdimensionen Raum, Zeit und Gesellschaft. Unterschieden wird allgemein zwischen privaten Lebenslaufbräuchen wie Taufe oder Hochzeit sowie öffentlichen Jahreslaufbräuchen, die an einen für alle verbindlichen Termin im Kalender gebunden sind. Bräuche sind nicht statisch, sondern unterliegen fortwährend Veränderungen und geben durch zeichenhafte Handlungen Auskunft über die jeweiligen Befindlichkeiten ihrer Trägergruppen: »Bräuche sind [...] soziale Tatsachen, **Zeichen**, in denen sich das gesellschaftliche Leben der Gruppen ausdrückt.«[245]

Betrachtet man nun die Aktivitäten der Balinger »Loable«, besteht zunächst einmal kein Zweifel daran, dass rein formal eine ganze Reihe an Kriterien der beiden Brauch-Definitionen erfüllt werden. So tritt der Narrenverein nicht nur als Gruppe auf, die Mitglieder handeln auch im Rahmen verbindlicher Formen regelmäßig an einem kalendarisch festgelegten Termin, und ihr Treiben hebt sich in besonderer Art und Weise vom Alltag ab. Schwieriger wird es dagegen, eine Zeichenhaftigkeit des Inhalts auszumachen. Sicherlich ist es genau genommen schon **bezeichnend** – damit Ausdruck gesellschaftlichen Lebens –, wenn diese Gruppe sich als Verein organisiert, um das Fastnachtsfest gemeinsam zu feiern und dabei eine ganz spezielle, bereits lang bestehende Feierform wählt. Ohne Frage – und das zeigt diese Arbeit – lassen sich durch intensive Beschäftigung mit dem **Handeln** der Balinger »Loable« Rückschlüsse auf Selbstverständnis und Daseinsgefühl der Hästräger schließen, doch hierfür reicht eben die reine Beobachtung kaum aus. Dies liegt daran, dass der junge Verein sich bereits bestehender Brauchformen bedient, in deren Kern wiederum »[...] ferne, geistesgeschichtlich komplizierte und unserem heutigen Verständnishorizont nur noch schwer zugängliche Ausgangsideen verkapselt sind [...].«[246] Zwar werden einzelne Facetten teilweise anders gestaltet, als es beispielsweise die neu gegründeten Narrenzünfte der 1950er- und 1960er-Jahre taten – allein die Untersuchung dieser geringfügigen Änderungen liefert wertvolle Hinweise auf die Befindlichkeiten der Träger – dennoch sind Gespräche mit den Aktiven unentbehrlich, um deren aktuelle Motive herauszuarbeiten.

Eine Zeichenhaftigkeit der Inhalte besteht allenfalls in verschlüsselter, nicht ohne weiteres deutbarer Form, da die Handlungsmuster sich im Wesentlichen aus bereits länger bestehenden und überregional ritualisierten Bräuchen ableiten[247]. Diese wurden von den Balinger Narren einfach übernommen und nicht selbst geschaffen. Es erscheint deshalb fraglich, ob in Balingen – ausgehend vom Kommunikationsmodell Ingeborg Weber-Kellermanns – ein Brauch entsteht, der als Code zwischen den Brauchausübenden, den ›Sendern‹ und den Zuschauern als ›Empfänger‹

funktionieren kann, denn: »Voraussetzung für ihre [Anm. d. Verf.: der Bräuche] Wirkung und ihr Funktionieren ist, daß die Ausübenden wie auch die Zuschauenden den Sinn der Bräuche verstehen, denn die bildhafte Brauchhandlung, die Kostümierung der Spieler und ihre Brauchrequisiten besitzen Symbolcharakter, bedienen sich einer Zeichensprache. Das gilt jedoch nur jeweils innerhalb eines historischen Zeitraums, für eine bestimmte Region oder für eine spezielle soziale Gruppe [...].«[248] In Balingen als reformierter Stadt ohne Fastnachtsvergangenheit im schwäbisch-alemannischen Sinne fehlt gemäß dieser Aussage eine derartige Verständnisgrundlage.

Bräuche lassen sich zudem nicht einfach einführen, »es muß ein Bedürfnis da sein, eine Basis und Bereitschaft, und sei sie zunächst auch verborgen. Bereitschaft läßt sich wecken, aber nicht ohne weiteres erzeugen.«[249] In Balingen deutet nur wenig darauf hin, dass dieses Bedürfnis besteht. Die relativ hohe Zuschauerzahl der bisherigen drei Umzüge erscheint als Indiz wenig aussagekräftig, da Quantität allein noch keinen funktionierenden Brauch ausmacht. Die verhaltene Stimmung während des Fackelumzuges spricht in dieser Beziehung für sich. Bleibt die Tradition im Sinne einer nicht näher definierten zeitlichen Kontinuität. Die (reichlich flapsige) Prämisse »Nur ein alter Brauch ist ein (guter) Brauch« gilt innerhalb volkskundlicher Brauchforschung längst nicht mehr[250], dennoch muss die Frage gestellt werden, ob es sich bei dem mit der Gründungswelle der 1990er-Jahre mitgespülten Narrenverein nicht noch immer um den Bestandteil einer flächendeckenden Modeerscheinung handelt. Alle 13 befragten Narren sprechen die Hoffnung aus, mit der neuen Balinger Fastnacht eine Tradition zu begründen, die Bestand hat und von späteren Generationen weitergeführt wird. Dies tun sie allerdings im Wissen um die Schwierigkeiten eines solchen Vorhabens:

»Ich würde mich freuen, wenn das weitergemacht wird, wobei das schwierig ist, weil das noch nicht so fundamentalisiert ist. Wenn jetzt hier von den Gründungsmitgliedern oder von diesem kleinen Haufen ein paar – das wissen Sie selber – ein paar Gründer oder Hauptinitiatoren

abspringen, dann wird es bestimmt schlecht aussehen mit dieser Sache.« (Michael Müller, 39 Jahre)

»Ob es dann jemand, wenn das Sabine tatsächlich mal irgendwann nicht mehr machen würde oder so ... ob es dann jemand machen würde, weiß man ja nicht ... ob das dann weitergeführt wird [...].« (Mascha Baum, 32 Jahre)

Zweifellos gilt es zu bedenken, dass kein einziger Brauch, gleichgültig welchen Alters, auf »eine außerhalb des Menschen wirkende Kraft«[251] zurückgeht. Immer waren es einzelne Personen oder kleine Gruppen, die aus den unterschiedlichsten Gründen Bräuche initiierten. Eine ganz entscheidende Brauch-Eigenschaft jedoch fehlt den Aktivitäten der »Loable«: »[...] Er ist selbstverständlich geworden und braucht keine Rechtfertigung.«[252] In Balingen, so zeigt die Befragung von Aktiven, Lokaljournalisten und Bevölkerung, ist eher das Gegenteil der Fall. Es bedarf eines Vereins, der ein Programm, ein Reglement und einen Verhaltenskodex vorgibt. Das Umfeld gibt sich kritisch, um Zuschauer wird geworben, um öffentliche Anerkennung gebuhlt. Hier also bereits von einem neu entstandenen Brauch zu reden, hieße, die Situation in der Eyachstadt zu verkennen.

Bemerkenswert erscheint die Tatsache, dass die Balinger bei der Erfindung ihrer Fastnacht sich fast ausschließlich bekannter und dementsprechend starrer Elemente bedienten. Ein weit verbreitetes Phänomen, auf das schon Anfang der 1980er-Jahre Volkskundler aufmerksam wurden. So stellte Max Matter fest: »Die Beobachtung zeigt, daß auch n e u e Bräuche entstehen, die durchaus ›echt‹ sind. Obwohl sie keine Wiederbelebung sind, greift man zum Teil bei ihrer Ausformung ›alte‹ Elemente auf. Und hier zeigt es sich, daß diese alten Elemente häufig erst durch ihre Zurschaustellung andernorts [...] und durch deren Verbreitung durch Massenmedien den Gestaltern des neuen Brauchs bekannt geworden sind.«[253] Bausinger bestätigte diese These: »Wo sich Neubildungen durchgesetzt haben, da waren dies im Allgemeinen keine Erfindungen, sondern Entlehnungen. [...] Das [...] könnte beispielsweise [...] gezeigt werden am Beispiel der Narrenzünfte, die seit den fünfziger Jahren in großer Zahl neu gegründet wurden – diese neuen Zünfte und ihre Bräuche funktionieren wohl vor allem deshalb, weil sie sich an den Vorgaben und Möglichkeiten der weiteren Brauchlandschaft orientieren.«[254] Der Narrenverein Balinger »Loable« bediente sich vorhandener Bräuche, ohne deren ursprünglichen Sinn zu kennen und ohne sie mit neuen Inhalten zu füllen[255]. Was bleibt ist der Repräsentationscharakter einer auf Öffentlichkeitswirksamkeit ausgerichteten Fastnachts-Show.

Wirkliche Innovationen scheinen innerhalb der schwäbisch-alemannischen Fastnacht nicht mehr stattzufinden oder stoßen sofort auf die ablehnende Haltung der Funktionäre. Während in früheren Jahrhunderten neue und damit fremde Elemente als Bereicherung empfunden wurden[256], gilt dies heute nicht mehr. Eine junge Zunft wird somit mehr oder weniger gezwungen, auf das für sie an sich sinnentleerte Formenrepertoire zurückzugreifen, es sei denn, sie verzichtet auf die Mitgliedschaft in einer Dachorganisation und damit auf die Teilnahme an Narrentreffen und geht eigene Wege. Das Fernsehen unterstützt insoweit dieses Dilemma, indem Jahr für Jahr immer wieder die gleichen etablierten Zünfte gezeigt werden und junge Gruppen, die sich mit neuen Ideen an die Öffentlichkeit wagen, längst nicht dieses Maß an Beachtung finden. Verständlich ist die Vorgehensweise der Fernsehmacher jedoch allemal: die ständig steigenden Einschaltquoten bieten keinerlei Anlass, das erfolgreiche Konzept zu ändern.

Literaturverzeichnis

Adorno, Theodor W. (1973): Freizeit. In: Horst W. Opaschowski: Freizeitpädagogik in der Leistungsgesellschaft. Bad Heilbrunn, S. 33–40.

Atteslander, Peter (1991): Methoden der empirischen Sozialforschung. Berlin, New York.

Bäckert, Horst (1993): »Ohne Narrenzünfte läuft gar nichts« – warum die Fastnacht nicht ohne Organisation auskommt. In: Schwäbisch-Alemannischer Narrenbote, Jg. 17, S. 6–11.

Bausinger, Hermann (Hg.) (1966): Dörfliche Fasnacht zwischen Neckar und Bodensee. Beiträge des Tübinger Arbeitskreis für Fasnachtsforschung (Volksleben, Bd. 12). Tübingen.

Bausinger, Hermann (1978): Orientierungen südwestdeutscher Fasnachtsforschung. In: Herbert Schwedt (Hg.): Fasnachtsforschung. Protokoll der Mainzer Tagung zur Fasnachtsforschung am 24. September 1977 an der Universität Mainz. Mainz, S. 45–54.

Bausinger, Hermann (1980) [1980/I]: Hintergründe der Fasnacht. In: Hermann Bausinger (Hg.): Narrenfreiheit. Beiträge zur Fastnachtsforschung. Untersuchungen des Ludwig-Uhland-Instituts der Universität Tübingen, Bd. 51. Tübingen, S. 13–28.

Bausinger, Hermann (1980) [1980/II]: Zur Spezifik volkskundlicher Arbeit. In: Zeitschrift für Volkskunde, Jg. 76, S. 1–21.

Bausinger, Hermann (1985): Brauchtradition – Erhaltung, Veränderung, Mitgestaltung. In: Beiträge zur Volkskunde in Baden-Württemberg, Jg. 1, S. 9–21.

Bausinger, Hermann (1986): Volkskultur in der technischen Welt. Frankfurt/Main, New York.

Bausinger, Hermann (1991) [1991/I]: Zum Begriff des Folklorismus. In: Hermann Bausinger: Der blinde Hund. Anmerkungen zur Alltagskultur. Tübingen, S. 92–103.

Bausinger, Hermann (1991) [1991/II]: Tradition und Modernisierung. In: Schweizerisches Archiv für Volkskunde, Jg. 87, S. 5–14.

Bausinger, Hermann (1999): Neue Perspektiven. Nachwort 1999. In: Hermann Bausinger: Volkskunde. Von der Altertumskunde zur Kulturanalyse. Tübingen, S. 297–310.

Bausinger, Hermann (o. J.): Vom Altertum zur Postmoderne. Etappen der Fastnachtsforschung. Vortrag, gehalten am 21. November 1998 in Weingarten. Das unveröffentlichte Manuskript liegt vor.

Beck, Ulrich (1986): Risikogesellschaft. Auf dem Weg in eine andere Moderne. Frankfurt/Main.

Becker, Franziska/**Merkel**, Ina (1997): Zu den Essentials des Faches Europäische Ethnologie in Berlin. In: Christine Burckhardt-Seebass: Zwischen den Stühlen fest im Sattel? Eine Diskussion um Zentrum, Perspektiven und Verbindungen des Faches Volkskunde. Göttingen, S. 26–31.

Berner, Herbert (1964): Fasnacht und Historie. In: Hermann Bausinger (Hg.): Fasnacht. Beiträge des Tübinger Arbeitskreis für Fasnachtsforschung (Volksleben, Bd. 6). Tübingen, S. 42–71.

Bimmer, Andreas C. (1994): Brauchforschung. In: Rolf Wilhelm Brednich: Grundriss der Volkskunde. Berlin, S. 375–395.

Bodemann, Ulrike (1983): Folklorismus – ein Modellentwurf. In: Rheinisch-Westfälische Zeitschrift für Volkskunde, Jg. 28, S. 101–110.

Dünninger, Josef (1967): Brauchtum. In: Wolfgang Stammler (Hg.): Deutsche Philologie im Aufriß. Bd. 3. Berlin, S. 2571–2640.

Dürkop, Gabriele (1977): Die Karnevalvereine der Stadt Kassel. Eine ethnosoziologische und sozialpsychologische Studie zur Phänomenologie und Analyse des Vereinskarnevals. Marburg.

Fischer, Hermann/**Taigel**, Hermann (1986): Schwäbisches Wörterbuch. Tübingen.

Flick, Uwe (1995): Qualitative Forschung. Theorie, Methoden, Anwendung in Psychologie und Sozialwissenschaften. Reinbek.

Friedrichs, Jürgen (1984): Methoden der empirischen Sozialforschung. Opladen.

Fuhrmann, Horst (1987): Einladung ins Mittelalter. München.

Geertz, Clifford (1991): Dichte Beschreibung. Bemerkungen zu einer deutenden Theorie von Kultur. In: Clifford Geertz: Dichte Beschreibung. Beiträge zum Verstehen kultureller Systeme. Frankfurt/Main, S. 7–43.

Gerndt, Helge (1992): Studienskript Volkskunde. Eine Handreichung für Studierende. München.

Grosshennrich, Franz-Josef (1980): Die Mainzer Fastnachtsvereine. Geschichte, Funktion, Organisation und Mitgliederstruktur. Wiesbaden.

Gyr, Ueli (1997): Kulturale Alltäglichkeit in gesellschaftlichen Mikrobereichen. Standpunkte und Elemente zur Konsensdebatte. In: Christine Burckhardt-Seebass: Zwischen den Stühlen fest im Sattel? Eine Diskussion um Zentrum, Perspektiven und Verbindungen des Faches Volkskunde. Göttingen, S. 13–19.

Habermas, Jürgen (1968): Soziologische Notizen zum Verhältnis von Arbeit und Freizeit. In: Hermann Giesecke (Hg.): Freizeit und Konsumerziehung. Göttingen, S. 105–122.

Hartmann, Peter H. (1999): Lebensstilforschung. Darstellung, Kritik und Weiterentwicklung. Opladen.

Hötzer, Karl (1940): Loable. Gedichte und Geschichten in Balinger Mundart. Balingen.

Jeggle, Utz (1966): Soziale Grundlagen. In: Hermann Bausinger (Hg.): Dörfliche Fasnacht zwischen Neckar und Bodensee. Beiträge des Tübinger Arbeitskreis für Fasnachtsforschung (Volksleben, Bd. 12). Tübingen, S. 14–81.

Kapeller, Kriemhild (1991): Tourismus und Volkskultur. Folklorismus – zur Warenästhetik der Volkskultur. Ein Beitrag zur alpenländischen Folklorismusforschung am Beispiel des Vorarlberger Fremdenverkehrs mit besonderer Berücksichtigung der Regionen Montafon und Bregenzerwald. Graz.

Kaschuba, Wolfgang (1999): Einführung in die Europäische Ethnologie. München.

Keller, Karl (1908): Das Nürnberger Schönbartbuch. Weimar.

Keller-Drescher, Lioba (1987): »Tradition« in der Fastnacht. In: Beiträge zur Volkskunde in Baden-Württemberg, Bd. 2, S. 201–215.

Kirchner, Hanni (1966): Neue Masken. In: Hermann Bausinger (Hg.): Dörfliche Fasnacht zwischen Neckar und Bodensee. Beiträge des Tübinger Arbeitskreis für Fasnachtsforschung (Volksleben, Bd. 12). Tübingen, S. 267–340.

Koenig, Otto (1970): Grundzüge eines Ethogramms der Uniform. In: Otto Koenig: Kultur und Verhaltensforschung. Einführung in die Kulturethologie. München, S. 33–182.

Korff, Gottfried (1980): Folklorismus und Regionalismus. Eine Skizze zum Problem der kulturellen Kompensation ökonomischer Rückständigkeit. In: Konrad Köstlin/Hermann Bausinger (Hg.): Heimat und Identität. Volkskundekongreß Kiel 1979. Neumünster, S. 39–52.

Korff, Gottfried (1989): Wilde Masken. In: Gottfried Korff (Hg.): Wilde Masken. Ein anderer Blick auf die Fasnacht. Tübingen, S. 12–25.

Korff, Gottfried (o. J.): Masken und Massen. Über Konjunkturen in der Entwicklung der Fastnacht. Unveröffentlichter Vortrag, gehalten am 22. November 1998 in Weingarten. Ein Mitschrieb liegt vor.

Korff, Gottfried (o. J.): Von Pappnasen und Holzmasken. Neun Bemerkungen zu einer vergleichenden Fastnachtsphysiognomik. Das noch unveröffentlichte Manuskript liegt vor.

Köstlin, Konrad (1978): Fastnacht und Volkskunde. Bemerkungen zum Verhältnis eines Faches zu seinem Gegenstand. In: Rheinisches Jahrbuch für Volkskunde 1978, S. 7–22.

Köstlin, Konrad (1991): Folklore, Folklorismus und Modernisierung. In: Schweizerisches Archiv für Volkskunde, Jg. 87, S. 46–66.

Lambrecht, Karl (1988): Rottweiler Narrenfibel. Rottweil.

Lehmann, Albrecht (1984): Zur volkskundlichen Vereinsforschung. In: Otto Dann (Hg.): Vereinswesen und bürgerliche Gesellschaft in Deutschland. München, S. 133–149.

Lehmann, Albrecht (1997): Zur empirischen volkskundlichen Forschung. In: Christine Burckhardt-Seebass: Zwischen den Stühlen fest im Sattel? Eine Diskussion um Zentrum, Perspektiven und Verbindungen des Faches Volkskunde. Göttingen, S. 20–25.

Mack, Fritz (1967): Evangelische Stimmen zur Fasnacht. In: Hermann Bausinger (Hg.): Masken zwischen Spiel und Ernst. Beiträge des Tübinger Arbeitskreis für Fasnachtsforschung (Volksleben, Bd. 18). Tübingen, S. 34–49.

Maase, Kaspar (1998): Nahwelten zwischen »Heimat und Kulisse«. Anmerkungen zur volkskundlich-kulturwissenschaftlichen Regionalitätsforschung. In: Zeitschrift für Volkskunde, Jg. 94, S. 53–70.

Marcuse, Herbert (1969): Idee zu einer kritischen Theorie der Gesellschaft. Frankfurt/Main.

Matter, Max (1982): Folklorismus. Ein Plädoyer für funktionale Analysen. In: Edith Hörandner/Hans Lunzer (Hg.): Folklorismus. Vorträge der 1. Internationalen Arbeitstagung des Vereins ›Volkskultur um den Neusiedler See‹. Neusiedl/See, S. 167–190.

Mezger, Werner (1980): Fasnacht, Fasching und Karneval als soziales Rollenexperiment. In: Hermann Bausinger (Hg.): Narrenfreiheit. Beiträge zur Fastnachtsforschung. Untersuchungen des Ludwig-Uhland-Instituts der Universität Tübingen, Bd. 51. Tübingen, S. 203–226.

Mezger, Werner (1984): Narretei und Tradition. Die Rottweiler Fasnet. Stuttgart.

Mezger, Werner (1991) [1991/I]: »O jerum – die Fasnet hot e Loch« – Aktionen und Reaktionen südwestdeutscher Narren. Zur schwäbisch-alemannischen Brauchpraxis im Krisenfall. In: Werner Mezger, Wolfgang Oelsner, Günter Schenk (Hg.): Wenn die Narren Trauer tragen. Fastnacht, Fasching, Karneval und der Golfkrieg. Ostfildern, S. 56–122.

Mezger, Werner (1991) [1991/II]: Narrenidee und Fastnachtsbrauch. Studien zum Fortleben des Mittelalters in der europäischen Festkultur. Konstanz.

Mezger, Werner (1993): Die Bräuche der Abiturienten. Vom Karten-Gruß zum Super-Gag. Ein Beitrag zur Schülervolkskunde. Konstanz.

Mezger, Werner (1995): Lokale Festbräuche als Bildschirmereignis. Zum volkskundlichen Film im Fernsehen der 90er Jahre. In: Schwäbische Heimat 1995/4, S. 334–346.

Mezger, Werner (1996) [1996/I]: Fasnet in Rottweil. Geschichte und Gegenwart eines Brauchs. Stuttgart.

Mezger, Werner (1996) [1996/II]: Der verwaltete Frohsinn. Fastnacht und Karneval zwischen Spontanität und Organisiertheit. In: Volkskunde in Rheinland-Pfalz, Jg. 11, Heft 2, S. 34–48.

Mezger, Werner (1999) [1999/I]: Das große Buch der schwäbisch-alemannischen Fasnet. Ursprünge, Entwicklungen und Erscheinungsformen organisierter Narretei in Südwestdeutschland. Stuttgart.

Mezger, Werner (1999) [1999/II]: Vom organischen zum organisierten Brauch. Fasnet in Südwestdeutschland und die Vereinigung Schwäbisch-Alemannischer Narrenzünfte. In: Vereinigung Schwäbisch-Alemannischer Narrenzünfte (Hg.): Zur Geschichte der organisierten Fastnacht. Vöhrenbach, S. 7–42.

Moser, Hans (1964): Die Geschichte der Fasnacht im Spiegel von Archivforschungen. In: Hermann Bausinger (Hg.): Fasnacht. Beiträge des Tübinger Arbeitskreis für Fasnachtsforschung (Volksleben, Bd. 6). Tübingen, S. 15–41.

Moser, Hugo (1981): Schwäbischer Volkshumor. Neckereien in Stadt und Land, von Ort zu Ort. Stuttgart.

Nagel, Rainer (1993): Fachsprache der Fantasy-Rollenspiele. Wortbildungselemente und -prozesse im Englischen. Frankfurt/Main.

Opaschowski, Horst W. (1994): Einführung in die Freizeitwissenschaft. Opladen.

Röllin, Werner (1984): Guggenmusiken: Eine fasnächtliche Neuerung. Ergebnisse einer Umfrage. In: Schweizer Volkskunde, Jg. 74, S. 1–12.

Schmieder, Friedrich (1964): Psychologische und psychohygienische Fragen bei der Fasnachtsforschung. In: Hermann Bausinger (Hg.): Fasnacht. Beiträge des Tübinger Arbeitskreis für Fasnachtsforschung (Volksleben, Bd. 6). Tübingen, S. 99–106.

Schöll, Torsten (1999): Bocksprünge nach Kamerun. Fasnetsbräuche im Entstehen – ein Portrait der Feuerbacher Narrenzunft. In: Schönes Schwaben, Heft 2, S. 4–8.

Schreiber, Uwe/**Dold**, Wilfried (1999): Immer mehr Zünfte – Fasnet ohne Ende? In: Vereinigung Schwäbisch-Alemannischer Narrenzünfte (Hg.): Zur Geschichte der organisierten Fastnacht. Vöhrenbach, S. 217–222.

Schulze, Gerhard (1992): Die Erlebnisgesellschaft. Kultursoziologie der Gegenwart. Frankfurt/Main, New York.

Schwedt, Herbert (1964): Zur Pflege fasnächtlichen Brauchtums in Südwestdeutschland. In: Hermann Bausinger (Hg.): Fasnacht. Beiträge des Tübinger Arbeitskreis für Fasnachtsforschung. Tübingen, S. 107–118.

Schwedt, Herbert (Hg.) (1977): Analyse eines Stadtfestes. Die Mainzer Fastnacht. Wiesbaden.

Seidenspinner, Wolfgang (1996): Aggressive Folklore. In: Zeitschrift für Volkskunde, Jg. 92, S. 208–225.

Statistisches Landesamt Baden-Württemberg (Hg.) (1961): Kreisstadt Balingen. Sonderdruck aus »Der Landkreis Balingen«. Amtliche Kreisbeschreibung, Bd. 2. Balingen.

Steinhart, Margarete (1991): Balingen 1918–1948. Kleinstadt im Wandel. Balingen.

Talkenberg-Bodenstein, Renate (1977): Die Funktion der Fastnacht im sozialen Wandel. In: Herbert Schwedt (Hg.): Analyse eines Stadtfestes. Die Mainzer Fastnacht. Wiesbaden, S. 11–38.

Tokofsky, Peter (1999): Das Elzacher Maschkele: Zur Deutung und Bedeutung des Spielens. In: Christel Köhle-Hezinger, Martin Scharfe, Rolf Wilhelm Brednich (Hg.): Männlich. Weiblich. Zur Bedeutung der Kategorie Geschlecht in der Kultur. 31. Kongreß der Deutschen Gesellschaft für Volkskunde in Marburg 1997. Münster, New York, München, Berlin, S. 295–300.

Topka, Ulrich (o. J.): Erbsenzählen – der neueste Narrenstreich? Aus Fastnachts-Atlas und Fastnachts-Datenbank: Fakten, Daten, Analysen. Unveröffentlicher Vortrag, gehalten am 21. November 1998 in Weingarten. Ein Mitschrieb liegt vor.

Weber-Kellermann, Ingeborg (1985): Saure Wochen – frohe Feste. Fest und Alltag in der Sprache der Bräuche. München, Luzern.

Welz, Gisela (1996): Inszenierungen kultureller Vielfalt. Frankfurt/Main, New York.

Anmerkungen

1 In der Arbeit wird der Begriff »Fas(t)nacht« mit »t« geschrieben, weil diese Variante schriftsprachlich häufiger anzutreffen ist als die ohne »t«. Diese wurde aber in der Literatur fast ebenso häufig verwendet.

2 Seit einigen Jahren gibt es sogar in Rüdesheim (Hessen) am Sonntag nach Aschermittwoch einen großen Umzug mit Zünften und Fastnachtsvereinen schwäbisch-alemannischer Prägung.

3 Im schwäbisch-alemannischen Raum wird der Dialekt-Ausdruck ›Häs‹ für ›Kleidung‹ allgemein, aber auch für ›Narrenkleid‹ oder ›Fastnachtskostüm‹ verwendet. Zur Etymologie siehe **Werner Mezger**: Das große Buch der schwäbisch-alemannischen Fasnet. Ursprünge, Entwicklungen und Erscheinungsformen organisierter Narretei in Südwestdeutschland. Stuttgart 1999 [1999/I], S. 64.

4 Diese Zahl stammt aus der Fastnachtsdatenbank Uli Topkas, Konstanz, und bezieht sich ausschließlich auf den deutschen Teil des schwäbisch-alemannischen Raums. Der Schweizer Teil wurde nicht berücksichtigt. Die Datenbank erfasst Zünfte, die über mindestens eine Maskenfigur verfügen. Karnevalistisch geprägte Vereine erhalten ebensowenig einen Eintrag wie reine Musikgruppen. Uli Topka hielt am 21. November 1998 in Weingarten einen bisher nicht publizierten Vortrag mit dem Titel: Erbsenzählen – der neueste Narrenstreich? Aus Fastnachts-Atlas und Fastnachts-Datenbank: Fakten, Daten, Analysen. Der Verfasser dieser Studie fertigte einen Mitschrieb an.

5 Siehe **Werner Mezger**: Vom organischen zum organisierten Brauch. Fasnet in Südwestdeutschland und die Vereinigung Schwäbisch-Alemannischer Narrenzünfte. In: Vereinigung Schwäbisch-Alemannischer Narrenzünfte (Hg.): Zur Geschichte der organisierten Fastnacht. Vöhrenbach 1999 [1999/II], S. 7–42, 38.

6 Siehe **Uwe Schreiber/Wilfried Dold**: Immer mehr Zünfte – Fasnet ohne Ende? In: Vereinigung Schwäbisch-Alemannischer Narrenzünfte (Hg.): Zur Geschichte der organisierten Fastnacht. Vöhrenbach 1999, S. 217–222, 219.

7 Mezger 1999 [1999/II], S. 40.

8 Hermann Bausinger hielt am 21. November 1998 in Weingarten einen bisher nicht publizierten Vortrag mit dem Titel: »Vom Altertum zur Postmoderne. Etappen der Fastnachtsforschung«. Dem Verfasser dieser Studie wurde freundlicherweise gewährt, Einsicht in das Manuskript zu nehmen.

9 **Wolfgang Kaschuba**: Einführung in die Europäische Ethnologie. München 1999, S. 219.

10 Diese Frage stellte sich auch die Radio-Redakteurin Rita Radowski vom Südwestrundfunk Tübingen und beschäftigte sich am 15. Februar 2000 in einer einstündigen Sendung mit dem Thema. Zu Wort kamen neben dem Volkskundler Werner Mezger auch Vertreter junger Gruppen sowie Roland Wehrle, Präsident der Vereinigung Schwäbisch-Alemannischer Narrenzünfte, deren Mitglieder, so der Vorwurf vieler neu gegründeter Vereine, sich ohne zu differenzieren meist negativ über den »Nachwuchs« äußerten. Die Radiosendung liegt in transkribierter Form vor. Einzelne Aussagen werden im Lauf der Arbeit zitiert.

11 **Renate Talkenberg-Bodenstein**: Die Funktion der Fastnacht im sozialen Wandel. In: Herbert Schwedt (Hg.): Analyse eines Stadtfestes. Die Mainzer Fastnacht. Wiesbaden 1977, S. 11–38, 12.

12 Kaschuba 1999, S. 107.

13 Kaschuba 1999, S. 198.

14 Kaschuba 1999, S. 212.

15 **Clifford Geertz**: Dichte Beschreibung. Bemerkungen zu einer deutenden Theorie von Kultur. In: Clifford Geertz: Dichte Beschreibung. Beiträge zum Verstehen kultureller Systeme. Frankfurt/Main 1991, S. 7–43, 30.

16 Gabriele Dürkop skizzierte die Problematik der Kompensation aus sozialpsychologischer Perspektive (**Gabriele Dürkop**: Die Karnevalvereine der Stadt Kassel. Eine ethnosoziologische und sozialpsychologische Studie zur Phänomenologie und Analyse des Vereinskarnevals. Marburg 1977, S. 208–220).

17 Zur Begriffsgeschichte siehe **Hermann Bausinger**: Zum Begriff des Folklorismus. In: Hermann Bausinger: Der blinde Hund. Anmerkungen zur Alltagskultur. Tübingen 1991 [1991/I], S. 92–103. Zusammenfassungen des äußerst komplizierten Diskussionsverlaufs finden sich bei **Gisela Welz**: Inszenierungen kultureller Vielfalt. Frankfurt am Main, New York 1996, S. 51–60, **Wolfgang Seidenspinner**: Aggressive Folklore. In: Zeitschrift für Volkskunde, Jg. 92 1996, S. 208–211, **Kriemhild Kapeller**: Tourismus und Volkskultur. Folklorismus – zur Warenästhetik der Volkskultur. Ein Beitrag zur alpenlän-

dischen Folklorismusforschung am Beispiel des Vorarlberger Fremdenverkehrs mit besonderer Berücksichtigung der Regionen Montafon und Bregenzerwald. Graz 1991, S. 17-43 sowie **Ulrike Bodemann**: Folklorismus – ein Modellentwurf. In: Rheinisch-Westfälische Zeitschrift für Volkskunde, Jg. 28 1983, S. 101-110. Fest steht heute, dass sich »mit dem Begriff Folklorismus [...] seit gut 25 Jahren ein semantischer Gehalt, der inzwischen so diffus geworden ist, daß er nur noch mit Vorbehalt und nach jeweilig genauer Festlegung verwendet werden sollte« (**Andreas C. Bimmer**: Brauchforschung. In: Rolf W. Brednich: Grundriss der Volkskunde. Berlin 1994, S. 375-395, 385). Was diese Arbeit betrifft, so geht es zunächst lediglich darum, festzustellen, ob die Aktivitäten der Balinger »Loable« folkloristische Züge aufweisen und zwar, um das hiermit unmissverständlich festzulegen, im Sinne einer rückwärtsgewandten Vorgehensweise, die sich in bewussten Rückgriffen auf (vermeintlich) Altes manifestiert.

18 **Gottfried Korff**: Wilde Masken. In: Gottfried Korff (Hg.): Wilde Masken. Ein anderer Blick auf die Fasnacht. Tübingen 1989, S. 12–25, 23.

19 **Hermann Bausinger**: Hintergründe der Fasnacht. In: Hermann Bausinger (Hg.): Narrenfreiheit. Beiträge zur Fastnachtsforschung. Tübingen 1980 [1980/I], S. 13–28, 26–27.

20 **Werner Mezger**: Fasnacht, Fasching und Karneval als soziales Rollenexperiment. In: Hermann Bausinger (Hg.): Narrenfreiheit. Beiträge zur Fastnachtsforschung. Tübingen 1980 [1980/I], S. 203–226, 211.

21 Badische Zeitung vom 3. Mai 1999.

22 **Gerhard Schulze**: Die Erlebnisgesellschaft. Kultursoziologie der Gegenwart. Frankfurt/Main, New York 1992, S. 35.

23 Schulze liefert folgendes Beispiel: Während bei der Frage, ob ein neues Auto fährt oder nicht (außenverankertes Ziel), einer objektiven Beurteilung nichts im Wege steht, basiert das schöne Fahrgefühl (innenverankertes Ziel) ausschließlich auf dem subjektiven Empfinden.

24 Schulze 1992, S. 35.

25 **Ulrich Beck**: Risikogesellschaft. Auf dem Weg in eine andere Moderne. Frankfurt/Main 1986.

26 Kaschuba 1999, S. 137.

27 Schulze 1992, S. 62.

28 Schulze 1992, S. 162–163.

29 Schulze 1992, S. 73.

30 Die Lebensstilforschung entwickelte sich aus der klassischen Schichtungsfor-

schung. Diese ging bis in die 1960er-Jahre davon aus, dass die Lebensweise des Menschen von dessen ökonomischer Lage abhängig sei. In Zeiten finanziellen Aufschwungs und zunehmender Mobilität reicherte man dann die Gesellschaftsanalyse mit den Methoden der Konsum- und Freizeitforschung an. Während der 1980er-Jahre stellten viele Sozialforscher die traditionellen Klassen- und Schichtungsmodelle generell in Frage. Es etablierte sich eine eigenständige Lebensstilforschung. Lebensstile werden hier als das neue strukturbildende Element innerhalb der Gesellschaft gesehen. Ursprünge empirischer Lebensstilforschung finden sich auch in der anwendungsorientierten Marktforschung, die sich seit jeher bemüht, Personen nach ähnlichem Verhalten zu gruppieren. Als klassischer Autor der Lebensstilforschung gilt der französische Soziologe Pierre Bourdieu, dessen zentrale These die Relevanz von Lebensstilen für Phänomene sozialer Mobilität betont und hier besonders die Auswirkungen des so genannten »kulturellen Kapitals«.

31 **Peter H. Hartmann**: Lebensstilforschung. Darstellung, Kritik und Weiterentwicklung. Opladen 1999, S. 11.

32 Hartmann 1999, S. 179.

33 Hartmann 1999, S. 189.

34 **Hermann Bausinger**: Neue Perspektiven. Nachwort 1999. In: Hermann Bausinger: Volkskunde. Von der Altertumsforschung zur Kulturanalyse. Tübingen 1999, S. 297–310, 308.

35 Mezger 1999 [1999/II], S. 41.

36 **Werner Mezger**: Lokale Festbräuche als Bildschirmereignis. Zum volkskundlichen Film im Fernsehen der 90er Jahre. In: Schwäbische Heimat 1995/4, S. 334–346, 337.

37 Freundliche Auskunft von Prof. Dr. Werner Mezger nach der vierstündigen Live-Übertragung des großen Narrentreffens der Vereinigung Schwäbisch-Alemannischer Narrenzünfte am 30. Januar 2000 in Wangen im Allgäu. Mezger kommentiert seit 1992 für den Südwestrundfunk die Umzüge.

38 Bausinger o. J.

39 Gottfried Korff hielt am 22. November 1998 in Weingarten einen bisher nicht publizierten Vortrag mit dem Titel: »Masken und Massen. Über Konjunkturen in der Entwicklung der Fastnacht«. Von diesem Vortrag fertigte der Verfasser dieser Studie einen Mitschrieb an.

40 **Ueli Gyr**: Kulturale Alltäglichkeit in gesellschaftlichen Mikrobereichen. Standpunkte und Elemente zur Konsensdebatte. In: Christine Burckhardt-Seebass: Zwischen den Stühlen fest im Sattel? Eine Diskussion um Zen-

trum, Perspektiven und Verbindungen des Faches Volkskunde. Göttingen 1997, S. 13-19, 16.

41 Geertz 1991, S. 30.

42 Geertz 1991, S. 31.

43 **Franziska Becker/Ina Merkel**: Zu den Essentials des Faches Europäische Ethnologie in Berlin. In: Christine Burckhardt-Seebass: Zwischen den Stühlen fest im Sattel? Eine Diskussion um Zentrum, Perspektiven und Verbindungen des Faches Volkskunde. Göttingen 1997, S. 26–31, 28.

44 Bausinger wählte als Beispiel neufundländische Häkeldeckchen. In Neufundland wählen die Frauen zwischen zwei verschiedenen Illustrationsarten, wenn sie für ihre Wohnungen teppichähnliche Decken häkeln. Zum einen gibt es traditionell überlieferte Muster, zum anderen individuelle Kreationen. Während Erstere fast ausschließlich in der stark frequentierten Küche liegen, bekommen Letztere, meist durch Ölhäute geschützt und nur zu Ehren vornehmer Besucher entblößt, einen Ehrenplatz in der ›guten Stube‹. Es besteht also eine Verbindung »[...] zwischen den scheinbar in ganz anderer Weise definierten ästhetischen Aktivitäten und den sozialen Kommunikationsformen« (**Hermann Bausinger**: Zur Spezifik volkskundlicher Arbeit. In: Zeitschrift für Volkskunde, Jg. 76 1980 [1980/II], S. 12). Kulturelle Beobachtungen deckten Stabilität und Reichweite sozialer Strukturen auf: »Die Beobachtung, bei wem und in welcher Situation die Ölhäute [...] entfernt werden, gibt möglicherweise genauere Einblicke in die Bedeutung der sozialen Hierarchie als die aufwendige Erhebung von Einstellungsprofilen« (Bausinger 1980 [1980/II], S. 13). Soziale Hierarchie manifestiere und konstituiere sich auch über kulturelle Akte, und es sei nicht zuletzt dieses Geflecht aus Formen und Normen, das soziale Differenzen gleichzeitig ausdrücke und immer neu schaffe.

45 **Werner Mezger**: »O jerum – die Fasnet hot e Loch« – Aktionen und Reaktionen südwestdeutscher Narren. Zur schwäbisch-alemannischen Brauchpraxis im Krisenfall. In: Werner Mezger, Wolfgang Oelsner, Günter Schenk (Hg.): Wenn die Narren Trauer tragen. Fastnacht, Fasching, Karneval und der Golfkrieg. Ostfildern 1991 [1991/I], S. 56–122, 57.

46 In vier der acht Stadtteile, ebenfalls durchweg evangelische Dörfer, haben sich in den 1990er-Jahren ebenfalls Narrenzünfte neu gegründet.

47 **Albrecht Lehmann**: Zur empirischen volkskundlichen Forschung. In: Christine Burckhardt-Seebass: Zwischen den Stühlen fest im Sattel? Eine Diskussion um Zentrum, Perspektiven und Verbindungen des Faches Volkskunde. Göttingen 1997, S. 20–25, 24.

48 Lehmann 1997, S. 24.
49 Die in diesem Kapitel dargestellten historischen Fakten sind, soweit sie die Stadt Balingen betreffen, der Untersuchung Margarete Steinharts entnommen (**Margarete Steinhart**: Balingen 1918–1948. Kleinstadt im Wandel. Balingen 1991).
50 **Statistisches Landesamt Baden-Württemberg (Hg.)**: Kreisstadt Balingen, Sonderdruck aus ›Der Landkreis Balingen‹. Amtliche Kreisbeschreibung, Bd. 2. Balingen 1961, S. 17. Ein Quellenhinweis fehlt.
51 **Werner Mezger**: Fasnet in Rottweil. Geschichte und Gegenwart eines Brauchs. Stuttgart 1996 [1996/I], S. 6–7.
52 Statistisches Landesamt Baden-Württemberg 1961, S. 30. Ein Quellenhinweis fehlt.
53 Zunächst war die mittelalterliche Fastnacht zunächst nichts weiter als ein Fest am Vorabend der Fastenzeit (daher auch die Bezeichnung ‚Fastnacht', analog zu ‚Weihnacht', dem Abend vor dem Geburtsfest Christi), in dessen Mittelpunkt der Verzehr verderblicher Nahrung stand. Um 1500 nahm sich die Kirche tatsächlich der Lustbarkeiten stärker an. Die Fastnacht wurde dem Teufelsstaat, die Fastenzeit dem Gottesstaat zugerechnet. Die für die Theologen der frühen Neuzeit so bedeutende Symbolfigur des gottlosen und sündhaften Narren hielt Einzug in die Fastnacht, löste die bisher üblichen Verkleidungsformen ab und avancierte zum Inbegriff des Festes (siehe dazu Werner Mezger: Narrenidee und Fastnachtsbrauch. Studien zum Fortleben des Mittelalters in der europäischen Festkultur. Konstanz 1991 [1991/II]).
54 **Hans Moser**: Die Geschichte der Fasnacht im Spiegel von Archivforschungen. In: Hermann Bausinger (Hg.): Fasnacht. Beiträge des Tübinger Arbeitskreises für Fasnachtsforschung. Tübingen 1964, S. 15–41, 37.
55 Der Hinweis stammt von Dr. Wilhelm Foth, Balingen.
56 Siehe Mezger 1996 [1996/I], S. 11–13.
57 Infolge der Aufklärung waren die gebildeten Kreise in Deutschland bestrebt, die gesamte Fastnacht abzuschaffen. Deren derber Mummenschanz stieß allgemein auf Unverständnis. Um 1800 machte sich der Einfluss von Obrigkeit und gesellschaftlichen Eliten bemerkbar: Närrische Aktivitäten wurden immer seltener. Doch im Zuge der Romantik interessierte sich das Bildungsbürgertum plötzlich für die alten Bräuche. Im ersten Viertel des 19. Jahrhunderts fanden sich zahlreiche Initiatoren, die sich daran machten, fastnächtliche Gepflogenheiten inhaltlich und formal zu veredeln, um sie salonfähig zu machen: »Den spektakulären Anfang machte im Rheinland Köln, wo kurz vor der

Fastnacht 1823 von einflußreichen Bürgern ein ›Festordnendes Komitee‹ ins Leben gerufen wurde, das noch am Rosenmontag desselben Jahres mit dem feierlichen ›Einzug des Helden Carneval‹ eine neue Epoche der Festgestaltung einleitete« (Mezger 1999 [1999/I], S. 19). Die romantische Karnevalsreform machte auf ihrem Siegeszug auch vor dem schwäbisch-alemannischen Raum nicht Halt. Dies war ganz im Sinne der württembergischen Regierung, die schon länger erfolglos versucht hatte, dem dortigen Mummenschanz ein Ende zu bereiten. Mit gesittetem Ballvergnügen konnten sich die zuständigen Ministerien schon eher anfreunden. So kam es, dass in der zweiten Hälfte des 19. Jahrhunderts in allen schwäbisch-alemannischen Hochburgen Karneval gefeiert wurde. Erst um die Wende zum 20. Jahrhundert besann man sich dort wieder auf Häs und Holzmaske (zu den Gründen für diesen erneuten Umschwung siehe Mezger 1999 [1999/I], S. 21–24).

58 So erschien 1906 die »Freundschaftliche Jahres-Rundschau von Loablingen« als »Amtsorgan des Prinzen Karneval«, 1914 die »Loablinger Närrischen Nachrichten«, 1922 »Der Loibles-Bote«, 1928 die »Fasching-Sänger-Zeitung«, »D'r Loables-Bot« sowie »Der Narrenfreund«, 1929 der »Narren-Spiegel«, 1930 das »Narren-Echo«, 1933 die »Loablinger Sänger-Zeitung«, 1935 und 1936 die »Faschings-Zeitung« (die Zeitungen befinden sich alle im Balinger Stadtarchiv).

59 **Herbert Berner**: Fasnacht und Historie. In: Hermann Bausinger (Hg.): Fasnacht. Beiträge des Tübinger Arbeitskreises für Fasnachtsforschung. Tübingen 1964, S. 42–71, 70.

60 Die nachfolgenden Informationen verdanke ich den ehemals aktiven Balinger Narren Max Hildinger, Christoph F. Riedl, Walter Beißwenger und Rudi Zahner.

61 Der 1961 in Tübingen gegründete Arbeitskreis für Fastnachtsforschung betrieb unter der Leitung von Hermann Bausinger nicht nur eine systematische Entmythologisierung, in dem nachgewiesen wurde, dass eine oft angenommene Kontinuität der Brauchform vom Mittelalter oder noch älteren Zeitstufen bis zur Gegenwart nicht vorlag, sondern lieferte auch erstmals eine exakte Analyse gegenwärtiger und überlieferter Fastnachtsbräuche. Die Narren selbst rückten in den Mittelpunkt. Sie wurden Objekt einer großflächig angelegten Untersuchung, deren Ergebnisse 1966 publiziert wurden (**Hermann Bausinger (Hg.)**: Dörfliche Fasnacht zwischen Neckar und Bodensee. Beiträge des Tübinger Arbeitskreises für Fasnachtsforschung. Tübingen 1966). Ende der 1960-er Jahre löste sich der sehr rührige Arbeitskreis auf.

62 **Helge Gerndt**: Studienskript Volkskunde. Eine Handreichung für Studierende. München 1992, S. 45.
63 **Peter Atteslander**: Methoden der empirischen Sozialforschung. Berlin, New York 1991, S. 162.
64 Bausinger 1980 [1980/II], S. 18.
65 Bausinger 1980 [1980/II], S. 20.
66 Atteslander 1991, S. 176.
67 **Jürgen Friedrichs**: Methoden der empirischen Sozialforschung. Opladen 1984, S. 194.
68 Atteslander 1991, S. 136.
69 Atteslander 1991, S. 187.
70 Friedrichs 1984, S. 197.
71 **Uwe Flick**: Qualitative Forschung. Theorie, Methoden, Anwendung in Psychologie und Sozialwissenschaften. Reinbek 1995, S. 186–187.
72 Friedrichs 1984, S. 211.
73 Atteslander 1991, S. 166.
74 Friedrichs 1984, S. 211.
75 Friedrichs 1984, S. 216.
76 **Hanni Kirchner**: Neue Masken. In: Hermann Bausinger (Hg.): Dörfliche Fasnacht zwischen Neckar und Bodensee. Beiträge des Tübinger Arbeitskreises für Fasnachtsforschung. Tübingen 1966, S. 267–340, 268.
77 Dazu nahm Horst Bäckert, ehemals Präsident der Vereinigung Schwäbisch-Alemannischer Narrenzünfte ausführlich Stellung. (**Horst Bäckert**: ›Ohne Narrenzünfte läuft gar nichts‹ – Warum die Fastnacht nicht ohne Organisation auskommt. In: Schwäbisch-Alemannischer Narrenbote, Jg. 17 1993, S. 6–11). Er verwies besonders auf die behördlichen Auflagen und versicherungsrechtlichen Zwänge, die eine Organisation der Fastnacht heutzutage notwendig machten. Zudem bestehe ohne jede Art von Kontrolle die Gefahr, dass die gewachsene Substanz der Bräuche zerstört und das Verhalten einzelner Hästräger immer gewalttätiger werde.
78 Kirchner 1966, S. 268.
79 **Utz Jeggle**: Soziale Grundlagen. In: Hermann Bausinger (Hg.): Dörfliche Fasnacht zwischen Neckar und Bodensee. Beiträge des Tübinger Arbeitskreises für Fasnachtsforschung. Tübingen 1966, S. 14–81, 66.
80 Jeggle 1966, S. 62–63.
81 **Albrecht Lehmann**: Zur volkskundlichen Vereinsforschung. In: Otto Dann (Hg.): Vereinswesen und bürgerliche Gesellschaft in Deutschland. München

1984, S. 133–149, 140.

82 **Horst W. Opaschowski**: Einführung in die Freizeitwissenschaft. Opladen 1994, S. 67.

83 Opaschowski 1994, S. 66.

84 Schreiber/Dold 1999, S. 219.

85 **Hugo Moser**: Schwäbischer Volkshumor. Neckereien in Stadt und Land, von Ort zu Ort. Stuttgart 1981, S. 24.

86 Moser 1981, S. 354.

87 Moser 1981, S. 540.

88 Moser 1981, S. 118.

89 **Karl Hötzer**: Loable. Gedichte und Geschichten in Balinger Mundart. Balingen 1940, S. 41.

90 Kirchner 1966, S. 274.

91 Satzung des Narrenvereins Balinger »Loable«, Paragraph 3.

92 Der Ausdruck »heimatliches Brauchtum« kann sich, was das Fastnachtsfest betrifft, nicht auf Balingen beziehen, da die Eyachstadt noch nie über fastnächtliche oder sonstige Brauchformen verfügte. Demzufolge muss die Region, in diesem Fall der schwäbisch-alemannische Raum, gemeint sein. Auf die Einstellungen der Probanden zu Wohnort/Stadt im Unterschied zu Region/Land wird im weiteren Verlauf der Arbeit noch eingegangen.

93 Bausinger 1966, S. 66.

94 Kirchner 1966, S. 271.

95 Kirchner 1966, S. 270.

96 Bausinger weist darauf hin, dass der Begriff Tradition an sich ein Produkt der Moderne ist: »Versteht man unter Tradition die bewußte Pflege der in ihrer historischen Gestalt festgehaltenen Überlieferung, dann läßt sich geradezu sagen, daß Tradition ein Produkt der Modernisierung ist. Pointiert gesagt: Die traditionelle Gesellschaft kannte keine Tradition.« So böten »traditionelle Traditionen«, die sich an Festen wie Weihnachten oder Fastnacht offenbarten, allenfalls noch dehnbare Rahmen für die Entfaltung beliebiger Aktivitäten und Formen (**Hermann Bausinger**: Tradition und Modernisierung. In: Schweizerisches Archiv für Volkskunde, Jg. 87 1991 [1991/II], S. 5-14, 7).

97 Die Namen der Probanden sind hier sowie im weiteren Verlauf der Arbeit geändert.

98 **Werner Mezger**: Narretei und Tradition. Die Rottweiler Fasnet. Stuttgart 1984, S. 127.

99 Schulze 1992, S. 196.

100 **Kaspar Maase**: Nahwelten zwischen »Heimat und Kulisse«. Anmerkungen zur volkskundlich-kulturwissenschaftlichen Regionalitätsforschung. In: Zeitschrift für Volkskunde, Jg. 94 1998, S. 53–70, 55. Maase vertritt hier die Ansicht, dass auch in der heutigen schnelllebigen Zeit, die Zugehörigkeit zu einer bestimmten Region wichtig für Wohlbefinden und Stolz ist. In bestimmten Situationen wollten Menschen als Vogtländer, Siegerländerin oder Altwürttemberger wahrgenommen werden. Dieses Verlangen werde durch demonstrative Bekundungen wie Dialekt, Kleidung oder symbolische Handlungen zum Ausdruck gebracht.

101 Die Volkskunde hat nach Ansicht Konrad Köstlins erst diese artifiziellen Räumlichkeiten geschaffen: »Köln, Basel, Mainz, das Schwäbisch-Alemannische waren [...] zu Synonymen für die Fastnacht geworden. [...] In der Tat scheint in diesen durch die Fastnacht definierten (begrenzten!) Kulturräumen eine neue Mentalität produziert zu sein, die [...] die Fastnacht selbst potenziert und zum Charaktermerkmal der Bevölkerung stilisiert hat [...]« (**Konrad Köstlin**: Fastnacht und Volkskunde. Bemerkungen zum Verhältnis eines Fachs zu seinem Gegenstand. In: Rheinisches Jahrbuch für Volkskunde, Jg. 23 1978, S. 7–22, 11). Man sei nach dem Zweiten Weltkrieg bestrebt gewesen, den Charakter von Regionen und Stämmen neu zu bestimmen und zu verifizieren: »Die Möglichkeit, solche Polarisierungen aufzubauen und zur eigenen Verortung, zur Selbstbeschreibung zu nutzen, scheint einer der Zugänge zu sein, der der gegenwärtigen Fastnacht eine solche Bedeutung zukommen läßt. Sie wird dabei in ihrer pointierten [...] und pointierenden Ausformung mit der Landschaft, den einzelnen Orten konnotiert« (Köstlin 1978, S. 14). Fastnachtsregionen seien konstruiert worden, um Andersartigkeit, Unterscheidendes und Unverwechselbarkeit zu demonstrieren, sehr wohl vorhandene Ähnlichkeiten wollte man nicht sehen.

102 Siehe Mezger 1999 [1999/II], S. 7–42 und **Gottfried Korff**: Von Pappnasen und Holzmasken. Neun Bemerkungen zu einer vergleichenden Fastnachtsphysiognomik. Es handelt sich hier um einen noch unveröffentlichten Aufsatz. Der Autor gewährte dem Verfasser dieser Studie freundlicherweise Einblick in das Manuskript.

103 Mezger 1999 [1999/II], S. 22.

104 Mezger 1999 [1999/I], S. 41. In der Praxis allerdings bietet sich ein anderes Bild. So sind dem Verfasser dieser Studie mehrere Fälle bekannt, wo Ehepartner oder Freunde »narren«, die weder das eine noch das andere Kriterium erfüllen.

105 **Herbert Schwedt**: Zur Pflege fasnächtlichen Brauchtums in Südwestdeutschland. In: Hermann Bausinger (Hg.): Fasnacht. Beiträge des Tübinger Arbeitskreises für Fasnachtsforschung. Tübingen 1964, S. 107–118, 111.

106 **Lioba Keller-Drescher**: »Tradition« in der Fasnacht. In: Beiträge zur Volkskunde in Baden Württemberg, Bd. 2, 1987, S. 201–215, 214.

107 Schwedt 1964, S. 113.

108 Kirchner 1966, S. 270.

109 **Hermann Bausinger**: Volkskultur in der technischen Welt. Frankfurt/Main, New York 1986, S. 120.

110 Bausinger 1986, S. 120.

111 Mezger 1980, S. 217.

112 Für Hermann Bausinger tragen die Aktivitäten neu gegründeter Narrenzünfte durchaus folkloristischen Charakter, indem diese sich beispielsweise bei der Häs-Entstehung aus dem Fundus volksliterarischer Tradition bedienten: »Örtliche Necknamen [...] und Schwanküberlieferungen geben den Vorwurf für neue Fastnachtsmasken ab«. Im Zusammenhang mit der Gründungswelle der 1950er- und 1960er-Jahre erkannte er ebenfalls typische Merkmale: »Auch hier sind die Bedingungen des Folklorismus [...] weitgehend erfüllt, zumal sich die Träger dieser neuen Kostüme und Larven darauf berufen, daß sie einen uralten Brauch ausüben, da also ein ideologischer Überbau vorhanden ist« (Bausinger 1966, S. 64). Dieser Anspruch lässt sich bei den Balinger »Loable« aber gerade nicht feststellen.

113 Schulze 1992, S. 545.

114 Bausinger betont, dass neu gegründete Narrenzünfte bei der Häs- und Maskenherstellung bewusst auf die Nutzung moderner Materialien verzichten: »Die in großer Zahl neu entstandenen Maskenvereinigungen legen größten Wert darauf, daß ihre Masken aus Holz geschnitzt werden, und sie verwenden für die Kostüme teures und in einem mühsamen Prozeß der Handarbeit bearbeitetes Leinen. Dank dieser Orientierung an älteren Typen erscheinen selbst neu entworfene und neu geschaffene Maskierungen als ›historisch‹, als traditionell« (Bausinger 1991 [1991/II], S. 11). Dieses Vorgehen diene dazu, das Bedürfnis nach einer identitätsstiftenden, einheitlichen und für alle gültige Tradition zu befriedigen. Zwar wurde – wie noch zu zeigen sein wird – auch bei den »Loable« recht bald der Ruf nach Holzmasken laut, die ersten Masken jedoch entstanden aus Modelliermasse, die Kostüme bis heute aus normalem bunten Stoff. Die Verwendung preisgünstiger »moderner« Materialien lässt sich auch bei anderen in den 1990er-Jahren gegründeten Gruppen beobachten.

Der Illusion einer alten Überlieferung jedenfalls wollen sich die »Loable« nicht hingeben. Anders verhält es sich mit dem Hang zur Ästhetisierung.

115 Schreiben des Balinger Stadtarchivars Dr. Hans Schimpf-Reinhardt an die Vorsitzende der Balinger »Loable« vom 14. Juli 1997.

116 Lioba Keller-Drescher untersuchte Anfang der 1980er-Jahre exemplarisch zwei interessante Fälle dieser Art. Sie beschäftigte sich mit den damals gerade neu entstandenen Narrenfiguren »Zwiefalter Hansel« und »Alt-Konstanzer Hansele«. Die Initiatoren beauftragten jeweils einen Lokalforscher, Quellen zu sichten. Man suchte zudem Hilfe bei Landestrachtenberater Jürgen Hohl, der gleichzeitig auch in der Vereinigung Schwäbisch-Alemannischer Narrenzünfte als so genannter Brauchtumsberater tätig ist, und orientierte sich in Fastnachtsmuseen an bereits bestehenden Leitbildern. Im Gegensatz zu den Balinger »Loable« bestand ein »starkes Bedürfnis nach Absicherung der eigenen Wünsche und Vorstellungen durch ein wie auch immer geartetes Expertentum [...]« (Keller-Drescher 1987, S. 208). Was die historischen Belege betraf, wies Keller-Drescher nach, dass nicht nur eine Überprüfung der in beiden Fällen auf fragwürdige Weise interpretierten Quellen versäumt wurde, sondern darüber hinaus das Interesse an diesen nach der Figurenschöpfung sofort vollständig erlahmte. Der Alt-Konstanzer Hanselzunft bescheinigte die Autorin eine gehörige Portion Übereifer, der zu einer »ahistorischen, durch Überdeutung hyperhistorischen Erscheinung« führte: »Dieses Ergebnis ist darauf zurückzufühen, daß hier eine Generation von Fasnachtsaktivisten am Werk war, die den Differenzierungsdruck, die Hochkonjunktur der traditionellen Figuren und die Dominanz der berühmten Narrenorte schon von Anfang an gespürt hat und sich von den dadurch entstandenen Ansprüchen beeindrucken und bestimmen ließ.« Diesen Ansprüchen fühlen sich dagegen die Verantwortlichen der Balinger »Loable« 15 Jahre später nicht verpflichtet, wenn auch fastnächtliche Gegebenheiten und stadtgeschichtliche Hintergründe Balingens nicht unbedingt mit denen von Konstanz zu vergleichen sind.

117 Keller-Drescher 1987, S. 202.

118 Bausinger 1986, S. 117.

119 **Karl Drescher (Hg.)**: Das Nürnberger Schönbartbuch. Weimar 1908, S. 15, zitiert nach Mezger 1991 [1991/II], S. 369.

120 Siehe dazu Mezger 1991 [1991/II], S. 411–418.

121 Die Zahl der Narrentreffen könnte problemlos erhöht werden, wie Sabine Müller erklärt. Viele Einladungen müssten abgesagt werden. Die Vorsitzende spricht sogar von »Pflichtbesuchen« (Zollern-Alb-Kurier vom 8. Januar 2000).

122 Schwedt 1964, S. 117.

123 Vorläufer der heute so beliebten Narrenbäume finden sich schon im 15. und 16. Jahrhundert. Zumindest in einigen Orten wie beispielsweise Stockach bezeugen schriftliche Quellen dem Gewächs ein entsprechendes Alter (Mezger 1999 [1999/I], S. 92). Die meisten der heute gesetzten Narrenbäume jedoch wurden erst in jüngerer Vergangenheit dem jeweiligen Brauchgeschehen beigefügt.

124 Jeggle 1966, S. 44.

125 Dürkop 1977, S. 202.

126 Die »Loable« marschieren vermummt geradewegs in den großen Sitzungssaal des Rathauses. Dort werden die Masken abgesetzt. Nach einem kurzen allgemein gehaltenen Gedicht der »Narrenmutter« und einer noch kürzeren Rede des Bürgermeisters händigt dieser den Narren einen großen Schlüssel aus. Die »Loable« singen ein Lied, anschließend läuft Musik aus der Konserve und die etwa 30 Hästräger veranstalten mit den inzwischen eingetroffenen Kindern des katholischen Kindergartens eine Polonaise durch den Saal.

127 Dürkop 1977, S. 126.

128 Dürkop 1977, S. 126.

129 Um die nicht unerheblichen Unkosten zu decken, beschlossen die »Loable« erstmals vor und während des Fackelumzuges 2000 einen »dekorativen Anstecker mit Erinnerungswert« zum Preis von vier Mark an die Zuschauer zu verkaufen. Die Abrechnung ergab eine Besucherzahl, welche fast die 6000er-Grenze erreichte und dem Verein zweifellos einen entsprechenden Geldsegen beschert haben dürfte.

130 In Rottweil musste 1980 gar ein Richter darüber befinden, ob einer Maske zu Recht von der Narrenzunft die für die Umzugsteilnahme erforderliche Plakette »Original Rottweiler Narrenkleid« verwehrt wurde (Mezger 1984, S. 104).

131 **Werner Mezger**: Der verwaltete Frohsinn. Fastnacht und Karneval zwischen Spontanität und Organisiertheit. In: Volkskunde in Rheinland-Pfalz, Jg. 11 Heft 2, 1996 [1996/II], S. 34–48, 41.

132 Mezger 1999 [1999/II], S. 42.

133 Bausinger 1980 [1980/I], S. 18.

134 Schwedt 1964, S. 112.

135 Dürkop 1977, S. 126–127.

136 **Otto Koenig**: Grundzüge eines Ethogramms der Uniform. In: Otto Koenig: Kultur und Verhaltensforschung. Einführung in die Kulturethologie. München 1970, S. 33–182, 39.

137 Schulze 1992, S. 59.
138 Mezger 1984, S. 158.
139 In Villingen lüften die Hästräger ihre Masken während den Fastnachtstagen nur in so genannten Narrostuben. Die Narrenzunft Rottweil teilt ihren Aktiven Jahr für Jahr in einem Narrenbrevier mit, »daß ein rechter Narr auf der Straße oder wenn er in einem Wirtshaus ›aufgesagt‹ hat, seine Larve nicht lüftet, sondern unerkannt bleiben will; auf diesen Punkt wird die Narrenzunft in Zukunft besonders achten« (**Karl Lambrecht**: Rottweiler Narrenfibel. Rottweil 1988, S. 91). In Elzach kommt der Anonymität die wohl höchste Bedeutung zu. Die Masken der »Schuttig« dürfen während der gesamten Fastnacht nur in so genannten Schuttigstuben abgelegt werden. Jeder Hästräger besitzt verschiedene Masken, die er immer wieder wechselt, um unter keinen Umständen erkannt zu werden.
140 Bausinger 1966, S. 65.
141 Jeggle 1966, S. 50.
142 So schreibt Mezger: »Die anderen – das waren überwiegend die Unentwegten und Ignoranten der Absage – meinten demgegenüber, 1991 sei eine ganz besonders schöne, ja vielleicht sogar die denkbar schönste Fasnet überhaupt gewesen. Von keinem Zunft- oder Vereinsreglement gegängelt, durch keinen Terminkalender sich jagender Veranstaltungen gehetzt und auch von keinen Heerscharen auswärtiger Besucher behindert, habe man so beschaulich und familiär feiern können wie noch nie. Diese im doppelten Wortsinn ›einmalige‹ Atmosphäre, in der das Brauchtum erst seine eigentliche Kraft bewiesen habe, werde man sich später vielleicht sogar zurückwünschen« (Mezger 1991 [1991/I], S. 55–122, 119–120).
143 Mezger 1980, S. 220.
144 Bausinger 1980 [1980/I], S. 23.
145 Mezger 1980, S. 221.
146 Talkenberg-Bodenstein 1977, S. 36.
147 Mezger 1996 [1996/II], S. 46.
148 SWR 4 Radiosendung vom 15. Februar 2000.
149 Mezger 1980, S. 220.
150 Mezger 1996 [1996/II], S. 41.
151 Korff 1989, S. 22.
152 Während die Verantwortlichen des Freizeit- und Narrenvereins Haid-Bogenweiler-Siessen freundlicherweise einen von mir erstellten Fragenkatalog beantworteten, stammen die Informationen über die Narrenzunft

Feuerbach der Zeitschrift »Schönes Schwaben« (**Torsten Schöll**: Bocksprünge nach Kamerun. Fasnetsbräuche im Entstehen – ein Portrait der Feuerbacher Narrenzunft. In: Schönes Schwaben 2/1999, S. 4–8).

153 Schöll 1999, S. 5.

154 Zur wichtigen Rolle der Handwerksgesellen bemerkt Mezger: »[...] Die Fasnet des schwäbisch-alemannischen Raums bewegt sich in großen europäischen Traditions- und Kulturzusammenhängen und hatte von Anfang an einen extrem weiten Horizont. Allein schon durch die hohe Mobilität ihrer einstigen Trägerschicht, der jungen Handwerksgesellen, erhielt sie ständig neue Impulse, indem sie von deren Reiseerfahrungen und Kontakten auf der Walz profitierte und Anregungen von überall aufnahm (Mezger 1999 [1999/I], S. 191). So brachte beispielsweise um 1900 der Schömberger Schmiedgeselle Bernhard Wuhrer von der Walz in Frankreich die Idee zu einer Narrenpolonaise mit. Diese bildet heute den Hauptbestandteil der Schömberger Straßenfasnet (siehe dazu Mezger 1999 [1999/I], S. 96).

155 Schöll 1999, S. 4.

156 Der Historiker Horst Fuhrmann geht davon aus, dass heutzutage für viele Menschen gerade diese Epoche aus stereotypen Bildern besteht: »Es sind hauptsächlich Ausschnitte aus der spätmittelalterlichen Welt, die in verschiedenartiger Brechung Bild und Schlagwort abgeben, manchmal horrorartig, manchmal aber auch mit einem Schuß Sehnsucht nach der noch nicht vergewaltigten Natur, ohne Kernkraft und Kunstdünger. Mittelalter – das ist Nichtmoderne: keine Elektrizität, kein Auto, keine Eisenbahn, keine Zentralheizung. Die Welt der Nibelungen, des Robin Hood, mit dichten Wäldern und Pfeil und Bogen, geschaut im Fernsehen oder im Kino« (**Horst Fuhrmann**: Einladung ins Mittelalter. München 1987, S. 263).

157 Rollenspiele werden heutzutage zunehmend unter freiem Himmel und bevorzugt in unwegsamem Gelände durchgeführt. Sie »[...] zeichnen sich durch drei wesentliche Merkmale aus. Jeder Spieler spielt für einen Bewohner der Spielwelt, für seine Spielerfigur. Er kann völlig frei über das Verhalten seiner Spielerfigur entscheiden, auch wenn er sie Handlungen ausführen läßt, die nicht in den Regeln stehen. Schließlich gibt es kein Spielziel, dessen Erreichen das Spiel beendet. [...] In allen Fantasy-Rollenspielen lassen sich folgende grobe Merkmale finden: Die Spielwelt befindet sich in einem gesellschaftlichen Zustand, der moderne Technologie nicht kennt; historisch gesehen sind die meisten Fantasy-Welten in einer Art idealisiertem Mittelalter vor der Erfindung des Schießpulvers angesiedelt. In einer Fantasy-Spielwelt sind Magie und das

Übernatürliche wichtige Elemente« (**Rainer Nagel**: Fachsprache der Fantasy-Rollenspiele. Wortbildungselemente und -prozesse im Englischen. Frankfurt/Main 1993, S. 3-9). Ein wichtiger Bestandteil der unter freiem Himmel durchgeführten Rollenspiele bilden die möglichst authentischen Kostüme der Protagonisten. Dass sich die Feuerbacher »Wolfskehlen« zum Fastnachtsauftakt in den Wald zurückziehen und in ihrem Schwur von Naturgewalten die Rede ist, darf zwar nicht überinterpretiert werden, lässt aber eine inhaltliche Nähe zu diesen Spielwelten zumindest vermuten.

158 Schöll 1999, S. 8.

159 Lehmann 1984, S. 141.

160 **Hermann Bausinger**: Brauchtradition – Erhaltung, Veränderung, Mitgestaltung. In: Beiträge zur Volkskunde in Baden Württemberg, Jg. 1 1985, S. 9–21, 15.

161 Dieses Zitat und die folgenden durch Anführungszeichen kenntlich gemachten Aussagen wurden den schriftlichen Antworten des Vorsitzenden Kurt Zinser, Bogenweiler, entnommen.

162 Beispiele hierfür finden sich gerade auch in Südwestdeutschland: »Vieles, was in den meisten mittelgroßen Reichsstädten (zumal die ehemaligen oberdeutschen Reichsstädte bieten ein gutes Beispiel dafür) an Brauch- und Festwesen nachweisbar ist, ist in seinen heutigen folkloristischen Ausprägungen rückführbar auf die Folgen der Frühindustrialisierung, die die Städte in ihren Reproduktionsgrundlagen und damit schließlich in ihren zentral-örtlichen Funktionen auf vielfache Weise beschnitt« (**Gottfried Korff**: Folklorismus und Regionalismus. Eine Skizze zum Problem der kulturellen Kompensation ökonomischer Rückständigkeit. In: Konrad Köstlin/Hermann Bausinger (Hg.): Heimat und Identität. Volkskundekongreß Kiel 1979. Neumünster 1980, S. 39–52, 41).

163 Korff 1989, S. 15.

164 Zu den Aktivitäten zählen beispielsweise Grillabende, Radtouren, Wanderungen, Bastelnachmittage für die Kinder der Ortsteile, ein Kinderferienprogramm, die Veranstaltung eines Rübengeist-Umzugs im Oktober und eine Nikolausfeier für Kinder.

165 **Herbert Schwedt (Hg.)**: Analyse eines Stadtfestes. Die Mainzer Fastnacht. Wiesbaden 1977, S. 8.

166 Fest steht lediglich, dass sich die Zuschauer am Straßenrand nicht zufällig einfinden, sondern ganz gezielt diese Veranstaltung besuchen. Am Samstagabend haben die Geschäfte geschlossen und sonst verfügt die Balinger Innenstadt über keine Attraktionen, die solche Menschenmassen mobilisieren.

167 WOM-Journal des »Schwarzwälder Boten« vom 9. Februar 2000.

168 Auch Roland Wehrle, Präsident der Vereinigung Schwäbisch-Alemannischer Narrenzünfte, sieht wenig Sinn darin, in reformierten Städten und Gemeinden einen närrischen Geist künstlich zu beschwören: »Ich bin [...] dagegen, eine Fastnacht in Orte zu implementieren, die dort nie zu Hause war, zum Beispiel in ganz typisch evangelischen Orten« (SWR 4 Radiosendung vom 15. Februar 2000).

169 Es gibt unter den zahlreichen Dachverbänden eine Absprache, nach der sich neue Zünfte und Gruppen erst dann um eine Mitgliedschaft bewerben können, wenn sie mindestens seit zehn Jahren bestehen. Außerdem muss nachgewiesen werden, dass Fastnacht im eigenen Ort gefeiert wird und es sich nicht um eine reine »Reisezunft« handelt.

170 Werner Mezger wies auf die Vorteile junger Zünfte hin: »[...] Ich denke, sie sollten vielmehr ihre Chancen nützen, denn wenn man nicht mit der Last der Tradition zu kämpfen hat, wenn man einfach sagen kann: ›Wir sind erst vier Jahre alt‹, dann bietet das ja auch Möglichkeiten und Freiräume. Freiräume, die alte Zünfte, die eine große Tradition unverändert zu wahren haben, einfach nicht mehr besitzen« (SWR 4 Radiosendung vom 15. Februar 2000). Die Balinger »Loable« sind sich dessen nicht bewusst. Sie streben danach, einem Dachverband anzugehören.

171 Es sei in diesem Zusammenhang an den berühmten Satz eines Rottweiler Narren erinnert: »Wenn oaner an dr Stroß stoht und brieket [=weint], wenn d' Narre d' Stadt na' gond, no hot er d' Fasnet begriffe« (Mezger 1996 [1996/I], S. 58). Anlässlich der SWR 4 Radiosendung vom 15. Februar 2000 fragte Redakteur Klaus Peter Karger in Villingen Passanten, was die heimische Fastnacht für sie bedeutet. Folgende Antworten waren in der Sendung zu hören (die Antworten wurden der Hochsprache angeglichen): O-Ton 1 (weiblich): »Ha, für mich ist das der schönste Tag. Schöner noch wie Weihnachten kann man fast sagen, gell. Das ist es an für sich für alle Villinger.« O-Ton 2 (weiblich): »Das ist was fürs Herz.« O-Ton 3 (weiblich): »Es ist für mich schon so, dass es nicht mehr lustig ist, sondern ich bin eher gerührt, wenn ich das sehe. Also es ist für mich etwas Ernstes eigentlich. Aber sehr, sehr wichtig [...].«

172 Mezger führt folgende Beispiele an: »Ähnlich wie man bei den für Frankreich seit dem 12. Jahrhundert bezeugten Narrenfesten an Neujahr, an Erscheinung oder am Tag der unschuldigen Kinder in den Kirchen einen Narrenbischof einsetzte, auf dem Altar Würste aß, in den Weihrauchfässern Schuhsohlen verbrannte und statt Choräle Zotenlieder sang, kam es später in den Fastnach-

ten vieler Orte fast regelmäßig zu handfesten Verballhornungen kultischer Vorgänge« (Mezger 1991 [1991/II], S. 92).

173 Der evangelische Theologe Fritz Mack stellte 1967 eine aussagekräftige Mischung evangelischer Äußerungen zur Fastnacht aus den Jahren 1954 bis 1964 zusammen (**Fritz Mack**: Evangelische Stimmen zur Fasnacht. In: Hermann Bausinger u. a. (Hg.): Masken zwischen Spiel und Ernst. Beiträge des Tübinger Arbeitskreises für Fasnachtsforschung. Tübingen 1967, S. 34–49).

174 Während früher die Obrigkeit mit allen Mitteln versuchte, fastnächtliche Feierformen zu unterbinden, bietet sich heute ein genau umgekehrtes Bild: »Durchweg scheint die Obrigkeit [...] von der Fastnacht angetan. [...] Die Fastnacht selbst tritt dabei in den Hintergrund, wird Medium der verschiedenen Interessen.« (Köstlin 1978, S. 9). Weder Oberbürgermeister noch Kulturamtsleiter setzen sich inhaltlich mit der neuen Balinger Fastnacht auseinander. Von Belang ist einzig die hohe Besucherzahl des Fackelumzuges.

175 **Franz-Josef Grosshennrich**: Die Mainzer Fastnachtsvereine. Geschichte, Funktion, Organisation und Mitgliederstruktur. Wiesbaden 1980, S. 347.

176 **Hermann Bausinger**: Orientierungen der südwestdeutschen Fasnachtsforschung. In: Herbert Schwedt (Hg.): Fastnachtsforschung. Protokoll der Mainzer Tagung zur Fastnachtsforschung am 24. September 1977 an der Universität Mainz. Mainz 1978, S. 45–54, S. 52.

177 Bausinger 1978, S. 52.

178 Mezger 1980, S. 210.

179 Zu nennen sind lediglich die Aufsätze von Friedrich Schmieder (**Friedrich Schmieder**: Psychologische und psychohygienische Fragen bei der Fasnachtsforschung. In: Hermann Bausinger: Fasnacht. Beiträge des Tübinger Arbeitskreises für Fasnachtsforschung. Tübingen 1964, S. 99–106), Hermann Bausinger (Bausinger 1980 [1980/I]), Werner Mezger (Mezger 1980) und Gottfried Korff (Korff 1989).

180 Dürkop 1977, S. 215.

181 Schulze 1992, S. 157.

182 Schulze 1992, S. 150.

183 Schulze 1992, S. 151.

184 Mezger 1980, S. 217.

185 Jeggle 1966, S. 38.

186 Von ähnlichen Aussagen berichtet Hermann Bausinger. So erklärte beispielsweise 1977 eine Närrin aus Rottenburg: »Man tut nix mehr. Wäschkörb so

hoch. Man tut bloß, was sein muß. Kinder haben keinen Wert mehr« (Bausinger 1980 [1980/I], S. 21).

187 Bausinger 1980 [1980/I], S. 22.

188 Mezger 1980, S. 207.

189 Schulze 1992, S. 151.

190 Dürkop 1977, S. 132.

191 Bausinger 1980 [1980/I], S. 26.

192 Dürkop 1977, S. 130.

193 Mezger 1980, S. 213.

194 Schulze 1992, S. 151.

195 Schulze 1992, S. 152.

196 Bausinger 1980 [1980/I], S. 26.

197 Schulze 1992, S. 154.

198 Schulze 1992, S. 151.

199 Opaschowski 1994, S. 101.

200 Schulze 1992, S. 312.

201 Schulze 1992, S. 319.

202 Mezger 1980, S. 225.

203 Schulze 1992, S. 323.

204 Kirchner 1966, S. 332.

205 **Peter Tokofsky**: Das Elzacher Maschkele: Zur Deutung und Bedeutung des Spielens. In: Christel Köhle-Hezinger, Martin Scharfe, Rolf Wilhelm Brednich (Hg.): Männlich. Weiblich. Zur Bedeutung der Kategorie Geschlecht in der Kultur. 31. Kongreß der Deutschen Gesellschaft für Volkskunde in Marburg 1997. Münster, New York, München, Berlin 1999, S. 295–300, S. 299.

206 Tokofsky 1999, S. 295.

207 Mezger spricht von »[...] Spottbräuchen, mit denen man sich an Fastnacht seit jeher über die Unverheirateten und unter ihnen besonders über die sexuell nicht gefragten alten Jungfern lustig machte. Letztere pflegte man schon im 15. und 16. Jahrhundert bei den Fastnachtsumzügen aus den Häusern zu zerren und vor einen Pflug oder eine Egge zu spannen, während ihnen ein närrischer Akteur im Bauernkittel voranging oder folgte und Spreu oder Häckerling auf die Straße warf, um symbolisch für sie ›Männer zu säen‹« (Mezger 1991 [1991/II], S. 155). Teilweise haben sich diese Brauchformen – wenn auch leicht modifiziert – bis heute vor allem im schwäbisch-alemannischen Raum gehalten. Es existieren noch weitere gut dokumentierte Nötigungsbräuche für die Unverheirateten: so etwa das Blockziehen (Mezger 1991 [1991/II],

S. 351–355) oder das Bräuteln (Mezger 1991 [1991/II], S. 370–373): »Fastnacht galt als derjenige Zeitpunkt, an dem vor dem Beginn der vierzigtägigen Periode der Abstinenz noch einmal die fleischliche Begierde, die sexuelle Triebhaftigkeit zu ihrem Recht kommen durfte und sollte. Wer diese Gelegenheit nicht wahrnahm, wer in der Fastnacht – dem wie wir wissen, herausragenden Heiratstermin des Jahres – ohne Sexualpartner blieb, der zog sich den im Brauch ritualisierten Spott der Öffentlichkeit zu« (Mezger 1991 [1991/II], S. 384).

208 Bausinger 1980 [1980/I], S. 23.

209 Mezger 1980, S. 223.

210 Bausinger 1980 [1980/I], S. 23.

211 Bausinger 1980 [1980/I], S. 23.

212 **Hermann Fischer/Hermann Taigel**: Schwäbisches Wörterbuch. Tübingen 1986, S. 393.

213 Bausinger 1980 [1980/I], S. 20.

214 Bausinger 1980 [1980/I], S. 27.

215 Schulze 1992, S. 310.

216 Korff 1989, S. 22.

217 Schulze 1992, S. 152.

218 Dürkop 1977, S. 127–128.

219 Korff 1989, S. 23.

220 Schulze 1992, S. 151.

221 Korff 1989, S. 23.

222 Bausinger 1966, S. 65.

223 Dürkop 1977, S. 207.

224 Siehe besonders Kurt Kraft, der zum Zeitpunkt der Befragung ohne Arbeit war; außerdem Hans Kaspar, der ständig Ärger mit seinem Vorgesetzten hat, oder Sabine Müller, die vor der von ihr initiierten Vereinsgründung sich ausschließlich ihren Kindern widmete, während ihr Mann durch sein sportliches Engagement in der Öffentlichkeit Beachtung fand.

225 Dürkop 1977, S. 210.

226 Dass Narrenvereine jedoch nicht immer ein familiärer Hort für Gleichgesinnte sein müssen und Fastnacht überhaupt eine ernste Angelegenheit ist, zeigte sich Anfang 2000 bei einer jungen Zunft aus der Nachbarstadt Albstadt. Hier kam es zwei Tage vor dem »schmotzigen« Donnerstag zu einer Verhandlung vor der Zivilkammer des örtlichen Amtsgerichts. Der ehemalige Narrenvater, gleichzeitig Initiativperson der Zunft, klagte gegen seinen von den Mitgliedern

beschlossenen Ausschluss wegen vereinsschädigendem Verhalten. Aufgrund eines Formfehlers der Zunft musste diese den Rauswurf zurücknehmen und ihrem Gründungsmitglied den zuvor verweigerten Laufbändel aushändigen. Obwohl der Kläger ein Viertel der Gerichtskosten selbst zu tragen hatte, der Rest wurde der Zunft aufgebrummt, bestand er darauf, dass die wochenlange Verweigerung des Laufbändels mit 1000 Mark in die Kalkulation der behördlichen Gebühren aufgenommen wurde (siehe Zollern-Alb-Kurier vom 1. März 2000).

227 **Werner Röllin**: Guggenmusiken: Eine fasnächtliche Neuerung. Ergebnisse einer Umfrage. In: Schweizer Volkskunde, Jg. 74 1984, S. 1–12, 11.

228 Dürkop 1977, S. 125.

229 **Jürgen Habermas**: Soziologische Notizen zum Verhältnis von Arbeit und Freizeit. In: Hermann Giesecke (Hg.): Freizeit und Konsumerziehung. Göttingen 1968, S. 105–122, 106, zitiert nach Dürkop 1977, S. 139.

230 **Theodor W. Adorno**: Freizeit. In: Horst W. Opaschowski: Freizeitpädagogik in der Leistungsgesellschaft. Bad Heilbrunn 1973, S. 33–40, 35, zitiert nach Dürkop 1977, S. 139.

231 **Herbert Marcuse**: Ideen zu einer kritischen Theorie der Gesellschaft. Frankfurt/Main 1969, S. 175–176, zitiert nach Dürkop 1977, S. 139.

232 Dürkop 1977, S. 141.

233 Opaschowski 1994, S. 30–31.

234 Ein Beispiel hierfür bietet, wie bereits erwähnt, die Farbgebung des »Loable«-Häs. So scheinen Schwarz und Lila die Lieblingsfarben der Tochter Sabine Müllers zu sein, die ihre Mutter überhaupt erst auf die Idee brachte, ein Häs zu entwerfen. Der Presse, aber auch dem Verfasser dieser Studie, wurde erklärt, die beiden Farben symbolisierten langsam erkaltende Glut.

235 So erklärt »Loable«-Mitglied Burkhart Doll: »Wenn ich mich so verhalten wollte wie eine Hexe [...], dann wäre ich nicht zu den ›Loable‹ gegangen. Dann [...] hätte ich mir eine andere Zunft ausgesucht.«

236 Auch hier sind die »Loable« nicht selbstbewusst genug, einzugestehen, dass viele Hästräger zugezogen sind. So wurde gegenüber der Presse extra betont, dass etwa drei Viertel der Mitglieder aus Balingen stammen (Schwarzwälder Bote vom 18. November 1997).

237 Maase 1998, S. 59.

238 Es wäre von großem Interesse, festzustellen, ob die geringe Bedeutung der Vollvermummung ein generelles Merkmal jüngerer Narrenvereine ist.

239 In manchen Fastnachtsorten genießt die Fastnacht einen derart hohen Stellenwert, dass die Zunftfunktionäre zur Lokalprominenz gezählt werden: »Reputation ist heute auch durch [...] Fastnachteraktivitäten zu erringen, in Städten, die sich als ›Narrenstädte‹ ausgeben. [...] Das ›Narren-‹ wird zum Präfix, Orte werden Narrenorte« (Köstlin 1978, S. 11).

240 Dürkop 1977, S. 128.

241 Vortrag, gehalten am 22. November 1998 in Weingarten.

242 Was die Theoriegeschichte der Brauchforschung betrifft, so bieten Ingeborg Weber-Kellermann und Andreas C. Bimmer fundierte Überblicke (**Ingeborg Weber-Kellermann**: Saure Wochen – frohe Feste. Fest und Alltag in der Sprache der Bräuche. München/Luzern 1985, S. 10–17 und Bimmer 1994, S. 376–381).

243 **Josef Dünninger**: Brauchtum. In: Wolfgang Stammler (Hg.): Deutsche Philologie im Aufriß. Bd. 3. Berlin 1967, S. 2571–2640.

244 Bausinger 1985, S. 9.

245 Weber-Kellermann 1985, S. 15.

246 **Werner Mezger**: Die Bräuche der Abiturienten. Vom Kartengruß zum Super-Gag. Ein Beitrag zur Schülervolkskunde. Konstanz 1993, S. 132.

247 Gemeint sind einmal mehr die bekannten Elemente aus dem Formenrepertoire schwäbisch-alemannischer Fastnacht: Holzmasken, Umzug, Gaben verteilen, Rathaussturm, Narrenbaumsetzen, Brauchtumstanz, Häsabstauben.

248 Weber-Kellermann 1985, S. 16.

249 Bausinger 1985, S. 12.

250 Als Beispiel dafür sei die Beschäftigung Mezgers mit den Bräuchen der Abiturienten angeführt. Er erklärt in diesem Zusammenhang: »Aber jeder Brauch muß schließlich irgendwann einmal anfangen; und gerade eine Mode, die sich zäher hält als andere, ist nicht selten bereits die ›Pubertätsphase eines Brauches‹. Exakt diesen Entwicklungsprozeß von der zunächst noch unausgegorenen Mode zum immer stabiler werdenden Brauch können wir bei den Abgangsaktionen der Reifeprüflinge wie sonst kaum irgendwo Schritt für Schritt und Stadium für Stadium beobachten« (Mezger 1993, S. 131).

251 Bimmer 1994, S. 376.

252 Bausinger 1985, S. 10.

253 **Max Matter**: Folklorismus. Plädoyer für funktionale Analysen. Eine Fallstudie aus der Schweiz. In: Edith Hörandner/Hans Lunzer (Hg.): Folklorismus. Vorträge der 1. Internationalen Arbeitstagung des Vereins ›Volkskultur um den Neusiedler See‹. Neusiedl/See 1982, S. 167–189, 173.

254 Bausinger 1985, S. 18–19.

255 Die neuen Kommunikationsformen, die eine Vollvermummung bietet, bleiben ungenutzt. Die Möglichkeiten, phantasievoll die Alltagswelt zu karikieren oder vom närrischen Rügerecht Gebrauch zu machen, werden ignoriert.

256 So schreibt Mezger: »Vieles von der Offenheit für Andersartiges, Exotisches und von fern her Kommendes ist in den Erscheinungsformen historischer Fastnachten noch heute unmittelbar zu greifen. Da finden sich bekanntlich italienische, tirolische, französische, spanische, ja selbst türkische und afrikanische Einflüsse [...]. Zu ihrer Pracht und Farbigkeit, ihrer Vielfalt und Faszination gelangte die Fasnet nämlich weder durch hausbackene Provinzialität noch durch ängstliche Abschottung nach außen, sondern einzig und allein durch ihre stetige Empfänglichkeit für Neues und Fremdes (Mezger 1999 [1999/I], S. 191).

Bildnachweis

Roland Beck: S. 84, 93
Michael Kaiser: S. 81, 87, 91, 92, 97
Karlheinz Mann: S. 65, 90, 149
Petra Mann: S. 77
Gerold Münch: S. 119
Moritz Paysan: S. 113
Waldemar Rehfuß: S. 60
Jochen Schicht: S. 33
Stadtarchiv Balingen: S. 29, 35–39, 41, 43, 44, 63, 69